让往事随风而逝

找回平静、自信和安全感的心灵创伤疗愈术

Getting Past Your Past
Take Control of Your Life with Self-Help Techniques from EMDR Therapy

(美)弗朗辛·夏皮罗（Francine Shapiro） 著
吴礼敬 译

机械工业出版社
CHINA MACHINE PRESS

图书在版编目（CIP）数据

让往事随风而逝 /（美）夏皮罗（Shapiro, F.）著；吴礼敬译. —北京：机械工业出版社，2014.3（2025.11重印）

书名原文：Getting Past Your Past: Take Control of Your Life with Self-Help Techniques from EMDR Therapy

ISBN 978-7-111-45734-3

I. 让… II. ①夏… ②吴… III. 精神疗法 IV. R749.055

中国版本图书馆CIP数据核字（2014）第024425号

版权所有·侵权必究
封底无防伪标均为盗版

北京市版权局著作权合同登记　图字：01-2013-8272号。

Francine Shapiro. Getting Past Your Past: Take Control of Your Life with Self-Help Techniques from EMDR Therapy.

Copyright © 2012 by Francine Shapiro, Phd.

Simplified Chinese Translation Copyright © 2014 by China Machine Press.

Simplified Chinese translation rights arranged with Rodale Inc. through Bardon-Chinese Media Agency. This edition is authorized for sale in the Chinese mainland (excluding Hong Kong SAR, Macao SAR and Taiwan).

No part of this book may be reproduced or transmitted in any form or by any means, electronic or mechanical, including photocopying, recording or any information storage and retrieval system, without permission, in writing, from the publisher.

All rights reserved.

本书中文简体字版由Rodale Inc.通过Bardon-Chinese Media Agency授权机械工业出版社在中国大陆地区（不包括香港、澳门特别行政区及台湾地区）独家出版发行。未经出版者书面许可，不得以任何方式抄袭、复制或节录本书中的任何部分。

机械工业出版社（北京市西城区百万庄大街22号　邮政编码　100037）
责任编辑：戚　妍　黄姗姗　　　版式设计：刘永青
固安县铭成印刷有限公司印刷
2025年11月第1版第9次印刷
170mm×242mm · 17.5印张
标准书号：ISBN 978-7-111-45734-3
定　价：69.80元

客服电话：(010) 88361066　88379833　68326294

赞 誉

弗朗辛·夏皮罗发现的眼动脱敏与再处理疗法（EMDR）是心理治疗领域有史以来最重要的一个突破。15年来我一直将其应用于治疗实践，作为康复治疗的一部分，它确实能帮助治愈和改变患者的心理和大脑，甚至几十年来沉疴不起、创伤难愈的病人身体上的各种症状，也能得到医治和改变，无论其治疗深度还是见效速度，都让我和我的许多患者叹服不已。这本书是块风水宝地，流连其中可让你逐渐领略心理康复过程怎样发生，书中充满案例回顾，都是彻底改头换面的人现身说法，乍一看真令人怀疑他们是否在夸大其词。但这些内容绝对货真价实。这本书是专业临床医生在心理创伤领域几十年来辛苦求索的结晶，内容严肃、表达清晰、态度认真、切实有用，真诚和读者分享创伤康复的有效方法，这种方法已经帮助过数以百万计的病人。

——诺曼·道伊奇（Norman Doidge），医学博士，《重塑大脑，重塑人生》（*The Brain That Changes Itself*）一书作者。

人生在世，创伤难免，或大或小，均给人带来痛苦磨难，弗朗辛·夏皮罗上下求索，精益求精，发展出一套经过科学验证的方法，用来减轻我们的痛苦，泽被世人，为我们送上一份足以改变人生的厚礼。我们人生的种种经历会储存在相互连接的神经网络模式中，在以后的生活中会诱发出不适的思维、感觉和行为方式，让心灵深锁在其中难以释放，迫使我们以自动运作的方式机械生活，我们也许以为自己永远也无法改变。但是我们集中思想的方式实际上能够改变大脑自身的组织构造，关键是要知道怎样利用我们的意识来激发这一重要的治疗过程。在本书里，作者通过娴熟的技艺、具体的案例解释和表达清晰的步骤说明，带领我们熟悉一个个切实有用并威力强大的步骤，这些步骤都是从数以百万例病人的治疗实践中得出来的，这样就能将我们的创伤转变成我们的胜利。请和你心爱的人一起透彻研读这本书吧……但首先请从你自己开始！

——丹尼尔·西格尔（Daniel J. Siegel），医学博士，加州大学洛杉矶分校医学院精神病学临床教授，《心理和心灵图景的发展》（The Developing Mind and Mindsight）一书作者

真实的人物，真实的故事，过去所受伤害和心灵创伤在情感上得到康复的真实例证！在本书中，夏皮罗博士为我们集中展现了各种自我帮助技巧，让情感康复变得切实可行，这一切都建立在眼动脱敏与再处理疗法的基础上，这种疗法经过成千上万心理医生的临床运用，实践证明它非常有效。夏皮罗笔下的一个个真实故事，为我们展现了压力重重、痛苦万分或创伤难愈的经历怎样影响人们的生活，阻碍人们的发展潜力——并且告诉我们这些经历怎样能加以改变，甚至能彻底解决。对于外行人而言这真让人大开眼界！

——鲁斯·科尔文（Ruth Colvin），曾经荣获美国总统自由勋章，扫盲专家组织（Proliteracy）的共同创办人

我永远感激弗朗辛·夏皮罗和她创立的眼动脱敏与再处理疗法，帮助我从极为可怕的恐惧症中康复过来。饱受心理痛苦折磨的人现在可以阅读这本开创性的著作，从而懂得困扰人们很久的记忆怎样可以重新加以处理。这样我们的生活就能充满快乐，而不再充满恐惧。这样我们就可以活在当前，而不是沉湎过去。

——普里西拉·华纳（Priscilla Warner），《学会呼吸》（Learning to Breathe）一书作者，并与人合著《信念俱乐部》（The Faith Club）

弗朗辛·夏皮罗博士似乎发现了心理和身体之间的深奥联系，这样每个人都可能恢复健康。这些故事让我们不断变化的本性重新获得平衡并焕发活力，它们不禁让我们想到，确实有很多成功的康复手段，现在正提供绝佳的疗法。

——斯蒂芬，安德烈·莱文（Stephen & Ondrea Levine），《谁在死亡？——一项针对活得清醒、死得明白的调查》（Who Dies? : An Investigation Conscious Living and Conscious Dying）一书作者

弗朗辛·夏皮罗博士是眼动脱敏与再处理疗法的创始人，也是心理治疗领域临床革新的一位领头人，在本书里，她将自己突破性的方法转化成实践的建议，为那些陷在过去种种经历的泥潭里难以自拔的人提供实际帮助。这本书特别值得一读，夏皮罗博士挥如椽妙笔，不仅为心理治疗领域的专业人士提供绝佳资源，同时也为寻求自救技巧的人提供指南手册。对想要了解过去怎样留存在我们的记忆网络中进而影响我们世界观的人来说，本书也是极具价值的伴侣，它为我们的成长提供切实可行的妙策良方。

——杰弗里·马格莱维塔博士（Jeffrey J. Magnavita），美国职业心理学委员会会员，美国心理协会心理治疗分会前会长，统一心理治疗项目（Unified Psychotherapy Project）创始人

衷心感谢弗朗辛·夏皮罗写了这样一本好书，它明晰易懂，切实可行，改变人们一生，帮人们品味当下生活。眼动脱敏与再处理疗法在克服过去创伤留下的印记这方面极为有效。

——巴塞尔·范德考克（Bessel van der Kolk），医学博士，公正资源学院（Justice Resource Institute）创伤研究中心医学主任，国家疑难心理创伤治疗网络（National Complex Trauma Treatment Network）主任，波士顿大学医学院精神病学教授

本书为读者提供强有力的新见解，让人们理解各种心理创伤和障碍怎样破

坏人们的潜力，同时告诉人们怎样应对自己的痛苦。通过精心挑选的案例研究，读者得以了解各行各业的人们千姿百态的人生经历，并学习眼动脱敏与再处理疗法的治疗策略，这些策略让患者消除记忆中"发自内心"的各种感觉，作为人生道路上新的转折点，逐步走向自我调节和人身安全。

——斯蒂芬·伯格斯博士（Stephen W. Porges），精神病学教授，伊利诺伊大学芝加哥分校大脑－身体研究中心主任，《多元交感神经理论：情感、依恋、沟通和自我调节的神经生理学基础》（The Polyvagal Theory, Neurophysiological Foundations of Emotions, Attachment, Communication, and Self-Regulation）一书作者

在这本书里，弗朗辛·夏皮罗将她新颖独到的眼动脱敏与再处理疗法呈现给世界各个角落的人们，将眼动脱敏与再处理疗法的见解和策略普及给万千大众。将眼动脱敏与再处理疗法的具体策略转变成自我帮助的种种技巧，是夏皮罗博士将创伤康复技巧传授给广大民众的漫漫征途中的另一步。本书对于心理医生和患者都是极有价值的资料，对广大挣扎于苦痛人生经历留下的影响中而没有寻求正规医疗的人而言也是一笔宝贵的财富。

——劳拉·布朗博士（Laura S. Brown），美国职业心理学委员会美国心理学协会创伤心理学分会前会长，弗里蒙特社区治疗项目主管

你是否饱受情感障碍和糟糕感情选择的折磨？未处理的记忆可能正是问题的根源……而眼动脱敏与再处理疗法可能就是其解决方法。眼动脱敏与再处理疗法是个极为有效的、经过科学验证的过程，已经帮助数百万民众脱离苦海，重获自由。在本书里，弗朗辛·夏皮罗首次向大众详细介绍她所创立的这一切实可行的治疗方法。这是最好的自救途径。

——杰弗里·齐格博士（Jeffrey K. Zeig），米尔顿埃里克森基金会主任，心理治疗进展大会主管（Evolution of Psychotherapy Conference）

这本自助书为我们伟大的乐观主义提供了一个注脚。有了眼动脱敏与再

处理，世人最终拥有一种治疗方法，可以应对心理创伤带来的种种破坏效果。这种疗法经过科学验证，效果显著且见效极快，其成本低廉，并能广泛应用于各种情况和文化环境中。人类潜力的未来以及世界的未来在弗朗辛·夏皮罗发现了眼动脱敏与再处理疗法后变得从未有过的明朗起来。

——罗尔夫·卡里尔（Rolf C. Carriere），联合国前发展专家，联合国儿童基金会驻亚洲五国代表

目 录

赞誉

第1章 不受自己掌控的心 /1

我们的心灵为何饱受痛苦 /2
一种神奇的心灵疗愈术 /5
活在过去的人 /9
为什么痛苦的会是我 /10
轻微的心理创伤也威力无穷 /12
本书的目标 /14

第2章 时间不能治愈的伤 /17

为什么时间不能治愈所有创伤 /18
本书怎样帮助你 /20
我如何发明眼动疗法 /21
眼动疗法如何处理记忆 /27
未处理的记忆是不健康人格的基础 /33
我是谁 /35

第3章　人生困境背后的痛苦记忆　/38

对于脑海中思考的一切，身体都会有反应 /39
从南希的案例看不同的心理治疗方法如何运作 /41
发现自己不合理的习惯反应 /45
学习一些自我控制的技巧 /46
痛苦的常见根源 /51
超越自动驾驶状态 /59

第4章　消极记忆带来消极的自我感觉　/61

问题底层的消极记忆 /61
找到最关键的标准记忆 /65
消极认知来源于记忆 /69
找出你的消极认知 /70
用"回溯"技巧找到相关记忆 /74
每天坚持做TICES记录 /77

第5章　不安全的父母，不安全的依恋　/82

不受父母疼爱的孩子 /84
不安全的依恋类型 /86
扩大安全网络 /90
消极认知再探 /92
探索自己的负罪感 /96
自我心灵保健 /100

第6章　焦虑和恐惧背后　/102

不安全感从哪里来 /104
理解创伤后应激障碍 /111

为什么我被迫这样生活 /118
探索自己的安全感和控制感缺乏 /120
巩固自我控制技巧 /124
当一次自己的父母 /127

第7章 记忆的伤引起身体的痛 /129

心理、大脑和身体的联系 /130
往事给身体带来的痛苦 /134
我失去了应有的感觉 /139
我的身体令人厌恶 /143
我一定是生病了 /145
探索自己的身体感受 /151

第8章 我最深爱的人，伤我却是最深 /155

伤痕累累的爱 /156
家庭的破坏之舞 /162
努力还是放弃 /173
我恨死你这样的人了 /179
最后几点人际交往的建议 /181
探索自己的人际交往记忆 /182

第9章 最坏的心灵也可以重建 /184

反社会行为是怎么开始的 /185
从成瘾中走出来 /188
施虐的心从何而来 /197
儿童猥亵犯的过去 /202
最坏的心灵也可以重建 /208

第10章　从压力重重到拥抱快乐　/210

当压力让我们喘不过气 /210
探索自己 /218
减轻日常压力的四大元素 /221
从失败到自由 /223
超越压力 /226
开始掌控自己的人生 /230

第11章　拥抱更广阔的世界　/233

向前追溯人性的脉络 /234
走出无法停止的哀悼 /240
扫清精神道路上的阻碍 /243
拥抱我们生活的世界 /250

附录A　自我帮助技巧及工具　/255
附录B　眼动脱敏与再处理疗法相关资源　/259
致谢　/264

第1章

不受自己掌控的心

为什么一个美貌与智慧并存的女性总是挑错男人,然后等到这些男人提出要和她分手时,她却跪在地上死死抱住他们的大腿,苦苦哀求他们不要离开自己?

本杰明是个事业有成的商人,为什么每次在大众场合发言他就要紧张得手足无措?

斯泰西似乎总是莫名地惊恐、害怕被人抛弃、饮食不调,几年来她一直走马灯一样地换心理医生,想要找出这些问题的根源。最令人感到奇怪的是,她的脑海里总是重复出现红色和蜡烛的景象。她完全不懂这是什么意思,但是好像从她能够记事起这种场景就一直伴随着她。

有意思的是,这些人的问题都能找到一个简单的解释,这个解释涉及大脑本身的运作方式。在本书里,我们就要一起探索让人们饱受痛苦的原因以及对付它们的方法。

我们的心灵为何饱受痛苦

事实上我们所有人难免都会遭受这样那样的痛苦。总有各种各样的情况出现，影响我们的好心情。但是如果痛苦经历本身已过去了很久而我们的痛苦还是会持续出现，那是因为大脑内部的某种联结影响了心理。让我们先做个实验，这样你就能自己弄明白这一点。我先说一句话，然后请你留意自己心里迸出来的第一反应。

玫瑰玫瑰花儿红

很可能你想到的第一样东西就是：**罗兰花儿蓝盈盈**。对土生土长的美国人来说，这基本上等于是条件反射般的回应。这个概念很重要，因为心理反应都是建立在身体反应的基础上。你的大脑已经事先设置好，和身体其他部位以同样的方式做出自动反应。不论男女老幼，如果膝盖被人以特定方式敲击一下，其腿部就会猛地一阵抽搐。同样，不论出于何种目的，你的心理也会自动做出回应。例如，你上一次听到这首歌可能已是好多年前的事了。但不管怎样歌词还是自然而然就到了嘴边。这些类型的自动反应可能很美妙也很有用，显示出我们心理的巨大威力，但它们并不总是对我们有益。

让我们先来看一看这些歌词本身。你对"玫瑰玫瑰花儿红"这句歌词的反应并不是对其具体意思的评价。你的心里只是自动跳出这样一个反应，好像这句话说的是真理。但玫瑰花其实并不都是红色的。还有黄色、粉色、紫色的玫瑰花，甚至任何你能想出来的颜色，都有对应的玫瑰花。但是，这句没有经过验证的歌词乍一看并没有什么不妥之处。那么第二句歌词又怎么样呢：罗兰花儿蓝盈盈。真是这样吗？不是的，实际上罗兰花是紫色的。但是不管这句话说得对不对，它还是会自动跳出来。虽然这句话很可能并没有给你带来过任何的苦恼，但是同样这种类型的自动反应会引发各种各样的问题，破坏我们的幸福、扰乱我们的家庭、影响我们的社会。这种心理／大脑的自动反应过程，可以让我们认出一句歌词，让我们跟着一首20年来没有听过的旋律一起歌唱，同样也可以让我们坠入痛苦的深渊，让我们焦虑、抑郁、心痛，有时候甚至带来身体上的疼痛。

过去的经历是此刻内心世界的组成部分

这首儿歌的歌词还有更多可以解读的地方。还记得"罗兰花儿蓝盈盈"后面的歌词吗？"糖果味道甜丝丝，你的感觉甜如蜜。"歌词非常动听，而且也是自然而然地涌上心头。但我们大家都知道，糖果的味道肯定甜丝丝，而人的感觉却要复杂千万倍。每个人的感觉都是酸、甜和天底下各种滋味及其变体的混合体。每个人都会感到愤怒、悲伤、妒忌、痛苦、受伤、没有安全感、快乐或者甜蜜。当我们有了情绪，我们就会做出相应的行动。前一刻我们还对身边人爱护有加，一天后可能会暴跳如雷，气得对他们大吼大叫。所以，从根本上说，我们成长过程中所学到的东西有些是真的，而有些其实并不是真的。年幼的我们常常难以分辨其中的差异，而那些我们信以为真的东西——比如，因为我们老是被人欺负或者遭人嫌弃就认为自己要低人一等，或者以为父母的婚姻走到尽头都是我们的责任——其实不过是错觉。但是，这些经历却会留下长远的影响，在余生中不断自动浮现出来，不受意识控制。

人生中的每一段经历都会变成此刻内心世界的一个组成部分，控制我们对自己遇到的每个人和每件事所做出的反应。当我们"学习"某件事情时，这段经历就会真切地存储在被称为"神经元"的脑细胞网络里。这些细胞网络实际上构成了无意识心理，决定了大脑怎样解释周围的世界并控制我们从这一刻到下一刻的具体感受。这些记忆包括多年前发生的经历，而我们的有意识心理常常觉察不到这些经历到底会留下什么影响。但是，因为这些记忆全部存储在大脑里，它们就会不受控制地突然蹦出来，对"玫瑰玫瑰花儿红"这样的歌词自动做出回应，就像是它们给我们遇到的每种新情况都戴上一副有色眼镜。在我们美丽动人的时候，它们会让我们觉得自己毫无魅力。在周围每个人都兴高采烈的时候，它们会让我们觉得郁郁寡欢。如果有人弃我们而去，它们会让我们觉得伤心欲绝——哪怕我们清楚地知道这个人其实糟糕透顶，继续维持这段关系只会是个弥天大错。总之破坏快乐心情的很多感觉和行为其实都来源于无意识的记忆系统中存在的一些症状。

让我们先来看看本章开头所说的第一个案例：

为什么我这么害怕被男人抛弃

为什么一个美貌与智慧并存的女性总是挑错男人，然后等到这些男人提出要和她分手时，她却跪在地上死死抱住他们的大腿，苦苦哀求他们不要离开自己？

找男朋友对贾斯汀而言根本不成问题。她的问题是怎么守住男朋友的心。贾斯汀今年25岁，她总是喜欢挑有点儿棱角的男人，这些人一般都狂放不羁、很难心有所属。每次恋上一个人之后，她都表现得特别如胶似漆，而她的男朋友无一例外最终都要和她提出分手。分手的时候，她哭得撕心裂肺，双膝跪地，死死抱住男人的大腿，苦苦哀求他不要弃她而去。

做心理治疗的时候，这一切的根源被追溯到她六岁那年一个周日晚上所发生的事情。贾斯汀和父母一起住在一栋两层小楼里。那天晚上外面雷雨交加，贾斯汀觉得特别害怕。她一个人待在楼上自己的卧室里，开始放声大哭，拼命叫喊自己的妈妈和爸爸，让他们快点过来。但是，他们都在一楼的厨房里。外面的狂风暴雨把贾斯汀的哭喊声完全淹没，他们一点儿也没有听到她的声音。因此一直也没有上来安慰贾斯汀，让她不要怕，最后贾斯汀哭到声嘶力竭，疲累交加，终于慢慢沉入梦乡。

这样平常的一件事怎么会和她现在的这些问题扯上关系呢？我们大家在童年时期都经历过雷雨交加的场面，但只有很少一部分人会一直受这件事的消极影响。我们会在后面的章节里详细分析造成这一现象的原因。现在，我们只需要知道，如果当前的消极反应和消极行为能被直接追溯到早年的一段记忆，我们就把这样的记忆称为**"未处理"的记忆**——意思是它们被储存在大脑里，但却仍旧保留着早年所感受到的情感、身体感受和看法，丝毫未减。

在那个雷雨交加的夜晚，还是个孩子的贾斯汀内心恐惧至极，心里认定她的处境极度危险。在她声嘶力竭地呼喊爸妈过来时他们却并没有出现，这让她有了这样的感受，那就是在她真正需要父母帮助的时候肯定会被他们抛弃。这个记忆，带着她六岁时所感受到的强烈恐惧感一起，储存在了她的大脑深处，每次男朋友和她提出分手时，都会被激发出来。此时此刻，她的所作所为不再像一个成熟且成功的25岁女士，而像一个满怀恐惧的小女孩，一个人孤苦无依地被留在黑暗里。假设狂风暴雨和分手都能与孤身一人及遭人遗弃产生关联，我们就可以看到这两者间的联系。这样一来，她就会无意识地将与恋人分手的经历看成"深陷危险中"。

我们无时无刻不在经历着这些类型的联系。所有那些出现在我们自己身上和周围人身上的特征，不管是爱也好，是恨也罢，这些联系往往就是其背后的原因。它其实只是大脑运作以理解外部世界的一种方式。但是，辨认出这些记忆联系只是改变我们思考、行动以及感受方式的第一个步骤。我们不仅要理解某个症状从何而来，更重要的是知道采取什么样的措施来解决它。在本书当中我们就会深入探索如何发现隐藏在个人问题或感情问题背后的记忆，能采取什么样的措施来帮助自己解决问题，以及怎样识别寻找专业性的帮助的恰当时机。

一种神奇的心灵疗愈术

在本书中，我们也会探索大脑的运作机制——构成我们意识的千丝万缕的复杂联系——主要通过全世界范围内超过七万名临床医生所实践的一种被称为**眼动脱敏与再处理**（Eye Movement Desensitization and Reprocessing，EMDR）的治疗方法，通过其中一些医生所提供的临床案例来加以研讨。过去这 20 年来已经有几百万人得到这种疗法的帮助，其中很多人愿意将自己的经历在本书中详细和读者分享，目的是为了帮助我们揭开变化过程的神秘面纱。研究已经显示，很多重大改变甚至能在眼动脱敏与再处理的一个再处理环节中发生。患者的报告为我们打开了一扇通往他们脑海的窗户，因为他们所提供的各种联系回答了我们为什么会以不同方式对周围的世界做出反应。

眼动脱敏与再处理疗法主要针对未处理的记忆，其中包含了各种消极的情绪、感受和看法。通过激活大脑的信息处理系统（这一点我们将在第 2 章中加以解释），这些过去的记忆将会得以消化。这就意味着我们要取其精华，去其糟粕，并且记忆会重新储存在大脑里，再也不会对你造成任何伤害。

比如，贾斯汀的医生主要专注的是那个雷雨交加的夜晚，同时关注她当时独自一人身处危险的恐惧感受。一旦狂风暴雨的那段记忆得到了适当处理，童年时期害怕的那些感觉就会消失，取而代之的是一种安全感，以及作为成年人她完全能照顾好自己的坚定信念。伴随这些而来的是男朋友的问题顺利得到解决。她对自己重新认识的结果，就是她终于能在爱情上做出截然不同的抉择。毋庸讳言，如果贾斯汀的父母一直责罚孩子或是一直疏忽大意，那么可能就还有更多的记忆需要我们去处理。但是不论涉及的记忆到底有多少，从根本上说，我们正是通过这种疗法来进入一个人的无意识心理，让各种洞见、联系和改变在再处理环节快速发生。

无意识心理究竟是什么

多数人在思考无意识时，都会想到心理分析，想到很多电影，它们都涉及心理冲突的弗洛伊德式的观点，以及带有象征色彩的梦境和手势。从心理分析的角度来看，它一般都需要花费几年时间的对话治疗和修通过程（working through），才能领悟和掌握那些隐藏在背后的力量。这种形式的治疗也有很大的价值。但是弗洛伊德毕竟是在 20 世纪初发表自己的一系列观点，而从那以后很多事情都发生了巨大的改变。过去这一个世纪以来，神经生物学技术领域的发展一日千里，极大拓展了我们对这些"隐藏的力量"到底是什么的深层理解。我们将要涉及的对无意识的探讨主要建立在大脑本身运作方式的基础之上。通过理解过去的各种经历怎样为我们的情绪反应和身体反应奠定生理基础，我们就能判断那些"困住"我们的关键点和下意识的心理反应是怎样出现的，以及采取什么措施才能解决它们。

我们来看看第二个案例。

为什么每次公开发言我就如此紧张

本杰明是个事业有成的商人，为什么每次在大众场合发言他就要紧张得手足无措？以下是他所说的话：

"从我记事时起，只要是在一群人面前做任何形式的表演，我都会感到莫名的紧张。我会手心出汗，语无伦次，心跳加速，而且脑海里不停冒出这样的想法，'我就是个傻子，我根本干不了这个，每个人都会讨厌我'。有时候这种感觉特别强烈，好像到了生死攸关的地步。听起来可能挺荒唐的，但这种感受当时是那样真切。在从小到大的读书岁月里，许多事本来都是正常发展，却有很多突发场合迫使我不得不当众表现。而在职业生涯里，同样的事情依然在发生。虽然我总是能设法渡过这些难关，但心情却总是不太舒畅。实际上，在每件事发生前和结束后，我都饱受痛苦，而且总是要不厌其烦地把每个细节一遍遍地和我所爱的人重温。这个过程，你可以想象，自然不会让他们开心。无论我怎么努力，好像就是没有办法解决这个问题。我尝试过各种各样的治疗方法。有时候好像有了一点效果，但是这种情况总会回来，而且只会比以前更严重。"

本杰明接受了眼动脱敏与再处理疗法，并且使用了我们将在本书中学习的一系列步骤来确认问题的根源并改变他的种种紧张反应。下面是他所发现的结果："原来问题的起因是我三岁半不到的时候发生在我身上的一件事。我和爷爷一起在他位于北卡罗来纳州西部的农场散步。我现在能回忆起来的是，好像我那时正在抬头往上看，像很小的孩子那样。我也不记得自己是不是叽叽喳喳地在和爷爷说话，但是如果家里人讲的话可信的话，那我很可能是在喋喋不休。我们在路上遇到一个陌生人。这个人年纪很大，腰背佝偻，一脸怒气，鼻孔里全是毛。他用那山里人特有的长音调对我爷爷这样说，'嘿，你好，要是我有个小子和这毛头一样话多得满嘴淌，我就一把摁到河里淹死他。'我一骨碌躲到爷爷那紧裹着粗棉布的大腿后面，偷看那个人毛茸茸的鼻孔，吓得大气不敢出。因为我知道那些人们不想要的小动物通常都是被丢到河里淹死的。在陌生人面前叽叽喳喳似乎不是什么保险的事情。"

所以，这个童年时期的恐惧时刻为他日后的问题打下了基础。这个记忆开始储存在他的大脑里，为他的失败埋下了伏笔："我在三年级的时候当着我最喜欢的尼诺女士的面做了第一次读书报告，她是个年轻漂亮的老师，教一年级。我非常喜欢尼诺女士，而且我对自己的读书报告有足足三页长也感到无比自豪。我为了这份读书报告可是下足了工夫，并且为了练习它我还变得有那么一点结巴，一直持续了大约六个月的时间，然后神秘地消失了，就像开始变结巴那样让人百思不得其解。我父母将这件事处理得非常好，我甚至都没有对自己的结巴感觉有什么不自在。我梦想着尼诺女士能当众表扬我，告诉全班同学我做的读书报告有多么出色。但是，在我做读书报告的整个过程里，尼诺女士一直坐在教室的最后一排，她笑得喘不过气来。在磕磕绊绊地阅读整个读书报告的过程中，我的结巴变得越来越厉害，我想，'我就是个傻子'。两年后我又在最后一刻临危受命，在学校公演里扮演一个角色。演到第一幕的中间，我把自己的台词忘得一干二净，直挺挺地僵在舞台中央。我想，'每个人一定都讨厌我。我把整场演出搞砸了。我就是个傻瓜'。"

请注意，40 年后当他需要在工作场合当众发言时，这些同样的想法又在本杰明的脑海中回响起来："我真是个傻瓜。我根本干不了这个。每个人都会讨厌我。"在接受眼动脱敏与再处理治疗以前他根本不知道自己为什么会有这样的感受和想法。他根本就没有爷爷那个农场的具体印象，也想不起读书报告的具体场景，或者是学校演出的场面——只有伴随以上场景的那些感受和想法。这是对外在诱因做出的自动反应，就像"玫瑰玫瑰花儿红"引发"罗兰花儿蓝盈盈"那样自然。

没有一样东西是在真空中存在的。看起来十分荒谬的反应往往正是非常不合情理的。但是不合情理并不意味着它们没有任何道理可言，而是意味着这些反应来自我们大脑的一部分，不受理性心理的掌控。控制情感的自然反应来自记忆网络内部的神经联结，独立于更高层次的推理能力之外。

这也可以解释为什么你在做自己明知道日后会后悔的事时还是只会眼睁睁看着，或者明知遇人不淑还对其死心塌地，或是被自己极度瞧不起的人反复伤害，或是没来由地对自己心爱的人大吼大叫，或是被看起来无足轻重的事弄得心情抑郁却无力从阴影中走出来。这些事情都不合情理但却可以理解，而且更重要的是，它们都可以补救。虽然遗传因素起到很重要的作用，总体说来，**痛苦的根源还在于我们对过去种种经历的记忆储存在大脑中的方式，而这些方式都能够加以改变。**令人欣慰的是，合理储存起来的记忆同时也是快乐和心理健康的源泉。在后面章节，我们将会更加深入地探讨大脑和记忆工作的方式。

活在过去的人

如果快乐和痛苦之间、疾病和健康之间、给我们制造各种难题的家庭和为我们提供关爱支持的家庭之间都有一条直线，那么我们所有人都位于这条直线的某一点。同样，我们所遭遇的各种人生经历，其范围也从常见的儿童时期的屈辱、失败、遭排斥和争吵一直到需要诊断为创伤后应激障碍（posttraumatic stress disorder，PTSD）的重大事件，如重大交通事故、身体虐待、性侵害或精神虐待、战争或自然灾难。此外，已经诊断为创伤后应激障碍的患者肯定都有以下这些症状，如侵入性思维、不断做噩梦或反复做同一个梦之类的睡眠障碍、焦虑、"反应过度"（hyperarousal），即对危险极度警觉并且稍大一点的声音就会让他们吓得猛跳起来，或是"麻木"（numbness），即感觉自己封闭起来与世隔绝。同时他们还会尽量远离能引发他们想起这件事的一切东西，但是这件事留下的想法却不断地自动跳出来。

那些罹患创伤后应激障碍的人很明显地都有一些不好的经历储存在他们的脑海里，其存储的方式令人感到极度不安。所以当一个患有创伤后应激障碍的老兵回想起三年前发生在伊拉克或阿富汗战场上的事情时，他能在自己身体上真切感受到这件事，并且此事发生时的景象和自己的感想均能深切体会到。越战归来的老兵能清晰回想起30多年前发生的某件事情，并且回忆时同样的感受还会发生。执行过无数任务的海军陆战队士兵曾亲眼目睹过无数伤亡事故，却可能为某一个特定的死亡事件而魂牵梦萦难以释怀。每当他想起这一场景时都会感到无助、痛苦、悲伤和愤怒，恰和当时的心情一样。并且他对周围世界也表现出这样的情绪。

同样，如果一个人在一年前被人强奸或是50年前遭到过性骚扰，并因此而患上创伤后应激障碍，那么她的过去也就是她的现在。每当她想到这件事，感觉就好像整件事又从头到尾发生了一遍，或者在特定的人或者特定的地点周围都会让她觉得惊恐和焦虑。但是不管这事发生在多久以前，也不管症状到底存在有多久，它都无需持续出现才能带来极大困扰。研究已经清楚地证明了这一点。同样重要的是，尽管诸如遭遇抢劫或暴力这类重大心理创伤有必要接受正式的创伤后应激障碍的诊断，很多最近的研究已经证明，**日常生活中的种种经历，例如感情问题或者失业问题，也会带来同样多、有时候甚至更多的创伤后应激障碍的症状。**

这一点对我们所有人来说都具有重要的含义。它表明在纷繁复杂的各种事件之间根本没有明确的区分标准，同样在各种症状之间也没有十分清楚的界线。和那些遭受创伤后应激障碍折磨的人一样，我们大家都有诸如此类的经历，觉得焦虑、害怕、心神不宁或是与他人隔绝，脑海里总是出现挥之不去的想法、内疚或是让人担惊受怕的噩梦等。有时候这些反应是基于当前的某种处境，我们需要好好思考一下，以掌握必需的信息来渡过难关。对有些人而言，一旦时过境迁，这些症状也就马上随之消失。但对很多人来说，这些感受还是时常出现，或者没有任何明显的缘由就蹦出来。这些通常都是明确的标志，表示我们有一些潜在的未处理的记忆引发了这些症状。

这些记忆能够加以辨认和处理。所以我们一定要记住，不管那持续出现并一直困扰着你的消极情感、看法或行为到底是什么，它们其实都不是你所遭受的痛苦的根源——它们不过只是外在的症状而已。而**最有可能的根源就是引发这些症状的记忆**。我们的记忆既是各种不好的症状赖以存在的基础，同样也是心理健康的基础，其关键的区别就在于记忆存储在大脑中的形式。如果它们没有经过处理，可能就会引发我们的过度反应，或者让我们的举动伤及自己和周围的人。如果这些记忆经过了适当的处理，我们的反应方式就可以既有利于心爱的人，也有利于自己。

为什么痛苦的会是我

有些人在成长过程中父母对他们不闻不问或者拳脚相加，这些人会知道童年时的各种经历可能正是引发自身一些问题的根源。而其他人多少读过一些故事，知道真正多灾多难的家庭和一团乱麻的童年生活是什么样子，他们认为："这根本就不是我呀。我的家庭生活非常幸福，所以我现在有这样的感受真是说不通。"

可是，有时候，即使我们有甘愿为我们赴汤蹈火的家人，他们认为自己为了我们已经做到全力以赴，可我们还是发现自己被困在一张由种种症状和痛苦编织的大网里，连自己都觉得百思不得其解。有时候在治疗过程中寻求答案的努力可能会把我们引入歧途，因为给我们治疗的医生对于记忆怎样运作根本就没有一个清晰的概念。让我们来看看下面这第三个例子：

我不记得发生了什么，但总是看见红色和蜡烛

为什么斯泰西似乎总是感到莫名的惊恐、害怕被人抛弃并且出现饮食不调症状？最令人奇怪的是，她的脑海里总是重复出现红色和蜡烛这样的画面。她完全不懂这是什么意思，但是好像从她能够记事起这样的画面就一直伴随着她。

几年来斯泰西走马灯一样地更换心理医生。她接受了超过100种不同类型的治疗，每个心理医生都有一套自己的独特见解，这也让具体治疗方法不断发生改变。有时候要找到一种正确的治疗方法非常困难——或者要找个合适的心理医生也相当不容易。同时，临床表现也可能会很复杂，因为有时候一段童年的往事可能会特别令人困扰，完全超出了大脑处理它的能力范围，要么这段记忆根本就没有储存起来，要么这段记忆完全被尘封起来，这个人根本就记不清。这就是斯泰西面临的问题。经过多年的治疗却不见任何起色，她最终找到了一个心理医生，给她尝试了各种各样的疗法，却也还是束手无策。因为斯泰西根本不知道这些问题从何而来，她同时出现害怕抛弃问题、亲密问题、饮食问题、恐慌和焦虑症状等，因此她的医生对她说："听起来你真的很像曾经遭受过性侵害。"此外，因为她的脑海里总是不断浮现出红色和蜡烛的意象，医生推测说这可能是宗教仪式中受到的伤害，因为这些意象恰好符合邪教中的朝拜仪式。你可以想象，这些让她的焦虑情绪变得雪上加霜。两年来，医生不断刺探她的人生经历，徒劳无功地想要找出有关宗教仪式伤害的记忆。

因为她还在饱受痛苦折磨，斯泰西又尝试了另一位心理医生，并从他那里听说了眼动脱敏与再处理疗法。因为她根本不记得任何事情，能让她明确感觉到与那些恐惧、焦虑、害怕遭人遗弃和饮食不调的感受产生联系，所以心理医

生将最有可能直接通往隐藏的记忆的那些症状优先作为处理目标：那就是红色和蜡烛这些意象。

经过适当的准备以后，在记忆处理的各个步骤中，她童年时代的景象一一浮现，她看到自己大概五岁左右的样子。那天是她的生日。她爸爸给她一支香味蜡烛让她点在房间里，然后他们一起开车出去吃生日午餐。正在两人快乐地一路开车一路唱歌时，一辆汽车闯过红灯直接向他们冲过来，她的爸爸当场身亡。所以如果父亲坐在邻座在赴她生日午宴的路上死于车祸，那么她所有的那些症状都可以解释得通了。你也可以明白，从这样的经历中你很容易就会产生饮食不调的问题、害怕遭遗弃的问题和持续不断的焦虑感。

但有时候记忆也会产生误导，因为它们可能只是一些用来印证我们已有感受的虚假景象。例如，孩子们可能会相信坏事之所以发生在自己身上，是因为他们听了一个故事或是在电视上看了什么东西。我们可以想想所有那些看过恐怖电影后做噩梦的孩子。斯塔西的父亲遭遇车祸身亡的时候她到底是不是坐在车里？斯塔西知道自己的父亲死于车祸，但她记不清自己当时到底是不是跟他在一起。只有在得到明确的印证以后你才知道事情的真相。她给自己的妈妈打电话问道："妈妈，这是不是真的？爸爸去世的时候我是不是跟他在一起？"她妈妈说："嗯，是的，亲爱的，你确实在那儿，但是我们以为你不想谈论这件事，因为你从来就没有提到过这件事。"

所以尽管斯泰西有个非常疼爱她的妈妈，一心只想保护她，她也没有父亲过世的最直接的记忆，但她还是有多年的病症，这些症状好像一点道理都没有，但现在都可以解释了。更重要的是，等到这段记忆得到适当处理以后，所有这些症状都消失了。

轻微的心理创伤也威力无穷

我们有必要记住，其实我们根本不必经历重大心理创伤，例如父亲过世或是遭遇车祸，才会引发持续多年的症状。

例如，珍妮丝来找医生治疗，因为她吃了太多的胃药，并且持续了很多年。此时此刻这种行为已经危及到她的生命安全，因为她吃胃药吃得实在太频繁，实际上已经对她的肠胃造成很大的损伤。她同样记不清自己为什么开始吃胃药，只知道她特别害怕自己的肠胃会出毛病。心理医生使用了眼动脱敏与再处理的程序，以找出她这些感受的来源。珍妮丝接下来记起的事情是在她读小学的时候，坐在隔壁的女生突然在课堂上呕吐起来。这女孩竭力要阻止自己，将一只手捂住嘴巴，然后她的呕吐物从嘴巴一侧溅出来，直接飞到珍妮丝的头发上。珍妮丝飞奔出教室，感到惊慌失措、羞愧难当并且肮脏透顶。这就是掩埋在滥用胃药底下的深层记忆。在处理过这个记忆以后，她对胃药再也没有什么强烈需求了。

所以如果有了什么症状，那么它传递出来的信息就是通常是某种经历引发或者导致了这种症状。**一定有什么事发生过，不管我们在意识层面上有没有记住它。**尽管我们已经越来越依赖药物去治疗身体的不适感受，但很多时候仅仅只是掩盖了这些症状。问题的根源通常并不是天生的神经系统缺陷，也不是纯粹生化方面的问题。当然，我们遗传基因的结构起着重要的作用，可能导致我们对特定的经历做出强烈的反应。有时候我们也会遗传易染病的体质，无法抵御很多种疾病，例如抑郁症或者焦虑症。但是，即使在这些情况下，一般还是需要特定类型的人生经历才能引起痛苦。从根本上说，我们的基因结构和人生经历以种种方式结合在一起，才能让我们的人生以自动驾驶的方式前行。

还有一个信息就是，不要因为这些症状持续时间长或者很严重，就以为背后肯定存在着重大的心理创伤。即使在成年人看来显得微不足道的小事情也可能是引发这些症状的导火索。重要的地方就在于，从孩子的角色位置来看，当时肯定让人觉得创痛难平，并且这个记忆被深深埋藏在脑海里。这些经历也许发生在很久以前，我们可能难以辨认它们实际上造成了多大的影响。但是那些给我们带来长期问题的消极情感、行为、看法和感受一般都能追溯到这些未处理的记忆中。通过这种方式，过去也就留在了现在。

本书的目标

世间有太多的事情需要我们去寻求答案，不管是在书本中找答案还是通过心理治疗寻找答案。有些人只需要一定的信息来帮助他们应对生活中出现的新事情。有些人认识到有什么事挡住他们前进的道路。他们被迫去做很多自己并不想做的事情，或者他们明知道对他们有好处的事却遭遇重重阻力无法去做。

本书的目的在于帮大家理解生活中和周围世界里的"为什么"。更重要的是，本书还要帮大家理解自己能采取什么措施来应对。我们都有痛苦和彷徨的时候。这并不是一个"我会不会在人生某个时候经受痛苦？"的问题，而是痛苦会持续多久和以多少种不同方式呈现的问题。有些人能很快渡过某些类型的痛苦，而另一些痛苦则成为怎么也跨不过去的槛。有些人天生就是乐天派，而另一些人则成天愁眉苦脸。本书帮助我们理解我们为什么会成为现在的我们，同时教会我们怎样做才能对付那些有百害而无一利的痛苦和消极反应。本书还帮我们识别并解决心理障碍，让我们获得快乐和幸福的感受。通过使用一些具体的技巧，你就能自己判断怎样为未来做出最好的选择。

你可以掌控自己的人生

虽然我们常常发现童年的种种经历是引发很多心理问题的内在根源，但本书并不是一本有关"谴责"的书籍。作为一个生活在成人世界里的孩子，我们每个人都有自己无法左右什么、遭人忽视或是感觉自己没有其他人重要的经历。我们将在后面的章节里探索为什么心理症状和心理问题频频出现在有些人身上，而另一些人则闻所未闻。**请你一定要记住，所有这些事情发生时，我们都别无选择，或者无能为力。**作为孩子，这些事情虽然发生在我们身上，但我们毫无责任。不管我们的父母以何种方式把我们养大成人，他们之所以成为那样的人，也是拜他们自己的人生经历所赐，包括他们自己被养大成人的方式。从根本上来说，如果我们一定要谴责什么人，那我们就要一代代往上追溯直到找出问题的根源为止。但是，哪怕是延续最长时间的消极模式也可以被打破。作为负责任的成年人，并且拥有足够的知识，我们有能力掌控自己的人生。

随着我们找到自己生活中起作用的种种力量，我们就能更好地理解是什么促使我们像钟表一样不断运转——同时更好地理解我们周围的一切。我们大家都在处理控制我们感受和行动的各种无意识的过程和记忆。最终归结到一点，问题就在于：我们能采取什么措施来加以应对？

我不能追求自己想要的

乔来我这里做心理治疗，因为尽管他工作做得十分不开心，并且意识到这工作根本不适合他，但他就是无法下决心去换份工作。我们探索他的感受时，他说，他总是有这种感觉，"我不能去追求并得到自己想要的东西。"使用眼动脱敏与再处理的系列步骤以后，我们终于能找到并处理阻碍他前进的那段记忆。

乔记得自己还是个小孩子，在楼梯上面玩球。妈妈看见后，让他待在那里玩，不要到楼梯下面来。但是球却滚到了楼梯下面，他情急之下直接追着球跑下了楼梯。妈妈跟在他后面追过来，一把抓住他的胳膊，开始打他的屁股：惩罚他追逐自己想要的东西。这个简单的事件里包含了各种消极感受和与之相连的看法，在接下来的30年里一直如影随形地陪伴他。

记住这并不是一个童年遭受虐待的例子。乔的妈妈大多数时候都心地善良、充满爱心，但是出于她自己的担心，认为孩子不听她的话可能会受到伤害，她才会做出那样的反应。她教育孩子的方式受自身的家教影响而形成。

这不过是乔漫长一生中的一件事而已。但是单独一件事的记忆会储存在脑海深处，留下种种消极情绪、身体感受和不同看法，不论人的一生中发生什么其他事情，这些都很难改变。

既然记忆构成我们的人格特征和在这个世界如何反应的基础，我们就要探索方法，以找出可能埋在情感创伤和身体痛苦下面的记忆。

本书的各个章节还要探索涉及自尊心、抑郁、焦虑、滥用成瘾、感情问题和教育子女问题、工作问题、人生不幸甚至身体状况等方面的问题。你将学会一些具体的技巧，可以用来帮助自己应对以上每个问题，同时本书还提供一些指导原则，让你知道何时有必要去寻求进一步的帮助。

我们必须要记住，虽然未经处理的记忆常常是很多症状和痛苦的根源，但是经过处理的记忆也是构成心理健康的基础，所以我们同样也会探索一些必要的程序和步骤，用来提升坚强有力的感觉。很多人，包括很多奥运会运动员都曾使用过这些程序步骤，以实现他们的目标成绩。

关键就在于，不管我们是以何种方式被养大成人，我们都不是受害者，我们所存在的问题也并不是软弱的表现。有些取得辉煌成就的大英雄，不惜牺牲自己的生命来拯救他人，他们历经重重困难救别人脱离险境，但这些人也会在内心深处经受最彻底的内疚感的煎熬，忍受着不必要的痛苦，为那些他们无法拯救的人或他们无法完成的任务自责。当我们认识到自己的人生遭遇了瓶颈，那么每个人需要问的问题就是："我能采取什么样的措施来应对？"

第2章
时间不能治愈的伤

我们都通过大脑和身体来与周围的世界打交道，而我们的大脑和身体均大同小异。多数人都为了自己和家人而竭尽所能。可是，尽管大家有这么多的共同点，总有什么东西经常挡住我们前进的道路。只要我们做好准备，设法理解本书将要讨论的各个步骤的基础，我们就能很容易找到造成这种现象的原因。基因因素肯定会包括在内，但我们如何看待这个世界，如何和他人交往，主要建立在我们个人生活经历的基础之上。这些生活经历储存在我们的记忆网络里，构成我们各种认知、态度和行为的基础。同时这些记忆网络也把相似的事件联系到一起。

例如，如果有人让我随便说出几种不同的水果来，我毫不费力就能做到。在我的脑海里，它们瞬间就在记忆网络里联系到一起……苹果、橘子、梨、蓝莓等。如果我看到一个苹果，我很容易就能认出它是一种水果，因为我以前见到过苹果。任何时间我所经历的一切都会和记忆网络中过去的经历联系起来，这样我就能明白现在这个经历的意义之所在。但是，如果一个孩子以前从来没有见过苹果，她可能就会感到不知所措。这东西是红色的，并且是圆的：那它会不会是个球呢？

我们认识外部世界的任何一样东西都是先通过各种感觉（即视觉、嗅觉、触觉、听觉和味觉），然后进入到我们的工作记忆中。这个过程自然而然地和我们头脑里大范围的记忆网络联系在一起，以帮助我们理解所感觉到的一切。

这一过程无时无刻不在所有人身上发生。即使这页纸上的文字也得先和你的记忆网络连接起来，然后你才能理解自己所读到的一切。你见到的每个人，你当前所拥有的一切经历以及你对这些当前经历的理解感受，都和记忆网络联系在一起，这样你才能明白它们的意思。这些记忆网络里包含了你所有已经储存起来的其他经历，它们成为你此时此刻如何感受、思考和行动的基础。所以，你如何去回应生活中的其他人，他们又如何回应你，不仅建立在你们当前的一言一行之上，而且建立在过去种种经历的基础之上，这两者的分量不相上下。

为什么时间不能治愈所有创伤

如果我们不小心割伤了自己，除非遇到什么障碍，否则通常都会顺利康复。即使遇到了障碍，一旦我们把障碍清除，身体仍然会开始康复的过程。这也是我们愿意让医生把身体切开的原因。我们期待着切开的口子顺利复原。

大脑也是我们身体的一部分。除了我刚刚说过的数以百万的记忆网络以外，所有人的大脑中都接入了一套机制——一套信息处理系统——来帮助我们顺利康复。这套系统被用来处理任何类型的情感焦虑，将其恢复到心理健康的水平，或者恢复到我称为**适应性解决**（adaptive resolution）的水平。所谓适应性解决，即指这种解决方式中包括了有用的信息，能够让我们更加适应自己的生活，顺利生存下去。这套信息处理系统将我们同有用的一切联系在一起，而将其余无用的部分抛到脑后。

下面可以举个例子来说明一下这个系统的功用：假设你刚刚和同事吵了一架。你可能会觉得不舒服、生闷气或是担惊受怕，同时还要忍受伴随这些情感而来的所有身体反应。也许你还会对同事和自己产生种种消极负面的看法。你可能想象着自己要怎样去强行报复，但就让我们假设你抵制住了这些冲动行为，别的且不说，它们很可能会让你丢掉饭碗，所以你干脆走开了事，你好好想想这件事，再找人好好谈一谈，然后你上床睡觉，也许在梦里你还牵挂着这件事。而第二天醒来你可能感觉并没有那样糟糕。你基本上已经消化了这次不愉快的经历，对接下来该怎么做已经有了更好的想法。

这就展示了大脑的信息处理系统如何处理一段恼人的经历，并让学习的过程得以发生。这个过程很大一部分都在快速眼动睡眠（REM）期间上演。科学家相信在睡眠的这一阶段大脑开始处理白天发生的各种愿望、生存信息和学习过程。基本上说来，也就是一切对我们重要的事情。而最重要的一点则是大脑必须要被联结起来履行这项功能。

经过不间断的信息处理以后，对那场争吵的记忆通常会和你大脑中已经储存的更为有用的信息联系起来。这可能包括以前你和这位同事以及同其他人打交道的各种经历。现在你也许会这样说："哦，原来约翰就是这样的人。以前我和他之间也发生过这样的事情，而结果大家都是言归于好。"随着其他这类记忆和当前的烦心事联系在一起，你对这件事的经历感受也开始发生变化。你从这场争吵中汲取了有用的知识，而你的大脑也将那些无用的信息抛到九霄云外。因为那些消极的感受和负面的自言自语都不再有任何用处，它们也就会一去不返了。但你需要学习的那些知识仍然留存在那里。现在你的大脑储存了对这件事的记忆，储存的形式将会在未来成功指导你处理类似的事件。

结果，你对自己接下来该怎么做有了更好的主见。你可能会心平气和地去跟这位同事谈一谈，前一天那剧烈的情绪波动早已不见踪影。这就是上面所说的大脑的适应性信息处理系统怎样处理一段恼人的经历，让学习过程得以发生。

遗憾的是，各种让人烦恼的经历，不管是巨大的心理创伤还是其他类型的烦心事，都有可能让这个系统崩溃。一旦这种情形发生，它所带来的剧烈的情绪失调和身体紊乱就会阻止信息处理系统正常工作，让我们无法建立必要的内在联系以找到解决问题的措施。相反，在你经历这一切的时候，当时情形的记忆也开始存储到你的大脑里。你的所见所感，当时的景象，各种情感，身体上的各种感受和当时的种种想法都在编码以后进入记忆，保存的是原汁原味、没有经过任何处理的形式。所以，每次你看到和你吵过架的那位同事，你根本就不能平心静气地和他谈一谈，所有的怒火或是恐惧全都一股脑儿地涌上心头。

也许出于自我保护的需要你会尽力控制住自己的情绪，但每次只要这个人一出现，你就会觉得浑身不自在。

当诸如此类的反应迟迟难以消散的时候，常常是因为它们也和我们过去那些未处理的记忆联系在了一起。这些无意识的联系会自然而然地发生。例如，你第一次见到某个人马上就开始不喜欢他，这种感觉很可能来源于记忆中某个曾经伤害过你的人，两人在某些方面有点相似。

我们可以想象一位曾经遭人强奸的女性的例子。多年以后，她和一个自己明知道非常善良的伴侣同床共枕，但是当他开始以某种特别的方式抚摸她的时候，她的情感和身体马上会自动做出反应。遭受强奸时的极度恐惧和孤立无援的感受全都涌现出来。如果在遭受侵害后她的信息处理系统没有正常发挥作用，那么和施暴者类似的抚摸形式马上就会和记忆网络中的情形联系起来，引发各种情感和身体上的感觉，而这些感觉都是尘封起来没有经过处理的记忆的一部分。

被打断的信息处理系统将这种记忆孤立存储起来，没有和更为普遍的记忆网络连成一体。**因为它不能同更有用、更具适应性的其他记忆联结在一起，所以这种记忆也就难以改变。**这也是为什么时间不能治愈所有创伤的原因，多年之前发生的事情，如今仍然会让你感到愤怒、厌恶、痛苦、悲伤或引发很多其他的感情。它们尘封在时间里，这些没有经过处理的记忆很有可能演变成各种情感问题、有时甚至是身体问题的根源。尽管你在生活中可能并没有遭逢重大的情感创伤，研究显示，其他类型的人生经历也有可能会引发同样类型的问题。既然记忆连接会自然而然地发生，那么在意识层面之下，你可能并不知道到底是什么在操纵着这一切。

本书怎样帮助你

随着我们讨论的不断深入，你会逐渐掌握怎么去分析和理解你或你心爱的人在各种环境中可能会出现的消极反应。同时你还会掌握各种练习和技巧，用来识别引发这些反应的未处理的记忆，你也将学会各种方法用来及时处理这些烦人的情感、想法和感受。你能采取的种种方法都建立在对大脑如何工作的全新认识的基础上。好消息是它们可以让你挣脱束缚，让你从各种阻碍你的感情、工作和快乐的藩篱中解放出来。

你在本书中读到的大部分方法和故事都来自一个叫作**眼动脱敏与再处理**（EMDR）的疗法。所以本章中我先为大家介绍一下这种疗法，然后再为大家展示一下它所揭示的各种不同类型的记忆联系怎么会成为你不快乐的根源。我们同时也会看看怎样将这些记忆联系转变成快乐、安宁和幸福的基础。在接下来的几章里，你将开始学习一些具体的技巧，世界范围内成千上万的治疗人员都在使用它们。这些技巧帮助人们解决了大量不同的问题，它们可能也适用于你的具体情况。

我如何发明眼动疗法

眼动脱敏与再处理疗法到底来自何方？它是如何发展起来的？为什么这种疗法会有效果呢？

EMDR 是缩写词，代表眼动脱敏与再处理[注]（Eye Movement Desensitization and Reprocessing）。这种疗法起源于我对眼部活动的一个偶然发现。1987 年的一天，我正在公园里散步，突然间意识到一直萦绕在脑海里的一些不快念头消失不见了。我记不清当时自己都在想些什么事情，但它们都是跟眼前某个问题相关的挥之不去并让人难以安宁的一些想法，一般情况下你都得刻意采取一些具体行动才能改变这些想法。等我把这些想法重新找回来之后，它们已经不具备之前的震撼和分量。总之想到它们时我再也没有什么烦恼了。

我当时觉得很吃惊，不知道是什么引发了这种反应，所以我一边散步，一边开始仔细琢磨。我注意到当那种想法浮现在脑海里的时候，我的双眼开始以特定的斜线非常快速地来回转动。接着这种想法马上就从我的意识中转移了出去。当我再次将这个想法找回来，它已经失去了当初的力量。这种现象让我非常着迷，因此我开始有意这样去转动眼睛。我把困扰我的某件事拿出来思考，

[注] 也译为眼动身心重建法，眼动脱敏与再加工，为了表述的方便，在后面的章节中我们有时也将其简称为眼动疗法——译者注

然后开始做这样的眼部活动，同样的事又发生了。我的感觉发生了变化。

多年来，很多人都诧异于我为什么会注意到自己的想法在眼部活动之后产生了改变。我猜想这不过是偶然发现的一个例子——加上我多年来的精心准备。我在癌症发作后的开始十年里，一直都把自己的心理和身体当成一座实验室。医生曾对我说过："病魔已经离开你的身体，但有些人还会把病魔给招回来。我们也不知道为什么，我们也不确定会是哪些人。所以就祝你好运吧。"在那一刻，我突然觉得这事儿真有点讽刺意味，我们不断把人送上月球，却不知道该怎样去对付我们自己的心理和身体。那时候心理神经免疫学（psychoneuroimmunology）领域（研究压力对我们的免疫系统所产生的影响的学科）在诺曼·卡森斯（Norman Cousins）和其他研究人员工作的基础上才刚刚开始起步。因此我决定去寻找不管什么只要能到手的实用材料，然后将研究内容发表给公众看。

在接下来的许多年里，我调查访问了几十个工作坊，和不计其数的老师一起研究，并潜心攻读正式的心理学博士课程。因此，当我的想法不期然地发生了改变，这种现象也就马上引起了我的注意。我相信自己误打误撞碰上了大脑的自然康复过程。这和我过去十年来一直不断探索的内容正好不谋而合——也就是心理和身体怎样产生联系。我想知道自己对眼部活动的观察是否在一定程度上同快速眼动睡眠期间发生的各个过程存在某种联系。既然在这种有梦睡眠期间眼部活动会自然而然地发生，而我们醒来后常常对生活中各种情况的感觉都要好很多，那么也许在我们清醒的时候快速眼动也会产生同样的效果。

发现自己可以通过刻意使用眼部活动来改变与想法相联系的感受以后，我想知道这种方法对其他人是否同样管用。所以我就在自己认识的所有人中挨个找志愿者加以试验。我先让他们想一件困扰他们很久的事。不出所料，他们所有人都能找到这类情况——和家人打了一架，工作上的难题，自己做过的错误决定等。一开始我会让他们全神贯注于自己的记忆。然后我再让他们将双眼跟着我的手来回移动大概30秒的时间，重现我曾经经历过的同样类型的眼部活动——我把这称为一组眼部活动，之后我再问他们感觉怎么样。

大多数人的感觉都会开始好转，但之后就会停下来不再发生改变。如果这种情况发生，我就会让他们专注于记忆中某个不同的部分，或者专注于以前说过的话，或者我会改变眼部活动的方向或速度。我在每组眼部活动以后都能及时得到回馈，通过在大约70个人身上所进行的反复试验和修正，最后我得到的结果终于趋向稳定和一致。因为这些改变发生得非常快，如果某个人在一组活动之后暂时没有了效果，我很容易就能找到不同的方案，再次开始尝试各种积极的效果。

在我的博士课程临近结束的时候，我决定对自己的实验步骤进行一个对照研究，作为自己的博士论文。看起来好像要着手处理的最为相关的事就是从前的记忆。我问自己，哪些人对自己过去的记忆最讳莫如深。答案似乎清楚地指向遭受过性侵犯的受害人和有过作战经历的退伍老兵。这就让我致力于研究那些被诊断为罹患创伤后应激障碍的人群。

回到1987年，那时候创伤后应激障碍被接受为诊断病例只有七年的时间。在那时，还没有什么严格的科学研究来证实可以治疗这种障碍的任何类型的方法，而且大家都认为这种疾病极难医治。所以我决定在遭受这种障碍折磨的病人身上试一试这个新疗法的效果。我随机选取的对照研究的结果发表在1989年的《创伤应激反应杂志》（*Journal of Traumatic Stress*）上。可以想象，因为这篇文章描述了一种全新的疗法，其中包含使用眼部活动，并且报告对创伤受害者产生了较好的效果，所以自然引发了大量的争议。和任何领域的研究一样，如果某件事不符合人们当前对万事万物怎样运行的理解，它就会招致怀疑、批判，或二者兼而有之。

为什么眼部活动会产生效果呢？任何一种疗法怎么可能在一个疗程内就显示出效果来？在某场重大会议上，一个行为疗法的创始人宣布我的研究发现是个"重大突破"，而其他人则质疑看上去如此简单的一件事怎么可能会产生这样显著的效果。有些人想要立刻接受培训，因为他们目前所采用的医疗手段没有一样对那些罹患创伤后应激障碍的病人起到什么明显疗效。其他人则坚持认为根本就不应该举办任何类型的培训。

《创伤应激反应杂志》，也就是发表我第一篇文章的那本杂志，其编委会里的一个顾问联系杂志编辑，说他很确定这本杂志受到了我的欺骗和愚弄。但是，因为他负责一个退伍军人事务部里的创伤后应激障碍的项目,因此他参加了一个眼动脱敏与再处理疗法的培训项目。在那里他亲身接受了治疗,并且看到了效果。然后他就把这种疗法应用到自己的病人身上,并开始相信这种疗法确实起作用。

这就是自1990年以来,人们对眼动脱敏与再处理疗法的认识是怎样一步步获得进展的。那些亲身调查体验这种疗法的人基本上都变成了它的支持和拥护者。而那些深受早期论争影响的人则仍然对它心存疑虑。但是,时至今日,关于眼动脱敏与再处理疗法已经有超过20项科学的对照研究证明了它在治疗创伤性和其他困扰性的人生经历方面所具备的显著效果。此时此刻,世界范围内各种各样的机构,包括美国精神病学协会(American Psychiatric Association)和美国国防部,都将眼动脱敏与再处理疗法确定为医治心理创伤的有效疗法。

因为我刚开始的时候相信眼部活动最主要的效果就是减少一个人的情感障碍——行为疗法上所谓的脱敏——所以把这种疗法称为眼动脱敏疗法。直到1989年第一篇文章发表以后,我才意识到,除了减少焦虑以外,还有很多其他疗效都可以实现。稍稍改变一下程序就可以在各种各样的情感、身体反应和行为方式上发现机会,找到各种深刻见解和自发的改变。对自己、对他人和对世界的各种信念都会发生改变,这样就给未来开创了各种新的可能。很显然,只要进一步改变方法,我就可以保证所针对的各种记忆全都可以重新处理——和其他的记忆联系、重组并且以更好的方式储存起来。所以,进一步发展这种疗法以后,我最终在这种疗法的名字里增加了"再处理"三个字。

我还发现在眼睛旁边做其他形式的活动同样会有显著效果。心理医生还可以交替从一只手到另一只手轻轻拍,或交替在一只耳朵和另一只耳朵边播放音乐。有些科学家相信所有这些治疗方法都会引发不断的注意力重聚(来来回回),也被称为"定向反应",它连接大脑的各种功能,和快速眼动睡眠期间出现的大脑功能完全一样。其他人相信同时将注意力集中在创伤性的记忆和外部激发因素(眼球转动、轻拍声响或各种乐音)上,也会打断"工作记忆"的过程。在这一点上,已经有足够的研究让我可以相信这两种说法都正确。所以,要是我能将整个过程重新再来一遍的话,我会干脆叫它"再处理疗法"

（Reprocessing Therapy）。但现在，眼动脱敏与再处理疗法（通常更普遍地被称为 EMDR）早已经举世闻名，所以改名已经为时太晚。

为什么眼动脱敏与再处理疗法能起作用

此时此刻，全世界范围内已有成千上万的临床医生运用眼动脱敏与再处理疗法成功治愈数以百万计的病人。它已经发展成为一整套综合的心理治疗方法，共分为八个阶段，拥有很多的治疗程序和治疗方法。医生引导他们的病人，逐步获取给现在很多问题埋下隐患的过去经历。然后医生和病人一起处理触发这些不适和障碍的当前情况，并结合新的教育、技能和认识，使其进入记忆网络，为以后的成功奠定必要基础。

接受眼动脱敏与再处理疗法的病人不仅解决了问题的外在明显症状，而且在治疗结束时还能带来大范围的积极变化，这些变化影响他们生活的方方面面。这是因为眼动脱敏与再处理疗法所依赖的记忆网络具有长远的各种联系。**改变影响我们如何看待自己的各种记忆，同时也会改变我们看待他人的方式。因此，我们的人际关系、工作表现、乐于做的事或能够抵制的事，都会向积极的方向发展。**

过去十年来，眼动脱敏与再处理疗法的快速治疗效果同时也为神经生物学领域的研究者提供了"一扇通往大脑的窗户"。结果，有超过十几项研究使用了大脑影像（例如核磁共振成像）来记录眼动脱敏与再处理疗法怎样切实有效地改变了大脑的结构。

例如，研究已经证明患有创伤后应激障碍的人大脑的记忆控制中心（即海马体）会出现萎缩。很长一段时间人们相信既然这是大脑的一个器官病变，那么这种状况可能是永久性的损伤。令人欣喜的是，正如现在的脑部扫描所显示的那样，大脑的海马体还是有可能重新生长的。尽管这一领域的研究相对而言非常少，但最近的一项研究显示，针对创伤后应激障碍的病人施行眼动脱敏与再处理 8～12 个疗程的记忆处理，与之相联系的大脑海马体的体积平均会有 6% 的增长。这些效果在一年之后还能得以继续维持。

实际上，这项研究评估的第一例罹患创伤后应激障碍的病人，是一位母亲患有双向情感障碍的人。他在童年时期遭遇一系列创伤性的经历，海马体出现相当大的萎缩。经过了8个眼动脱敏与再处理的疗程，他的海马体大小增加了将近11%。这些类型的结果告诉我们，我们需要开展更多的研究，不仅找出眼动脱敏与再处理疗法如何起作用，而且要找出一个成年人的大脑怎么能够改变并继续成长。这种"神经-可塑性"的事件是科学家长期以来坚信不可能发生的事情。现在我们知道成年人的大脑能够改变，那么它就为很多被认为不可治疗的状况展开了无限新的可能。

尽管眼动脱敏与再处理疗法已经被证明很有效果，正如任何一种形式的心理治疗以及大多数药物那样，针对它为什么会起作用还有很多问题都没有找到确凿无疑的答案。因为这是个非常复杂的过程，所以很多因素都牵涉在内，研究工作也在持续不断地开展。但是，在治疗方法中运用眼球活动还是让很多记忆研究者百思不得其解。所以，额外开展的24项研究，只负责重点揭示伴随眼球活动发生的所有变化。这些研究显示，当人们脑海里保存着令人烦恼的记忆或者对未来的恐惧时，一组组的眼部活动会导致情感上的痛苦得以减轻，那些令人心烦的景象其生动性也会大大减弱，想法得以改变，记忆的准确性也会大大提高。当然，单凭眼部活动这一点并不足以带来永久性的改变。这也是为什么它们需要与眼动脱敏与再处理的各个步骤结合的原因。

在眼动脱敏与再处理的疗程中，人们始终保持意识清醒，完全控制自己的所有官能。但是，**一个主导性的思想就是治疗过程中使用的眼部活动会激发出和快速眼动睡眠中产生的同样类型的生物联系和有益过程。**快速眼动睡眠期间，随着各种想法和信息逐步得以巩固并且与其他记忆相结合，学习的过程就得以发生。研究显示，如果一个人学会了一种技能，但是当天晚上阻止他、不让他进入快速眼动睡眠状态，那么学会的技能可能就会忘记。在快速眼动睡眠期间，大脑让适当的神经联结建立起来，做出必要的关联。记忆得到处理，然后转变成更有适应能力、更加有用的形式。这也解释了为什么你在上床睡觉之前忧心忡忡地担心某件事，但是一觉醒来却感觉好得多，或者是一觉醒来有了解决方案。在清醒的状态下你也能意识到发生的种种洞见。但是，这些同样有用的过程往往都是在你睡着的情况下发生的。

可惜的是，大家都知道，有些令人沮丧的记忆会一直如影随形。那是因为某些事故带给人的困扰程度实在太过强烈，大脑的信息处理系统变得中断瓦解，不能单独将这段记忆加以处理。这样的情形在你从噩梦中醒来的时候可以看得很明显。这个噩梦不过是你的大脑试图处理这个信息。噩梦中的景象反映了重新激活的各种情感。例如，一个在童年时期遭到性骚扰的女性可能会做噩梦，梦到一个怪物拼命追逐她。当这段记忆在眼动脱敏与再处理治疗当中加以处理的时候，就仿佛是一道面纱被掀开，触发情感障碍的原因变得异常清晰起来。这个怪物正是骚扰她的人不停在她儿时的家里追逐着她。

眼动疗法如何处理记忆

在眼动脱敏与再处理疗法的进程中所有的工作都在各个疗程中进行。患者无须详细描述自己的记忆或者做额外的准备。相反，临床医生会设法获取困扰人的记忆，快速启动大脑的信息处理系统，引导各个步骤，监控治疗效果。作为眼动疗法的记忆处理带来的结果，在治疗期间内心的联想能够快速发生，正像情感、见解、新的记忆以及对人生问题的深层理解这些方面发生的积极变化所显示的那样。主导思想就是当初的记忆得到处理，各种联系得以改变，然后伴随这些全新的变化在一个叫作"再巩固"（reconsolidation）的神经生物学过程里储存起来。

我们将在后面的章节里详细介绍和分析眼动脱敏与再处理疗法的不同阶段。目前而言，我们主要关注它怎样直接"再处理"我们的记忆——怎样利用我们的无意识，让学习过程得以发生。针对心理创伤患者的研究已经发现，眼动脱敏与再处理无需其他疗法中要求的准备工作就能够消除各种症状。同样，因为没有必要去详细叙说过去那些烦恼的经历，那些对过去发生在自己身上的事感到羞耻的人，或者耻于说出自己做过的事情的人，就没必要强迫他们说出来。重要的改变能够在很短时间之内发生。我们可以从后面对眼动脱敏与再处理疗法一部分采访的文字整理中一起看看所有这些过程。

在开始之前，让我先强调一下，我们在这本书里将要学习很多眼动脱敏与再处理的技巧和程序，这些将有助于你理解和处理过去那些烦人的记忆。但是，在眼动脱敏与再处理的记忆处理过程中，情绪化的内容也可能从心头涌起。所以，只有久经训练并且有行医执照的临床医生才能施行整个医疗过程，这一点就显得极为重要。这样才能确保信息处理系统保持活跃，接受治疗的人完全做好准备并且能够"一只脚踏在现在"。经过训练的医生才知道在哪儿集中注意力，如果有什么不测的情况出现该采取什么措施。

从林恩的案例看眼动疗法起作用的过程

我们将会看到，尽管开始面对的是个重要的心理创伤——地震的经历让林恩担心自己和孩子的生命安危——但实际上在她的意识下面还有很多其他东西在活动。林恩住在加利福尼亚州，她来到一个研究中心来寻求治疗，因为她在经历一场地震后患上十分严重的创伤后应激障碍。其实在这之前她已经经历过两次地震了，但是这次地震之后她的症状变得非常严重，让生活受到极大影响，好像已经没办法再过下去了。前两次地震中，有次地震发生时她正在大学的一个催眠术班里上课。教授刚刚让她进入催眠状态，地震就袭来了。但是，多年以后，当她一个人带着年幼的儿子待在家里时，另一场地震袭来，这时候她才开始受到严重干扰。我会给大家描述治疗过程中的一部分，然后将针对最近一次地震的访谈记录的一部分整理出来，这样你就能明白大脑的适应性信息处理机制怎样在起作用。

在眼动脱敏与再处理治疗刚开始的时候，医生和林恩已经一起合作了一段时间，设法确定到底要针对什么进行治疗。她已经完全做好准备，让各种记忆联系自动建立起来，然后心理医生帮助她以特定的方式将某个记忆挖掘出来。这还包括采取必要的措施来监控她取得的进展。

她认为这段记忆中最糟糕的景象是她想方设法和儿子一起躲藏在门道里，而地板在不停晃动，各种物件不断从架子上面掉下来，重重摔落在他们周围。种种事情之外，她还发现了自己在这场地震中持有的那些消极想法（"我软弱无力"），以及她想到这一点时所感受到的种种情感。她的焦虑程度非常高——在一个0到11级的焦虑表上，她的焦虑程度达到了8级。

然后医生引导林恩的眼睛不断快速地来回移动，每次持续大概30秒的时间。这就被称为"一组眼球运动"。在每组运动当中，林恩只是被简单地告诉："你只要注意有什么东西出现在你的脑子里就行，不管是什么东西，并且无论什么事情发生，都顺其自然好了。"虽然她在这期间是完全清醒、有意识的，新的联系还是得以建立起来。各种想法、情绪、感受以及其他记忆经过她的脑海，恰如它们在快速眼动睡眠期间经过人的大脑一样。

每组运动结束的时候，医生都告诉林恩："放手吧，不要再纠结了，然后深呼吸一次。"在这以后，她被问到诸如"现在你脑子里想到的是什么？"这类问题，然后根据她的回答，医生再帮助她设定下一组眼球活动期间注意力集中的方向。通过这种方式，医生就能够带领林恩深入她尘封已久的未处理的记忆，将这些记忆连接起来，找到解决问题的途径。

在刚开始的几组眼球活动期间，林恩注意到各种各样的事情，包括与"软弱无力"以及无法掌控这类感受相关的各种联系。比如说，她回忆起自己听过的一盒磁带，内容是关于人们眼睁睁看着别人活活被火车碾死。更多几组眼球活动以后，悲哀和抑郁的感觉就开始浮现出来——这和林恩在疗程早期所报告的那种焦虑感截然相反。**焦虑可能会是一个大筐，被表象掩盖的各种情感都可以往里面装**。经过更多组的眼球活动以后，她更久远地追溯到自己的过去。她哈哈大笑，记起自己六岁的时候和哥哥一起在屋子里到处乱跑。"我想做个男孩子，"她说，"他告诉我只要我在屋子里跑够一定的圈子，我就能变成一个男孩子。我失望透顶，因为这事根本就没有发生。"

从这一点开始让我们一起看看这部分内容的实际访谈记录，以便你能明白眼动脱敏与再处理疗法怎样通过相互联系的记忆网络进行处理，而不用林恩提供大量发生在自己身上的事件的具体细节。当你看到 >>>>> 这个符号的时候，意思是林恩的眼睛受到引导，进行一组眼球运动。正是在这期间各种联想和联系得以建立起来。在每组活动开始之前，医生让她集中注意力关注记忆中的某个部分，并且"只要注意就行"。每组活动结束之后，医生会问她："现在你心里想到的是什么？"然后林恩告诉他一点儿自己心里想到的事情，这样他就能监控她的进展，并且在必要的时候重新引导她的回忆方向。

我只把林恩的回答呈现给大家，这样你就能知道每组活动结束时她的想法怎么从一个记忆或者是认识转移到另一个记忆或认识。这也展现了大脑里记忆网络之间种种精细复杂的联系。我也会在括号里面写上自己的一些评论来帮助解释这个不断推进的过程里都在发生些什么变化。注意每组活动怎样揭示出无意识记忆联想的其他方面。

林恩集中注意在浮现到她意识层面的这段记忆——哥哥告诉她，如果她在屋子里跑足够多的圈子，那么她就能变成一个男孩。同时医生引导她做一组眼球活动：

>>>>> **林恩**：对，我正在想的确实有种被我哥哥出卖了的感觉，他完全是在糊弄我，而我其实是那样崇拜他（哭泣）。

（虽然表面上看来，她脑海中一开始浮现出来的对哥哥的记忆显得很有意思，但是内心深处那种被出卖感和软弱无力感现在却显现出来。此外，即使是在最初的时候，她是那样的相信哥哥，而哥哥却对她撒谎。）

>>>>> **林恩**：是的（哭泣）。我身上发生的某件事简直就像"废话"，多么——它多么动摇我对现实的感觉。

（在这里我们能够看出大脑里不同的无意识记忆联想显得多么出乎意料，多么至关重要。在地震期间一般情况下地板都会摇动，这被联系到儿童时期的一次重要创伤经历，那时候林恩的信任被人出卖。在两种情况下，本应该坚硬的基础这时候都开始动摇。）

>>>>> **林恩**：我正在想和爸爸面对面坐在桌子边打牌。

>>>>> **林恩**：我在想爸爸带我一起去买大衣，帮我扣上大衣的扣子，他用手捏了捏我的乳头，我那时大概11岁的样子，被这件事惊得简直目瞪口呆，不知所措。

（正如第一个记忆出现时她哥哥表面上看来好像没有任何恶意，这一系列有关她父亲的联想刚开始出现时也是纯洁无瑕，然后又同样让她感觉自己遭到背叛。再一次，她父亲的行为让她有了一种现实严重动摇的感觉。）

>>>>> **林恩：**这次脑海里相当清晰的画面是我大概在同样年纪的时候病倒了。病得很厉害，身体的一边特别痛，没人能够找出这疼痛的原因，然后我就被匆忙送到了医院。我是真的无法弯下自己的腿，也没人能确定我到底出了什么毛病。我身体的一侧实在是痛得不行，然后他们就认为我一定是有了什么精神方面的问题。我想那是唯一能表达出我的想法的方式。

（林恩知道自己身上痛得很厉害，但是没有人相信她，他们得出结论说她不能相信自己的感觉。又一次让她感到自己没有坚实的基础来借以立足。）

你可以看到，不像其他类型的治疗方法，每一组眼球运动之后与新的记忆和见解相关的联想都会发生。医生引导的关注和刺激让林恩自己的信息处理系统自动产生必要的可以让记忆产生适应性解决方案的东西。治疗师让信息处理系统一直处于活动状态，引导这个过程以确保整个记忆网络都能得到解决。现在既然你已经看到自发的联想怎样出现，我将描述一下这个疗程的剩余部分，然后在结束的时候再一起看看录音整理材料。

在另一组眼球运动的过程里，当林恩专注于自己身体一侧的疼痛时，她认识到自己生活的家庭是多么乱七八糟和危机重重。她还记得自己的妈妈和爸爸在以为孩子已经入睡的时候大打出手，互相扔东西。她和妹妹一起藏在床底下，设法想要入睡，但她实在太害怕。心怀恐惧的孩子躲在床底下的景象，和地震中她躲在门廊里，周围一片狼藉、到处是掉下来的东西的景象正好相吻合。这也可以解释为什么是这一次地震让林恩患上了创伤后应激障碍，虽然她以前也经历过两次地震。和儿子一起蜷缩在门廊里，周围一片狼藉，和她那饱经磨难的童年正好产生直接联系。

随着林恩继续处理她的记忆，她逐渐意识到原来她是想要保护自己的爸爸不受妈妈欺负，因为"这事儿显得太疯狂"。这个想法把她带回到最近发生的那场地震中。她刚刚在淋浴，一下子惊慌失措地奔出来，三步并作两步跑到儿子的房间里，一把将他从儿童床里抓出来，和他一起跑到楼下，一心想要保护他周全。一个有趣的巧合现象出现在她努力保护自己的儿子和爸爸这两件事上。但是这也让她想到，当儿子和他爸爸待在一起的时候，她也需要努力看护好儿子，因为孩子爸爸被诊断患有双相情感障碍，正在接受锂剂治疗。林恩以前总是感到左右为难，不知是让儿子跟他父亲待在一起，还是保护儿子免受他爸爸的伤害。

这一点为我们在童年时期和后来的感情关系之间可能存在的联系提供了一点灵感。林恩成长的家庭简直是一团乱麻。她的稳定的感觉常常受到动摇。后来她嫁给一个患有双相情感障碍的男人——这种疾病会产生严重的情绪不稳定。她选择男人的眼光延续了她那种不安全的感觉，并且又一次将她放到了"保护者"的角色上。

我们就此打住，直接跳到大概十分钟之后这个疗程的结束部分。现在她意识到自己其实并不是"软弱无力"。她已经做了必要的努力保护自己和儿子。她感觉自己有能力处理将来发生的一切事。

治疗师：好了，所以当你想到最初的那件事时，和提姆一起站在门道里——对这件事你感觉怎么样？

>>>>> **林恩**：嗯，我想到的是，哦，这原来是一场地震（大笑）。嗯，不过是一场地震而已。

我们回想一下，林恩已经被诊断患上了创伤后应激障碍。在疗程刚开始的阶段，她一想到地震这件事，马上感到极高水平的焦虑和无力感，和刚开始地震发生时的那种焦虑和无力感完全一样。这就是创伤后应激障碍的一个典型症状：过去的经历感觉如在目前。但是，使用眼动脱敏与再处理的程序来获取这段记忆，激发她的信息处理系统，适当的神经联系就会建立，不同的联想自动变得明晰起来。她逐渐懂得什么是有用的，从而重获她那种掌控生活的感觉。那些无用的东西（消极的情感、想法和身体感受）则逐渐消失。现在对于地震的记忆以适当的方式在她脑海里储存起来。因为她不再对地震感到惊恐不已，这种记忆就替代了过去的那种惊慌失措感。实际上，它还激发了她的笑容："嗯，不过是一场地震而已！"

并不是所有的创伤后应激障碍都能这样迅速地得到治愈。可能会有各种各样复杂的原因延缓了治疗的进程。即使是接受过眼动脱敏与再处理良好训练的执业医生，也需要仔细操作这一疗法才行。但是，针对眼动脱敏与再处理的研究显示，在经过适当的病史采集和前期准备后，84%～100%的单个心理创伤能在大约三个90分钟的疗程后得到处理。涉及的记忆越多，治疗消耗的时间也就越长。但并不是每一个记忆都需要针对治疗，因为和针对治疗的记忆相联系的其他记忆也会受到积极影响。

林恩的疗程就是个极好的例子，说明记忆处理是如何发生的。同时它也展现了引发情感问题的各种类型的记忆。例如，她在童年时期感觉到的悲伤在引发抑郁心理的过程中也起到重要作用。而且，毋庸置言，那些童年经历也可能直接影响她对人生伴侣的选择以及她在恋爱关系中的种种反应。此外，她身体一侧感觉到的疼痛，让她不得已去医院治疗，这也是一个**情感躯体化**（somaticizing）的例子，情感上的痛苦表现为躯体上的疼痛。

情感躯体化其实比你想象的要更加普遍。例如，詹尼以前是个体操运动员，并且酷爱打网球，但是她开始感觉肩膀异常疼痛，根本无法继续打球。在眼动脱敏与再处理治疗期间，她逐渐意识到这疼痛是在她和父亲一起打网球时开始发作的。她父亲输不得球。所以她不得不竭力抑制自己的球技，不然她就要把父亲打得一败涂地——而他根本忍受不了这样的败局。在处理了这些记忆以后，她的肩膀再也没从前那样疼痛过。我们将在后面的章节里细细探讨这些问题——包括如何应对这些记忆的种种技巧。

未处理的记忆是不健康人格的基础

林恩那些没有经过处理的记忆引发的并不止是创伤后应激障碍这一种疾病。它们影响了她的整个人格。对我们所有人而言，未处理的记忆一般都是种种消极反应、态度和行为赖以生存的基础。相反，经过处理的记忆却是适应性的积极反应、态度和情感出现的根源。当临床医生谈到"人格"的时候，我们所指的通常是对周围人物和事件的反应方式。除了遗传基因方面的因素以外，**每个性格特点或者人格特征都建立在一组记忆网络的基础上，引发我们以特定的方式表现或是感受**。这些记忆网络通过我们一生的种种经历慢慢得以建立，反映了我们以前是什么样的人、以前处在什么地方、以前发生过什么以及记忆网络何时建立起来。这也是为什么我们在工作场所和在家庭里表现得截然不同的原因所在。我们的反应之所以截然不同，因为我们儿童时代的家庭生活可能如一团乱麻，但在学校里的表现却异常优秀。

现在我们已经为理解一个人的大脑怎样建立联系打好了基础，让我们一起来探索一下，当两个存在问题的人走到一起会发生什么情况。

当记忆网络发生碰撞时

巴里来做治疗的时候，心情忧郁到极点，流露出严重的自杀倾向。他的妻子刚刚抛弃了他，他听起来简直就像个心碎一地的家伙。"我为了做个模范丈夫真的已经尽了所有的努力。她怎么还是狠心离我而去？"

特鲁迪回到了他身边，但是他们的婚姻绝对陷入了危机。为了讨好她，巴里完全失去了自我。他是个非常敏感的人，正确地看出他的妻子活在痛苦当中。她深受自己童年时代阴影的伤害，而他则竭力想要治愈她的心灵创伤。他做事尽量按她的方式来，自己想做的事很少去实施。可惜的是，什么方法都不管用。随着她变得火气越来越大，要求越来越苛刻，他也就变得越来越对她言听计从，越来越没有脾气。他们两个人都被童年时代留下的无意识记忆所困扰。双方表现出来的模式，都让对方感觉越来越糟糕。

特鲁迪在家里六个孩子中排行最小。她出生的时候，她妈妈已经变得萎靡不振，性格孤僻。特鲁迪的哥哥姐姐们欺负她、打骂她，但是妈妈从来没有制止过他们。所以对特鲁迪而言，巴里那种唯唯诺诺的态度瞬间就和她脑海里有关妈妈的记忆联系了起来。她自然而然地觉得自己无足轻重，不值得别人来保护她。她对巴里的反应是变得怒气冲冲、要求苛刻，恰如她在儿童时期的所作所为，设法要让妈妈做出同样的反应那样。当然这样的做法并不是"理性"的行为。巴里并不像她妈妈那样，而是想方设法来取悦她、讨好她。但是一旦儿时掩埋的情感被撩拨起来，它们就让我们当前的看法完全蒙上了一层阴暗色彩。

为了找出巴里反应产生的根源，我让他一心专注于最近一次他和特鲁迪吵架的事情。我询问什么样的想法和感受出现在他的头脑里。"无力感",他说。所以我在他身上使用了一个技巧,这个将在后面的章节里加以探讨,他的思绪马上就回到童年的一个时期。他记得自己听着父母不停争吵,感到不知所措和无能为力。在他成年以后这样的事情还是经常发生,而且这也为他的婚姻定下了基调。他那"老派"的爸爸对巴里和他妈妈都是脾气暴躁,并且横挑鼻子竖挑眼。巴里一不听话他就要拳脚相向,打到他听话为止。为了避免被他打,巴里也就设法避免冲撞他爸爸,并且想办法讨好他,按他的旨意做事。他在面对特鲁迪的熊熊怒火时表现得逆来顺受,也是这样一种自然而然的反应。不幸的是,这只让特鲁迪更加觉得火上浇油,因为这和她的记忆网络里妈妈不为她出头说话的那一切联系起来。对他们两个人而言,对方的所作所为都引发了危险的感受。虽然他们相互深深爱着对方,可惜过去变成了他们的现在。这无形中扼杀了他们的美好姻缘。

没有人对这些类型的联想完全免疫。我们的大脑被连接起来,自动产生这些联想,而且它们时时刻刻都在发生。

让我们来做下面这个实验。请选择一个安静的地方,并且下决心在接下来的十分钟里你要做的唯一一件事情就是集中精神注意观察自己的鼻孔,看它怎样自然地呼气和吸气。看看你到底能坚持多长时间,然后你发现自己的思绪不知不觉地早已经转移到其他事情上了。想要维持这种专注是非常困难的。这也就是冥想课在世界范围内遍地开花的原因。这也是为什么禅宗大师花费多年时光练习怎样静摄心神,专心吐纳、吟诵或念咒。大脑自然而然地建立与我们的所为所思所感有关的联想。我们的任务就是要认出我们何时会产生一些具有破坏性的消极或有害的想法、情感或者身体反应,然后采取必要的措施来应对。

我 是 谁

虽然我们都是遗传基因的产物,但过去的经历却严重影响我们大部分的性格特征和对这个世界的反应。毋庸置疑,我们成长的方式会对我们产生影响。

我们的经历被编码以后在记忆网络中存储起来，构成我们成年以后如何认识这个世界的基础。而且，即使是最温暖有爱的家庭也有可能给孩子留下种种未处理的记忆。

这些类型的问题之所以发生，是因为我们在童年时期都极为脆弱敏感。我们是生活在一群庞然大物中的小不点儿。我们没有任何的力量。所以哪怕是在童年最灿烂的时光里，依然会有一些经历未经任何处理便储存在脑海里，留下的情感、身体感受和看法和当时并无二致。不管光阴如何流逝、环境如何变迁，这些经历的热度没有丝毫减弱。在眼动脱敏与再处理疗法中，这些记忆将会被挖掘出来加以辨认和处理，因为它们通常都是当前症状赖以存在的基础。

现在，随着我们周旋在这个世界，发生在当前的各种事情都有可能和我们未处理的记忆产生联系。当这种情况发生时，我们并不是像成年人一样能够自发应付周围的人和事，童年时期的情绪和感受冒出来，无意中影响了我们的种种反应。我们并不会得到过去事情的一个意象，上面贴着标签说，"哦，我之所以这样表现，是因为妈妈忘记去托儿所里接我回家了。"我们只会有和此事相连的各种感受。**一旦我们认出并处理了这些无意识的记忆，那么这些消极情感和身体感受就不会再出现，然后我们就能在当下成为百分百的成年人，并做出合适的表现。**

我还要强调的是，并不是一切都建立在童年时的记忆上。我们成年以后可能遭遇的很多可怕经历都会引发创伤后应激障碍或者其他类型障碍的症状。有时候是这些经历的逐渐积累，让我们翻了船。但往往正是童年的经历让我们变得脆弱、易受伤害，正如林恩的例子所示。同样，我们也知道，有时候发生在青少年时期的事情也能带来极大伤害。

梅格来做心理治疗，是因为她感到极度不自在、害羞并缺乏自信心。她总是觉得人们好像在审视和评价她，即使她在杂货店排队买东西时也会感觉这样。结果证明梅格的问题来自一段青少年时期的经历。

她的父母在她两岁的时候离了婚，直到13岁时她才再次见到自己的父亲。她去佛罗里达州走亲戚，她爸爸来接她过去住几天。父亲带她去海滩玩时她感到特别激动和开心。可惜的是，她以前从来没有去过海滩，一点也不知道涂防晒霜，所以她被太阳严重灼伤。

第二天，在父亲家里的时候，她本来应该帮爸爸打扫屋子，但却无法干活，因为她被太阳灼伤的皮肤实在痛得难受。她爸爸特别鄙视地看着她，说："我没想到你会这么笨，连防晒油都不知道涂。"那次到父亲家做客是她这辈子最后一次看到爸爸或听到他的消息。

在抽取这段记忆加以处理时，尽管已经过去了好多年，梅格还是觉得"就像心窝被人踢了一脚"。羞耻已经变成这段记忆不可分割的一部分，每当有人看着她，就会自然泛起来，让她觉得不安全，觉得自卑。从根本上说，过去这20年间它已经荼毒了她对自己是谁的正常感觉。

大脑常常在我们没有意识到的情况下建立各种联系。即使在记忆处理期间，还是只有一小部分联系会出现我们的意识中。例如，当我看到一个苹果时，它自动和记忆网络中与红色、圆形、水果、削皮、茎、馅饼等有关因素，以及所有我与苹果的其他经历联系起来。我吃不吃这个苹果建立在内心涌现的感受上。我饿不饿？如果我吃过一个烂苹果而因此生病，我可能再也不会碰苹果。

问题是：我们是受到记忆的合理引导，还是记忆迫使我们去做不应该做的事情——并且阻止我们去做应该做的事情？到底吃还是不吃？是吸毒还是深吸一口气？是主张自己的权益还是当缩头乌龟？是尽情享受成功还是担心可能有什么事情发生让自己乐极生悲？选择的恋人是对自己有好处还是带来麻烦一堆？是任由未处理的记忆产生的"不理性"的反应控制自己，还是做一个心理健康的人？

我们在接下来的几章里就可以看到，有很多不同方法可以找出控制我们的无意识记忆，同时也有很多方法可以应对涌上心头给我们平添烦恼的各种反应。但首先，**我们必须认识到有些反应并不是建立在当前的现实基础上，而主要是由过去的记忆所引发**。很显然，有时候愤怒、悲伤、恐惧或焦虑都是适当的情绪反应——而有时候它们则显得不太正常。有时候，我们被自己的反应所欺骗，以为正因为我们在经历这些反应，所以它们都是健全的，但是并不是因为心里害怕就意味着屋子里面一定有只老虎。玫瑰花儿是红色的——只是有时候而已。罗兰花儿不是蓝色的——即使我们的心灵发出的是另一个声音。

第3章
人生困境背后的痛苦记忆

虽然世人受苦受难的方式有千千万万种，各有不同，但过去二十多年有一点已经变得越来越清楚，那就是让人们不得不寻求心理治疗的痛苦往往都包含了这样一个主题："我觉得自己被困住了。"

他们常常说：

"我也不知道自己为什么老是要做这些事情。"

"我为什么就是不能对自己感觉好一点呢？"

"我也知道自己应该采取不同的角度来思考问题，但我就是做不到。"

"我本来能够采取一些措施的，但我就是什么都没做。"

换句话说，人们被迫以非常痛苦的方式来对周围的世界做出反应——自己想做的事没法做，或者想要的东西得不到。然后还有一些人一直设法向别人求助，但是却这样说："什么治疗方法对我都不起作用。"他们没有意识到的是，其实有超过一百种以上不同的治疗方法，所以找到正确的治疗方法和治疗师可能全凭运气。但是从所有这些类型的治疗方法中我们都可以学到一定的知识，本章我们就选择一些其他的治疗方法来一起探讨。

对于脑海中思考的一切，身体都会有反应

在我的职业生涯中，我已经在全世界几百场会议上做过演讲。这也给了我许多机会和成千上万来自不同文化的人互动交流，以探索我们之间的相同和差异。令我感到无比诧异的是，不论年龄、性别或者所在地有什么不同，大脑、心理和身体的很多同样的原则竟然都普遍适用。

为了帮助你更好地理解本书中的概念怎样和你产生关联，我们将会做一些实验，这些实验我几乎在每一场讲座中都做过。我们已经探讨过未处理的记忆怎样影响人们，因为储存在脑海中的那些令人烦恼的身体感受和情感会自动冒出来。身体是其中很重要的一个方面，所以让我们先来做第一个实验。

首先，请做一次深呼吸，慢慢把气呼出去。然后，闭上眼睛一会儿，注意你的身体有什么感受——然后再睁开眼睛，我希望你没有感到任何形式的不适，并且身体有种平静的感觉。现在请再深吸一口气慢慢呼出去，注意如果你再次闭上眼睛并重复说这几个字时身体有种怎样的感受：重复说几遍"不"——最好大声说出"不"，或者如果你周围有人的话就在心里默念几遍——大概持续十秒钟左右，不，不，不，不，不，不，不。然后再睁开眼睛。

现在注意看。例如，你的肩膀、胸脯或者肚子是不是在某种程度上有了变化？再深吸一口气。请再次闭上眼睛，当你把刚才说的字改成：是，是，是，是，是，是，是。这时候，注意发生了什么变化。

你有没有注意到有什么差异？哪怕只是说出一个不同的字对你们大部分人而言，大部分人的身体反应都发生了改变。因为这些字和我们生活中发生的很多事情产生了千丝万缕的联系，而对于脑海中所思考的一切，我们的身体自然而然地会产生反应。所以我们将在下一章里具体探讨大脑当中储存的记忆会激发什么样的自动情感反应和身体反应，且让我们深陷其中不能自拔。在我们探讨这一点之前，首先在本章当中我们将要做一些基础工作，并学习一些实用技巧，帮助我们处理有可能出现的种种困扰。

此刻我应该提一下，我们当中有一部分人做了上述实验却什么反应也没有。如果看看我在一个工作坊中遇到的事情，看看大家有没有什么可以学到的东西，

也许会有好处。

男子汉也可以哭泣

每个经过认证的眼动脱敏与再处理培训项目都有很多实践练习，以便让学习这种疗法的医生能够得到非常直接的经历，知道这种疗法到底是什么样的感觉。这些医生被分成很多小组，每个人都有机会分别处在患者和医生的位置。每位"患者"都会使用自己现实生活中的一段困扰已久的记忆，这样就可以获得真实的学习经历。同时旁边还有一位经过训练的专家监督和监控他们的进展。

有一次练习中，监督者观察到一位"患者"开始泪流满面，而和她一组的医生说道："不，不，在这儿你根本没必要这样做！"幸运的是，这位医生很乐意接受别人的教导，而记忆接受处理的患者也没有再被要求强行把自己的情感压抑下去。也许你还记得上一章中我们说过，为了让内在的关联得以自发产生，重要的地方就在于"只要注意浮现到脑海中的东西，不要管它是什么，不管有什么事发生，都让它发生"。

之后轮到刚才做医生的人来做"患者"，针对他自己生活中某件事情进行治疗。他说他也没有什么特别的事情需要治疗，除了他女儿叫"爸爸"的声音不知什么缘故困扰了他很久，所以这就是治疗所针对的目标。

经过一点儿记忆处理以后，他记得自己大概六岁的时候，和妈妈一起待在自家的走廊里。妈妈告诉他爸爸已经失业了，正在另一座城市里找工作。他们得从他出生后就一直居住的这座房子里搬出去。他听了以后开始大哭，妈妈轻轻拍着他的背，一边说："好了，好了，你是我的小男子汉。不要再让妈妈难过了！"所以，在他六岁的时候，他就强迫自己不要哭泣，要做个"男子汉"。那段经历，以及表达适度的情感很不合适的这种感觉，就一直深深锁在他的记忆里。

从那时起他就开始压抑自己的感情，并且感觉不到心理困扰带来的任何身体感受。哪怕多年以后他已经成了一名医生——那段经历仍旧困扰着他，并且决定了他怎样和患者打交道。

不管你是谁，生理上储存的各种记忆是现在认识当前种种情况的基础。没有经过处理的记忆不仅会强化我们的感受和情感反应，而且会阻止我们感受周围的一切。所以，如果你在刚才我们所做的练习中没有感受到"是"和"不"之间的任何差异，你要问自己的问题就是："是这个练习根本不适合我，还是我基本上难以触及自己的身体或情感反应，这个练习只是其中一个例子而已？如果是后者，可能就涉及未处理的记忆。因为即使你没有触及自己的身体感受或情感，你记忆系统的所有无意识联系都仍然在影响你当前的种种反应。总的说来，电脑仍旧在运行，哪怕显示器已经关闭。

找到症结之所在

继续往下探讨之前，我先要解释清楚什么有可能做到，什么则不可能做到。首先，你无法完全根除生活中的不快乐不如意。每天总有大大小小的事情发生，各种事情瞬息万变。各种感情可能来也匆匆、去也匆匆，恰如饥饿的感觉去而复来。我们在失去一些东西的同时也赢得了另一些东西；我们收到好消息，也收到坏消息；金星升起来，月亮在黯淡。问题是：这些感觉到底有多普遍？它们持续的时间有多长？意思也就是说，这些悲伤、愤怒、恐惧、焦虑、孤独、害羞等情感是暂时性的，并有一个明显说得过去的理由，还是我大多数时间都沉浸在这样的情绪里难以出来？到底是一时的情绪波动还是长期的心理大气候？要弄明白这一点，看一看自己受困扰的频率有多少，到底在哪里感觉受困扰，就会大有帮助。

从南希的案例看不同的心理治疗方法如何运作

我们来看看南希的例子，她来寻求治疗时主诉的主要症状是对坐飞机感到很焦虑。这种飞行焦虑感是她有次在下午的狂风暴雨中乘坐一架小型飞机从加勒比的一个小岛出发，飞往另一座小岛时开始的。随着时间的推移，一想到要坐飞机出行，她就变得越来越害怕。最终她决定寻求专业人士的帮助，因为她新近职务升迁，需要每个月坐飞机前往很多不同的城市。

南希的问题可以理解,从心理治疗角度而言可以用很多不同的方法来加以治疗。

心理动力的心理医生如何帮助南希

如果是主攻心理动力学的心理医生,就会鼓励南希去仔细分析她对飞行的焦虑,以设法找出她潜在的心理恐惧和矛盾。医生会鼓励她去描述到底是什么让她如此害怕飞行,对驾驶和副驾驶等人她都有哪些顾虑。过去她对养育自己的人有没有这种类似的感觉?她有没有遇到什么涉及自信心和无能感方面的问题?她对飞行的恐惧有没有可能和童年时期体会到的对世界的一种不安全感有关?她的这种焦虑是不是在这个世界感到不安全的一种表达,她是不是对父母没有保护她周全感到非常生气?

不论潜在的原因是什么,治疗方法都会像所有心理动力学治疗那样按序进行,确认南希现有的"冲突",然后加以解读,通过交谈和心理医生一起修通这些冲突,在放松的治疗环境里逐步揭示出恐惧的含义。所谓的"修通"就是谈论这个经历,并且在向心理医生"移情"(将童年时期的感受转移到现在的治疗关系中)的过程里重新经历一次。同时,她会加深对现有问题的理解,懂得她对父母和心理医生的感受,同时明白她现在的经历怎样和过去产生联系。对这些问题的探索在一个安全、体贴的治疗关系中进行,以便鼓励深层次的理解。

随着时间的推移和交往次数的增加,南希最终将能够更好地理解她与父母、与自己以及与周围这个世界之间的关系。随着她对自己的问题越来越深入了解,并且对自己的反应也有了一定的深刻认识,她也就更能在各种各样的环境中放弃控制。在这种类型的治疗中,大家都能认识到过去的种种经历的重要性,强调治疗时重新联想到童年时经历过的各种情感和看法。引起改变的最主要的工具就是在"谈话治疗"的环境下和心理医生建立起来的当前关系。除了获得洞见和理解之外,心理动力学的医生同时也会推荐某种形式的脱敏以帮助患者克服焦虑反应。

认知行为的心理医生如何帮助南希

如果南希由一位认知行为学的心理医生进行治疗的话，那么针对这种焦虑症他们强烈推荐的治疗方法将会是一整天的疗程，包括一个"行为实验"。以南希这种情况，将会是切身体验一场真实情况，即医生和患者一起乘坐飞机飞行45分钟。通常情况下是从心理医生的办公室出发，两个人先乘坐公共汽车或者火车到达机场。南希将会告诉心理医生她对于这趟旅程每一个环节所感受到的一切消极看法，从乘车到机场、候机、登机，一直到飞机降落。等第一趟旅程到达目的地以后，他们马上就会再次开始检票进站，乘飞机回来。

心理医生的角色主要就是预测周围的环境，推测南希可能会产生消极看法的地方，教导南希在这种情况下应该怎样采取不同的思维方式，然后将实际发生的情形和她的心理恐惧进行比较。从机场回来的路上，心理医生会鼓励南希总结这次治疗过程中学到的东西，如何以这些经历为基础在今后没有心理医生陪同的情况下也能继续顺利飞行。在其他类型的认知行为治疗方法中，还会有大量的室内治疗环节，在想象里不断演练飞行的过程，一般都伴随有日常的练习。

在这种类型的治疗中，虽然大家都有共识，知道过去的某件事引发了目前的焦虑，但是治疗主要集中于当前的种种症状。引发改变的媒介就是对行为和看法的直接干预控制。例如，那些胆小怕事的人一般都想避免他们害怕的事或物，所以涉及的治疗方法就是让他们直接面对自己的恐惧。

因为认知行为的治疗专家认为对可能发生的事情的消极的、不理性的看法就是让人设法想要避免它们的原因，治疗专家设计了一种"行为实验"或者真实面对自己害怕的物体或环境，通过演示预计发生的灾难——在南希这种情况下就是空难——其实并不会发生，以此挑战患者的这些看法。通过这种方式，患者应该就会知道原来自己的恐惧毫无根据，并做出相应的情绪行为调整。在这种类型的治疗中南希可能会被鼓励在来年乘坐其他飞机出行，并且以她学会的这些技巧来监控她的反应，以防止故态复萌。

眼动脱敏与再处理的心理医生如何帮助南希

当南希把她的问题告诉眼动脱敏与再处理的心理医生，采取的方法就会截然不同。关注的焦点放在大脑中储存的引发这些恐惧心理的记忆上。心理医生辨认出引发这一问题的过去的经历，引起烦恼的当前情况以及未来需要采取的措施。所有这一切都通过记忆处理加以解决。但是，和前面说过的心理动力学所使用的详细谈论各种烦恼经历不同的是，**这种疗法会直接处理储存的记忆，让大脑以更具适应力的想法和感受来储存它们**。这种形式的处理方式会同时产生洞见和对焦虑恐惧情绪的脱敏。

所以，在"适应性信息处理"这种观点的指导下，心理医生检视南希的人生经历，看看在一开始出现这些症状时她的生活中到底发生了什么事。很显然，狂风暴雨中乘坐一架小型飞机确实可能让人胆战心惊。但是这样的事发生在很多人身上，他们并没有对乘飞机出行怀有挥之不去的焦虑和恐惧。也许有别的事情发生导致了南希的症状出现。这并不是她第一次坐飞机出行。在出现害怕坐飞机的情绪之前她坐飞机出行过很多次，这样的症状一点也没有。

在病史采集这个阶段，南希和心理医生一起在大脑中回想出引发她不安心理的第一次、最糟糕的一次和最近一次的飞行经历。结果证明这些症状是在她大学一年级期间的一次旅行中开始出现的。她的父母刚刚开始分居，然后就离婚了，她之前从来就没有注意到这种记忆联系，她也从来没想过这两者之间有什么关联。但是，在准确定位她第一次感觉恐惧的这次飞行以后，她父母的分手浮现出来，和这段记忆联系在一起。她描述她如何觉得自己对父母的决定负有不可推卸的责任，以及那时随之而来的所有混乱，她都觉得自己负有责任。她认为如果不是她离开家到远方去上大学，他们肯定还会厮守终身。

总体来说，加勒比之行的狂风暴雨的冲击，与她在家庭环境中感受到的恐惧和焦虑结合在一起，变成她害怕飞行的根源。但是事情到这里并没有结束。她对于父母的所作所为怀有的那种责任感不仅仅局限在他们离婚这件事上。孩子和青少年一旦在父母关系不好时就觉得自己是罪魁祸首，这也不是什么稀罕事。这个结论可能会储存在大脑里面，在日后的生活当中引发各种各样的问题。但是真实情况甚至比这个还要复杂得多。结果证明，过多的揽责任在南希的人生里一直是个不变的主题。她爸爸是个酒鬼，而她妈妈则深受抑郁症的折磨，南希就被推到了家庭照顾者的角色上。

在记忆处理的所有程序都完成以后，她再也不害怕乘飞机出行，并且按部就班地乘飞机前往各地工作，没有感到任何忧虑痛苦。但是，到此为止她还面临着一个抉择。既然记忆处理已经消除了她的飞行焦虑症，她是想现在就停止治疗，还是想进一步处理更大范围的问题，因为现在问题已经很清楚，她对家人以及每个和自己约会的人都有过度的内疚感和责任感。这也解释了她在恋爱中遇到的很多困难。很多的关怀照顾和俯首低眉行为对她都没有好处，但她就是自然而然就去做了，自己根本感觉不到。

在接下来的 8 个月时间里，她选择继续进行眼动治疗，针对让她深陷其中难以自拔的其他领域，然后这些问题都得到了解决。这也就意味着她能够自己选择一个合适的伴侣，并且在她的恋爱关系中能感受到身份地位平等所带来的快乐。她自由自在地接纳别人的爱情和呵护，而不是一个劲儿地只知道付出和给予。

发现自己不合理的习惯反应

既然我们所有人对周围的世界和事物都是自动做出反应，从现在开始注意一个令人烦恼的反应是不是合理就显得很重要。如果不合理，那它是不是过度，是否只和某个特定的情况有关？还是影响更为深远？

例如，我接触的一位患者是孕妇，她对于分娩显得极度恐惧。在怀孕期间有很多反应都显得合情合理，但出现害怕心理却不在此列。所以我们追溯这种恐惧的根源，结果发现这种心理好像是基于这样的事实，就是她在家中七个兄弟姐妹中排行老大。对她而言，分娩之后她就变得和她妈妈一样，未老先衰。我们处理了这段记忆，然后她高高兴兴地去分娩了。这也影响了她看待自己的方式，因为她意识到她过去大部分时间都过度关心自己的容颜，出门参加宴会之前一定要花上几个小时精心打扮。

不论那些不合理的习惯性的消极情感、信念或身体反应可能是些什么，它们一般都是由早年未处理的记忆激发而引起的。过去的一切变成了现在。**我们需要清醒地认识到我们的反应是不是合理。如果不合理，那它们是只在我们生活的某一个领域发生，还是那些没有经过处理的记忆造成了全面的影响？**

学习一些自我控制的技巧

既然我们所有人都有未经处理的、容易一触即发的记忆，那我们大家都会在不同时期没来由地感到焦急、害怕、悲哀、生气或是不安全。在我们开始探索个人问题之前，先让我们在烦恼来临时找到适当的办法将其消除干净，这点很重要。它会给我们带来平衡，让我们在探索过去的时候能够将一只脚牢牢踏在现在。尽管我们之前都体会过那些消极感受，如果我们不是害怕伴随而来的那些情感，我们还是能够极方便地加以调查。做到这一点的最好方法，就是知道如果愿意的话，我们肯定能消除这些情感。所以，我们将一起学习一些自我控制的技巧，我们也用这些技巧作为眼动脱敏与再处理疗法准备阶段的一部分。

寻找你的安全或平静地带

用适应性信息处理方面的术语来说，**我们所做的一切就是增加你通往积极记忆网络的途径。**这些记忆网络中包含大量愉快的经历，都是你生活中留存下来的美好回忆，例如，让你感到心如止水并浑身松弛的那些经历。通过这种方式，任何时候如果你觉得心烦意乱并想停止这种感受，就会有及时的通道将你引向上述积极情感。这些从根本上来说都是情感状态——使用这些变化技巧我们就能转移自己的注意力，并同时改变我们的精神状态——就好像你在生气的时候从一数到十能让自己平静下来，好好处理面前的事情。它改变不了你生气或心烦的原因，但是它在事情起因和你的自发反应之间提供了一段暂停时间。不管让我们心烦意乱的原因是什么，我们都需要各种各样的方法来恢复平衡。

安全/平静地带技巧

一开始，先让我们一起学习一个"**安全/平静地带**"的技巧。它牵涉在催眠和冥想技巧课上经常使用的那些意象导引，但是使用这种技巧时你将完全处在清醒状态并且意识清楚。它将会给你一个极好的自我控制步骤。有些人可能会发现，把这些指令录制下来，然后闭上眼睛按照步骤一步步去做，这样最容易。如果需要的话，请你将这当成一种备选。我还会在附录1中提供一些别的选择供大家挑选。

我们先从一个**积极的意象**开始。我们所寻找的是你过去一段积极经历中留下来的印象。也许去海滩游玩让你感觉非常美好，也许林中漫步或是山顶观光给你留下了美好的回忆。它必须是一段积极的经历，没有任何消极的东西能和这段经历产生联系。有些患者会说："嗯，我的安全地带曾经是在壁橱里和我心爱的泰迪熊待在一起。每次我妈妈和爸爸吵架我就躲到那里。"这并不是一个好地方。或者，"哦，沙滩确实是个很棒的地方，除了有一次我是在那儿被人强奸的。"这也不是个理想的选择。在有些例子中，如果人们想象自己和一个宗教人物待在一起，他们常常觉得最安全。

确定一个地方，让你有一种安全感。或者如果你喜欢，它也可以是让你有种平静感觉的地方。

我们寻找的是这样一段记忆，它将帮助你找回一段积极情感，让你能够随时想起来，用来替代那种烦恼的感觉。如果你无法找到一个安全或平静的地方，不与任何消极的事情产生联系，那么请不要再继续做这个练习。同样，如果消极的感受出现，也请停止这个练习。在这些情况下很明显有未处理的记忆，需要有专业的心理医生加以解决才行。

如果你感到很舒服，觉得自己有一个很棒的记忆联系，能够带给你安全或平静的感受，那么我们就可以继续做这个练习。首先请读完这段文章，然后开始做第一步。一会儿我要请你先闭上眼睛，按照下面的指令练习一分钟左右的时间：**请回想当时情形中的一个场面，注意这个场面中的各种颜色，以及与之相连的任何其他感官经验。注意你这时候的感受，注意你**

- **身体涌上来的种种感觉**——你的胸脯、肚子、肩膀或脸庞。注意你是不是感觉非常棒、非常好,是否有积极的感受,然后睁开眼睛。现在请尝试一下。你有没有发现回想一个景象,然后让自己和这个景象伴随在一起,注意各种颜色、注意其中有些什么,让这些感受得以出现?如果积极的感受出现,现在请确定可以恰当描述这种情感的一个词——比如"平和"这个词可以描述这种感受,或"树林",这个词能够描述当时的景象。这就是那段经历的一个标签。

在这一段结尾的地方,我会让你**再次闭上眼睛,然后回想这一景象,注意那些愉快的感受,然后在心里说出那个词**。随着你让自己完全融入当时的场景并不断在心里重复那个词时,只要注意你的感受。过一会儿之后,再睁开眼睛。现在请闭上眼睛开始做上面的步骤。

如果那些积极的情感出现的话,那么请你再重复做一次,闭上眼睛,回想当时景象,然后回想那个和景象一起出现的词。**继续不断地连做五次上述步骤,每次大概花上一分钟的时间**。这将有助于强化两者之间的联系。

改变呼吸方式的技巧

现在让我们再做一次"安全地带"的练习,但是这次请注意在你想到上述意象和词语时自己呼吸的变化。在你感受到积极情感出现之后,请把一只手放到自己的肚子上或者放到胸部能感受到呼吸方式的地方。这就是在你感到安全或平静的时候你的呼吸方式。

这也是一个很有用的技巧,因为不论何时如果你感到压力很大,你的呼吸方式就会发生改变,通常情况下它会往身体更上方移动。如果你注意到这种现象发生,你就可以把呼吸慢慢压低,回到放松状态时的方式。那么现在请闭上眼睛,再练习一次。

检测一下效果

现在,如果你能够轻松自如地进出自己的记忆网络,感受积极的情感,想象积极的词语，那就让我们来彻底检验一下。请按次序阅读以下段落，然后按照指示去做。

注意一下你的身体，然后再想象前面说过的意象和词语。那种积极的感受是否和它们一起出现？请闭上眼睛彻底检验一下，在你有了答案以后再睁开眼睛。现在就请做这个练习。

如果在你想到这个意象和词语的时候积极的情感随之出现，那请接着做下一步。**请尝试去想最近发生的稍微让你感觉有点不快的一件事，并注意你的身体发生怎样的变化。然后再去想积极的意象和词语，并看看那种美好的感受是否回来。**现在请开始做。

如果这个步骤起作用，那么你就可以把这当成一项技巧，在你烦恼的时候用它来改变自己的感受。一想到这样的景象和词语就应该让你进入安全或平静地带，并且能帮你正确处理那些有时会让我们失去平衡的暂时的问题。

为了确保这个技巧一直起作用，你应该每天坚持做这个练习，即使在你一点儿不痛快的感觉也没有的情况下也要坚持。这样就能让你更容易能从心烦意乱的状态迅速转移到安全或平静的状态。

同时也要坚持上面说过的改变呼吸方式的练习。**如果你想到什么稍微让你感到不快的事情，请闭上眼睛注意你的呼吸方式，然后通过我们前面刚说过的呼吸部位将你的呼吸方式调整到放松状态下的方式——也就是在肚子或胸腔稍低一点的位置。**

另外两个有用的技巧——两侧刺激和卡通角色技巧

两侧刺激

一旦你找到了那个安全或平静的地方，你就可以使用一种帮助你增加积极情感的方式：用交替轻拍的方法来进行两侧刺激。但是，你一定要监控自己的感受和想法，如果它们开始变成消极的，马上停下来，并且找回你的积极呼吸方式，这一点很重要。下面介绍两种大家可以使用的刺激方法。

一种方法是把两只手分别放在两侧大腿上，先一只手轻拍，然后另一只手轻拍。当专心在想安全或平静地带时，我们只要慢慢地来回轻拍4～6次。这大概要花五秒的时间。我们每次做的时间不要太长，也不要做得太快，因为在眼动疗法的再处理环节中，如果每组动作持续时间太长或者做得太快的话，有时候新的记忆出现时会带来令人不愉快的联想。

另一种两侧刺激的方法叫作蝴蝶拥抱。这种方法是在墨西哥发展出来的，用来治疗飓风后心理受伤的孩子。从那以后这方法就在全世界范围内推广使用，帮助人们增强"安全地带"的积极感受。要做这个练习，你先把双臂在面前交叉，右手放在左肩上，左手放到右肩上。然后双手交替在两个肩膀轻轻拍打，慢慢拍打大概4～6次。

在做两侧刺激之前，**想象安全或平静地带的景象，同时想象与这个景象相联系的积极词语，让自己慢慢进入安全或平静的状态。当你有了安全的感觉以后，交替轻拍你的大腿，或者使用上面提到的蝴蝶拥抱，拍4～6次后停下来，深吸一口气，看看感觉怎么样**。试着这样做一组动作。然后睁开眼睛。

如果这种积极的状态不断增加，那么请再次闭上眼睛，让自己尽情感受刚才的感觉，然后想象那个积极词语。随着你感到那积极的感受不断上升，请再次交替轻拍两边4～6次。

这是种很好的方法，用来强化和增加安全或平静地带的力量，这样你就能利用它来处理暂时性的困扰。这种方法在你开始探索自己一些未处理的记忆时能带给你一种平衡感。请再试一次。如果这种两侧刺激的方法有用，那么请你每天坚持练习。如果没用，就请你继续回想前面的意象和词语，不要做这样的练习。

记住，在你心烦意乱的时候，你同时还可以使用改变呼吸方式的技巧来让自己回到积极的感受中来。在你心情愉快的时候，请你也要每天坚持做这种安全平静地带的练习，以确保这些积极的情感反复充盈内心并不断增强，在必要的时候足以帮助你消除那些不快。

> **卡通角色技巧**
>
> **再介绍一种有用的方法，可以帮助大家处理消极的自我对话。**
>
> 有时候我们明明在做一件事，但是心里却开始不断告诫自己这样做多么的不靠谱：我们这样做会犯下多么大的错误，或者我们本身就是个天大的错误。所以你可以尝试做另外一个实验。想象一个说话声音特别好玩的卡通人物，比如唐老鸭、太菲鸭或大力水手。闭上眼睛，**想象那个不停批评你的声音，注意你的身体发生怎样的变化，然后让你头脑里的这个声音听起来像是卡通人物发出的声音，再注意会发生什么**。现在请你尝试一下。
>
> 对大多数人来说，跟这个声音一起出现的令人不快的感觉消失了。这些卡通形象在我们的记忆中有特别强的愉快和滑稽的联想，导致那些消极的感受难以为继。

使用这些类型的技巧表明我们能够控制自己的很多反映，如果我们能够注意到这些反应到底有多让人苦恼——然后抓紧时间采取必要措施来应对。

如前所述，这些小技巧并不能消除让你感到困扰的那些原因，但是它们能帮助我们回到平衡的位置，这样就能更加正确地处理当前的状况。如果我们面对的是长期令人困扰的种种反应——消极的情绪、想法、感受和行为常常会出现——这些一般都是症状，最好通过解决潜在的原因来加以处理。解决这类问题可能需要一定的时间，但是学会这些技巧会大有帮助。我们将在本书当中学习更多有用的技巧。

痛苦的常见根源

我在世界范围内所做的上百场演讲期间，发现不论国籍或者文化有多么不同，大家却拥有如此众多的共同点，不禁为之诧异万分。比如说，我会例行问我的听众："你们中间有多少人还记得小学时曾经丢过的脸出过的丑？"不管听众来自何方或者身份是谁，很快就有大概95%的人举起手来。所以，让我们来做个实验：请你想想自己有没有相似的这种记忆——同时检验一下这种经历是否已经得到处理。

如果它还没有得到处理，那么有些心理障碍可能会在日后发作出来。如果已经出现了障碍，那么你通常能使用我们刚学过的技巧来消除它。但是，如果你已经因为复杂的障碍在接受治疗，或者感觉你自己患有严重情感障碍，请不要做这个练习。在这种情况下，针对个人的探索最好在心理医生的指导下进行，本书应该只是用来获得什么使得人正常运转的一般信息。

水管或雨刮器的技巧

如果你做这个实验没有什么不适，那么请闭上眼睛。注意你的身体是怎样的感觉——然后回想小学时那次屈辱的经历，看看有什么情况发生。注意你的身体有什么感受，你的脑子里有什么样的想法出现——只要注意就行。然后假设你用高压水管冲洗掉当时的景象，或者用一把大雨刮器将其刷得干干净净，再睁开眼睛。这是另外一种技巧，你能用它来改变自己的消极心理图像。现在请你试一试。

如果你从这段经历中感受到任何的不快，那么请使用改变呼吸方式的技巧或者是安全/平静地带的练习来让这种不快情绪尽快消失。现在当你进入这段经历以后，有些人发现自己的身体有点儿往后缩——你明确感受到当时那种情况下情感的热度，也许同时还有当时情况下的想法。我们可以说你的记忆还没有得到适当的处理，因为伴随着当时景象一同出现的是过去的消极或者烦恼的想法、情感和身体感受，这些都是深埋在你的记忆系统中的一部分。尽管你可能在自己的肚子或者胸腔里感受过，但它的根源实际上是在你的大脑里。你所感受的一切是从大脑通过神经传输到身体的各种腺体和肌肉，然后又传输回到大脑的结果。**请记住这段烦恼的经历会引发与之相连的身体感受。**

现在让我们来检查一下你所获取的这段记忆里到底都有些什么在运行。注意它是否和一位教师或教练、一帮朋友或某个小恶霸有关。这事情是发生在教室里、在游戏比赛中还是在舞会上？不论是什么，只要注意这段记忆的不同方面，看看这段记忆的触角是不是伸展到你当前的生活中。意思也就是说，你目前有没有和领导或某些特定类型的人之间出现什么问题，在公共场合谈话有没有出现什么问题，有没有什么学习或者表现方面的问题，有没有在集体环境下感到不适之类的问题？注意看你有没有什么问题可能来源于早年那件事情。那段没有经过处理的记忆有什么方面可能与你当前的种种局限之间产生联系？也许你可以把这些快速记下来以备将来不时之需。

你们当中有些人在回顾早年的某段经历时可能会浮现出这样的想法："哇，她真不应该去教书！"或者暗自好笑地说，"我还真是一号人物！"换句话说，伴随这段经历出现的是成年人的想法，而想到当时的经历你的身体也没有什么特别的变化。如果这样的话我们可以肯定，早年那段经历已经得到全面的处理，不再包含任何当时你心里持有的消极情感、身体反应或看法。你还记得那时候心里很难过，但现在已经丝毫感觉不到了。这段经过处理的记忆已经完全融合到你的记忆网络的其余部分里，现在你所有的不过是对于孩提时代发生的某件事的合理的成人反应。所以，你现在根本就不应该有什么不正常的症状是来源于当年那一事件的，因为那些无用的东西——消极的情感、感受和看法——早已经烟消云散。

那现在为什么有些人想起陈年旧事时心魔难去而有些人却早已涣然冰释呢？这基本上就是个运气的问题。也许一辆卡车前一天晚上把你吵醒了，你实在太累，所以这件事就在你的脑子里留下了不好的印象。也许你童年时期的种种经历为你打下了一个乐观积极的基础，足以让你不受其他事件的影响。也许这件事情发生时你的朋友过来，一把搂住你说："没什么大不了，什么都会过去的。"确实有那么一刻，这件事刚刚发生之后就有一扇机会的窗户随之打开，让积极的联想得以建立，让这段记忆得到全面的处理。有些是遗传基因方面的原因，有些是呼吸系统或者心脏方面的问题，还有些是对于高压环境的不同敏感度，可能让信息处理系统完全失去作用。但这都没有什么大关系。我们现在讨论的是"不谴责、不埋怨"的情况。

不管这段记忆为什么没有得到处理，我们要记住的一点就是这并没有什么丢人的。并不是你自己想要让这段恼人的经历在儿童时期以消极的方式存储在你的脑海里。不管当时发生的是什么事，并不是你要这些消极后遗症一直保存下来。只因为这件事不符合成年人眼里的"骇人听闻"的标准，也没有什么关系。如果你回想起那段童年时期的屈辱，你就会意识到这不过只是一件平常事而已，每个人都有这样的经历，但是它却给我们很多人留下了持久不去的消极影响。那是因为，尽管从成人的角度来看这事情可能显得微不足道，但对一个孩子而言这事却是非比寻常。在小学里遭受屈辱，从进化论的角度来说就等同于被从族群当中割裂出去，从这时起你就有了生存恐惧——排斥可能就意味着死亡。很多童年时期的经历都和这个生存恐惧产生了联系——没人疼没人爱，死亡；没人要没人想，死亡；没人理没人睬，死亡。所有无论这些生存恐惧都自然而然地出现，可能会压垮我们的记忆处理系统。总体说来，这也就是那些消极记忆得以储存起来的方式。所以无论这在大人的眼里是不是一个情感创伤，都没有关系。如果它在童年时期留下了消极的影响，就有可能成为今天问题的根源。

痛苦的记忆就像草里的蛇

我们一定要记住，虽然没有经过处理的记忆确实存在，并有可能成为很多消极反应和症状的基础，但那并不是我们的全部。我们谈到记忆处理的时候，是在说那些困扰我们的事件能够在记忆网络里和很多适应性/积极的信息联系起来。所以说，我们在小学里遭受屈辱的经历，自动和其他朋友被人嘲笑或者遭人忽略的记忆联系起来，同时意识到我们对他们的感觉并没有因此而变差，或是因此而瞧不起他们。或者那位老师和我们认识的其他人比起来真不应该待在教学岗位上。或者那些欺负人的小恶霸太凶残，我们一点都不想跟他们一样。这样我们对自己的感觉就好多了，因为我们曾经有过美好的经历、善良的朋友，并且这段屈辱的记忆和它们自动联系起来。但是如果那令人不安的事件太过让人苦恼，它就不能和任何更具适应性的事情联系起来——即使那适应性的信息存在于我们的脑海当中也无济于事。

比如说，一个越战老兵到现在仍旧到处找地方隐蔽，或者现在还在怒火难平，但是他的生活中也存在积极的经历。他读过一些自助方面的书籍。他参加过小组治疗。所有这一切都发生过并且储存在他的大脑里。它们在某些特定环境中会顺利发挥作用，但在另一些环境中就一点作用也发挥不了。他这一刻对待家人可能非常有爱心，主要基于他那些积极的记忆，但是下一刻可能就要大发雷霆，因为有什么事引发了他那些消极的回忆。这两种记忆网络之间不能顺利联系在一起。但**时间永远都来得及**。

最近有个80岁的老奶奶催促她的心理医生和我联系。她在"二战"时还是个孩子，住在日本。她到我这里寻求治疗，主诉自己一直抑郁和焦虑。她丈夫现在患有严重的听力障碍，他经常大声吼叫以及会将电视声音开到最大，这引发了她那不快的回忆。她有很严重的心理问题。她妈妈在她三岁大的时候抛弃了家人离家出走。有一天她还在学校里念书的时候，她爸爸被日本部队强征入伍，她从此以后再也没有见过他。她度过了那炮火纷飞、硝烟弥漫的岁月，并且被人强奸过。你可以想象她所忍受的所有痛苦。经过几个星期的治疗以后，她的生活发生了改变。她告诉自己的心理医生："我平生第一次觉得自己无牵无挂，是个自由身了。"即使到了80岁的年纪，她的大脑还是能够消化并且合理存储那没有经过处理的信息，这些信息在过去已经深埋了70年。所以，永远没有太晚这一说。

最重要的地方就在于，**无意识的未处理的记忆在每个人身上都有可能存在，没有人能彻底免疫**。也许你环顾周围觉得别人做的比你好得多。但是你看到的可能只是表面现象而已。有时候一个人可能在这世上功成名就，只因为有着积极向上、适应性强的各种经历，尽管未处理的事件引发的自我形象非常糟糕。

我是一个十足的废人

塞缪尔是位60岁的牧师，很快就要成为一家甚有名望的慈善机构的总裁。可惜的是，尽管他在事业上能力超群，他总是因为自尊心太低、羞愧和焦虑而彷徨挣扎。他想让自己摆脱这些情感的困扰，因为他深知这些对他的新职位而言肯定是有害无益。

在他接受眼动治疗的病史采集期间，事情变得很明显，他的童年记忆和成年处境都和不安的感觉和信念紧密相连，比如说"我太蠢了""我难当大任""我没有信用""我技不如人"。在他的眼动脱敏与再处理的记忆处理期间,他解决了很多童年时的记忆,包括在一家饭店丢人现眼,在棒球场上临阵退缩,学拉丁舞时左支右绌。然后,最大的一桩事出现了。那是早年的一段记忆,他爸爸大发雷霆,把吃的东西摔了一地,对妈妈恶语相向,并且气得失去了控制。塞缪尔看到自己蜷缩在暖气片那里一动不动。他无法帮助自己的妈妈,觉得自己是个十足的废人。

这甚至为他日后和同龄人相处中出现的种种问题埋下了一定的祸根。这些症状在眼动脱敏与再处理的记忆处理期间通过改变与这些记忆相关的种种情感、身体感受和信念以后统统都消失了。他得出了这样的观点,"我是个有价值的成年人"。塞缪尔现在能接受这个新的职位,胜任自己工作,再也没有之前觉得自己难当大任、焦虑不安的那些感觉。他一生中有过的那些积极向上的经历现在能够清晰地界定他是什么样的人,他会怎样反应,以及他选择做什么样的事情。

有时候人们可能会觉得他们的生活完全都在正轨上面,完全不明白那个未处理的记忆怎么操纵了一切,直到这记忆窜出来吞噬自己时,他们才恍然大悟。

我为什么会相信一个不值得相信的人

保罗来做治疗的时候是个四十出头的欧洲商人。他生平第一次经受抑郁和焦虑症的折磨(难以放松、难以集中精力、难以入睡),已经严重影响到他的工作效率以及他与妻儿之间的亲密关系。在这以前他一直觉得生活如此美好。他生意上非常成功,赚了很多钱,一家人生活优裕。他基本上已经实现了所有设定的人生目标。是什么引发了他的抑郁和焦虑,对他来说好像一目了然。因为经济低迷加上一个同事约瑟夫的背叛,让他最近几乎所有的投资都血本无归。约瑟夫是他一直深信不疑的人,却拒不偿还他们两人的共同贷款,并且他已经离开这个地区,而且拒接保罗的所有电话。

表面上看来,保罗的抑郁心理当然好像完全说得通。他的投资乃是经过多年的积累,是为了孩子日后的教育和他们夫妻二人的退休准备的。在这以前,他一直和妻儿维持非常亲密和健康的关系,而且他们都有非常棒的朋友。他一直为自己对家人无微不至的关怀以及对他们有求必应的专注所自豪。但是在病史采集阶段，亮起了一些红灯。保罗描述了幸福的童年，但到了七岁时一切都发生了变化。他七岁时爸爸变成酒鬼，丢了工作，家庭状况一落千丈，变得一贫如洗。保罗坚持认为他的所有痛苦都和目前的经济状况有关，而不是由于童年时期的重重困难引起的，他相信他已经设法从童年的阴影中吸取教训并且远远将其抛在了脑后。但为了保险起见，最好还是要检查一下有没有存在关联的可能。是大范围的气候还是小范围的气象？

保罗和他的心理医生一起使用了一个技巧，这个技巧我们将在下一章中学到，通过这种手段确定了**"标准记忆"**——能记起来的可能引发当前种种问题的最早的事情。保罗的一个标准记忆包含了这样一段经历，在他8岁的时候，在一件家庭大事当中唯独他一人被丢在后面。他的消极想法就是"我这个人不重要"。

当这个记忆得到处理的时候，他生活当中的许多经历开始浮现出来，这些经历中他无一不是在寻求别人的认可，尤其是要得到其他男人的认可。在再处理阶段，他认识到自己少年时期以及青年时期的种种困难——自尊心偏低、和别人没什么交情以及药物滥用——都和他早年与酗酒的爸爸之间的经历有着直接的联系。此时此刻，他意识到早年的种种经历影响了他一生的生活，尤其是影响了他和那位背叛他的同事之间的关系。他一直想帮助约瑟夫自立门户做生意。现在他意识到他忽视了约瑟夫那值得怀疑的人品和职业道德。从根本上说，他一直想要提供一种导师般的关系，这种关系在成长的过程中他一直那样渴望拥有。

保罗的爸爸大部分时间都不见人影，在家的时候也是醉得人事不省。他会把自己的妻子支使得团团转——而保罗一句话也不敢说，害怕父亲发火对他进行体罚。尽管保罗是个非常棒的足球运动员，他父亲却错过他所有的比赛。他从来就没有觉得自己非常棒，足以得到父亲的赞许。总的来说，他爸爸不是对他发火，就是对他不理不睬。所以这就为后来发生的事情奠定了基础，当他设法为年轻的同事提供自己从来没有享受过的帮忙和支持时，却遭人反咬一口。这也不是什么稀奇的事情。

我们都受到研究者称之为"光环效应"的反应所影响。我们在别人身上看到某个性格特点，自己觉得很不错，然后我们自然就给予这人各种各样其他的好品质，而其实这个人根本就不具备这些品质。例如，我们可能想到一个人的幽默感，然后认为他们也会和我们持有相同的政治观点。或者我们知道某个人从事助人为乐的职业，然后相信他们也和我们持有同样的人道主义观点。这些都是我们的自发联想，正如"罗兰花儿蓝盈盈"那样，它们可能会大错特错。

有时候这些联想并没有什么害处。而在其他时间，它们来源于我们的记忆深处，蒙蔽了我们的眼睛。保罗看到一个年轻人，让他想到了自己的童年时期，他马上就想伸手帮他一把。这种同病相怜感蒙蔽了他的双眼，让他看不到约瑟夫所有的性格缺陷——只让他认为约瑟夫值得自己帮一把。可惜的是，约瑟夫被他自己的童年生活给毁了，未处理的记忆以不同的方式影响着我们。和保罗不同，约瑟夫这个人根本不值得信任。

当保罗对自己爸爸的记忆和对约瑟夫背叛他的记忆被解决以后，好像突然之间一切都回归原位，他想起了所有那些他曾经原谅或者忽略的事情。这些由于未处理的记忆所引发的蒙蔽人们眼睛的事情，和很多夫妻彼此青睐欣赏，最终却发现相互之间竟然是非常不健康的关系，两者之间的原因都是相同的。我们将会在第8章里全面探讨这一点。

保罗感受到的极度抑郁也可以通过他早年的种种经历来加以解释。父亲的酗酒无度导致他的家庭变得一贫如洗。他感到自己的父亲已经"失去了正直品质"，并且"没有把家庭放在第一位"。所以保罗一心一意要有所不同，竭尽所能为家人提供经济上的安全，尽力做个好丈夫和好父亲。但是现在经济上的损失对他而言是个毁灭性的打击，因为他害怕自己没有能力养活自己的家人——就跟他父亲一个样。

所以，为了设法和他那留下伤害的父母有所不同，保罗变成一个模范公民，拼命积累财富，竭尽所能为家人鞍前马后的效劳。人们可以看到所有这些美妙的性格品质，但是人们看不到的是未处理的记忆伸出触角让他相信了一个背叛他的人——等所有的经济积累毁于一旦时又让他觉得伤心欲绝。在正确处理了有关他父亲种种行为的这段记忆，同时也处理了他那些背叛了自己家人信任的感受之后，保罗的抑郁情绪烟消云散。他意识到自己以前曾经成功地积累了大量财富，他在这方面独具才华，肯定可以东山再起。现在他可以把障眼物全部拿开，轻装上阵。

另一件需要我们牢记的事情就是，确认并清除干净"草里的毒蛇"，这意味着它日后再也不能冷不丁冒出来咬你一口。当然，一旦我们因为感到特别抑郁而决定自己需要去寻求帮助时，我们还有很多不同的方法可以利用。有一种人们常常选用的方法就是药物治疗。但是，先尝试一下心理治疗，也是很有用的。虽然抗抑郁的药物在特定情况下肯定会起作用，但在其他情况下它们可能并不是最好的选择。除了会产生副作用以外，很多研究显示一旦药物治疗停下来，以前的症状可能还会回来。

例如，发表在《临床精神病学杂志》（*Journal of Clinical Psychiatry*）上的一项研究发现，眼动脱敏与再处理疗法就比抗抑郁药物百忧解在治疗创伤症状和抑郁症方面要更高一筹。经过8周的治疗，两种治疗方法都停下来，那些分在服用抗抑郁症药物的小组里的人旧病复发，而分在眼动脱敏与再处理疗法小组里的人持续不断地变好。虽然抗抑郁症药物有助于改变"大脑状态"，但一旦药物治疗停止，以前的状态就会回来。而眼动脱敏与再处理疗法则消除了抑郁症产生的根源。**我们最终想要的是改变整体的气候，而不是一时的气象。**

超越自动驾驶状态

也许你现在大致可以明白，这本书的众多案例展示了无意识的记忆怎样掌控我们对周围世界的反应。正如塞缪尔、保罗和南希那样，不管你信仰多么虔诚、资金多么雄厚或者智力如何超群，大家都概莫能外。我们产生的每个联想都建立在记忆网络的基础上——不论这联想是好是坏。不论是谁，我们要做的第一步就是明确认识到自己目前有什么样的不良反应，然后我们可以利用前面学过的一些自我控制的技巧，或者后面章节中将要介绍的一些技巧，来处理应对我们的这些反应。这也就意味着我们需要监控自己，才能知道自己什么时候失去平衡。

可惜的是，要做到这样并不总是一件容易事，因为我们通常都处在自动驾驶的状态之下，并非自己掌握方向盘。我这样说的意思是，大家行走天地间，经常都是对内心情感、想法或感受自动做出反应或者自发应对外部环境。也许我们计划好要去做一件事情，但是内心世界占了上风，于是乎我们就变得心猿意马，难以集中精神。

为了探索这一点，我们再来做个实验：给自己定个规矩，从现在起到今晚睡觉之前你进出某个房间都要左脚先跨过门槛。把你的计划写下来放在床头，以确保这是你今晚睡觉前看到的最后一样东西。然后到了今天晚上，在你睡觉之前，看看你实际上到底做到了多少次。如果你像大多数人那样，那么你忘掉的次数肯定比你记得的次数要多。这是因为比起记住要监控我们的身体并做一些不同的举动这件事来，我们内心世界的种种联想更加瞬息万变，更加迫在眉睫。

这本书的一个目标就是要认出那些可能控制我们的未处理的记忆，这样我们就能更加清楚是什么被激发出来，什么时间被激发出来。利用这些自我控制的技巧，你就能看到依赖自己的力量到底能取得多大成绩，以及什么时候你需要更多的帮助。所以，下一章里我们就要开始找出其中一些记忆，它们可能处在你已经认识到的一些令人困扰的反应的最深处，或者等待合适时机就要咬你一口。

同时，**请你开始每天练习使用已经学过的那些自我控制的技巧。**

记住一定要每天练习安全/平静地带的技巧，以逐步强化它，这样当你感到烦恼不安的时候，你就可以把积极的感觉及时找回来。

在使用这个技巧时，如果你并没有发现你的思绪漂移到什么消极不快的情绪上，那就使用轻拍两侧大腿或者蝴蝶拥抱的技巧来增强你的积极情感和感受。

在你觉得压力太大的时候，你还可以使用改变呼吸方式的技巧来让自己平静下来，使用卡通角色的技巧来处理消极的自言自语。或者使用水龙头或雨刮器的方法来帮助自己处理那无法摆脱的消极形象。

所有这些工具都能帮助你记住，你完全可以控制自己的身体和心理。在你不断探索自己无意识的过程中，你将会发现，理解为什么有些事情会发生能让你获得更多帮助。

第4章
消极记忆带来消极的自我感觉

很多人寻找心理医生是因为他们觉得自己的行为、感受、思维出现了问题。在20多年执业医师生涯里，我从未听说有人走进医务室寻求我的帮助是因为"我爸爸以前不疼我"。人们之所以寻求帮助是因为当前出现了一些问题。从根本上说，他们知道自己正在从事、感受或者思考的一些事情具有一定的破坏作用，但是他们就是无法停下来。多数人认为，尽管他们的童年生活可能一点都不幸福，但那已经是多年前的往事了，应该和目前没有什么关系。正是这些"应该"让情况变得更糟糕，因为"我应该做一些不一样的事情，拥有一些不一样的感觉或者不同的想法"只会让人们感觉自己更像是生活中的失败者，不管他们对自己的看法有多不好，这些只会增加他们对自己的不屑。

问题底层的消极记忆

本章我们将要开始探讨记忆怎样迫使你做出本不想做出的反应。大多数人把过去仅仅看成一个"学习的经历"。他们认为："某件事发生了，所以我学会了以某种特定方式来感受或行动。但那已经是多年之前的事情。现在我长大了，变得更成熟，我知道那不是我应该做的事，那样做根本就不对——为什么不让这件事就这样过去而总是揪住它不放呢？我肯定是什么地方出了问题。"

我们要记住的事情就是，可能有什么地方出了问题，但是这并没有必要限定我们。这句话是说，有些特定的未处理的记忆从生理上储存在我们的大脑中，包含的各种情感和身体感受与事情发生当时并无二致。这些记忆没有得到处理，无论何时被触发，都会继续引发消极的想法和感受。

这也解释了为什么你会看到有些事业非常成功的朋友，在与家人通电话时说话做事突然变得像个孩子。他们和父母或长辈谈话时，如果觉得自己无力反抗，你甚至能看到他们的表情和姿势都在发生变化。除非采取必要的方法，否则我们所涌现出的情感、想法和身体感受有可能会控制我们的表现。"我实在是不够好。我肯定要受到伤害。我根本无法取得成功。"这些都是有可能一遍又一遍反复出现的感受。

让我再强调一下，遗传基因和当前需要加以处理的情况当然有关系。因为一个遗传负荷的影响，大脑运作的方式可能会让我们变得或多或少容易被不同事件带来的影响左右。如果特定的条件得到满足，基因同样能让我们容易形成不同类型的精神障碍。但是，即使在这些情况下，常常也需要一段人生经历来促使这些症状的出现，而其他类型的经历则能帮助克服这些症状。我们无法改变遗传基因，但是可以直接处理和解决自己的人生经历。

和上百万人一起接触和共事，我们发现那些困扰已久、难以控制的反应，其中最主要的起因就是储存在大脑里作为未处理的记忆封存起来的那些经历。那些自然处理过的记忆，或者在心理医生帮助下处理过的记忆，都被转变成学习的经历，这样那些困扰人的情感、信念和身体感受就不会留存在记忆网络中。因此，我们所寻找的那些依旧火热的记忆或消极负面的记忆，可能只是一件事，比如一个会形成创伤后应激障碍基础的重大心灵创伤，或者可能是童年时期较为普通平常的事情，例如被人欺负，被人嘲笑，骑自行车摔下来，听到父母吵架，发现朋友背叛，被男友甩了，没有收到宴会邀请……这个单子可以一直列下去。不管是什么，那些消极的事情，如果储存在记忆里而且一直热度不减，可能就会对现在的生活产生消极的影响。

还要记住一点，有时候正是没有发生过的事情引发了种种问题。例如，被丢在家里没人管，父母在自己需要的大多数时候或者雷雨交加时怎么也找不到人，都可能成为一个关键点。孩子遇到不顺心的事马上就放声大哭，因为他们有固定的想法，一旦求援马上就有呵护的人及时作出反应。如果事与愿违，那么这段经历可能很容易就深藏到脑海里，作为未处理的记忆埋藏起来。这也可以解释为什么20世纪生育潮期间出生的很多孩子有时候会莫名地感到一阵绝望，在旁人眼里看来简直难以理解。大家想一想有多少孩子被人扔在一个黑暗角落里拼命大哭，又累又饿，只因为人们有一套不成文的规矩规定了应该多长时间喂他们吃一次。

我们进行眼动脱敏与再处理治疗时，接受治疗的人一进门我们对他的评估就开始了。基本上来说，患者的问题在心理医生看来就像是一个盒子，盖子被螺丝紧紧拧住，然后锁在患者的记忆里。那么，你该拿它怎么办呢？你可以用锤子把盒子敲坏，或者设法把盒子撬开。但是更有用的办法则是好好看看这些螺丝钉，怎么把它们拧出来，然后把盖子打开。而这正是我们在本章中将要开始寻找的关键。在你诸多问题的最底层，那些具体的记忆究竟是什么呢？

是不是总与童年有关

在开始之前，我想重申一点，大家都是独一无二的个体，并不是所有的一切都来源于童年时期的记忆。虽然研究显示，早年发生的事件能让我们对后来出现的种种问题抵抗力不足，但有时候某个最近发生的情况也可能会把我们弄得晕头转向，因为这种情况实在太可怕了。我给大家举个例子，说一说托尼遇到的情况。

为什么我害怕失去控制力

他是我最早治疗的一批老兵中的一个。在十多年前从越南战场回国以后托尼就变得非常孤僻。他一个人搬到树林里面居住，我那时提供的是免费治疗，他最终还是决定过来试一试，正如他所说："我想，反正我也不指望有什么效果。但是，试一试又何妨？"

托尼来接受治疗是因为他总是不断遭受惊恐的袭击和折磨。每次有飞机从头顶飞过，他都要急忙躲起来到处找隐蔽。这种剧烈的反应有时候在一些患有创伤后应激障碍的病人身上也会发生。从病史采集的谈话中，我好像觉得他有个控制方面的重要问题。他想方设法要掌控一切，一旦觉得控制感方面有什么失误，那种恐慌的感觉马上就会袭来。所以我建议通过处理最能代表他缺乏控制力的那段记忆来探索这种感受。他说："没问题，行吧，管他呢。"反正他根本就不期望会有什么效果。

他不想谈论任何发生在越南的事情，但是他倒挺乐意去处理他的妻子把他送进局子里的那段记忆。有天夜里他的妻子把他灌得烂醉如泥，然后让他从挂车上下去，她却打电话报警。由于他正想开车离开，警察以涉嫌酒驾的罪名把他逮捕了。这段经历无疑代表了他那种缺乏控制力的感觉。在处理了这段记忆后，我们又处理了和一次没有成功的性行为相关的记忆，托尼说他无法掌握很多事是因为"很可能跟这事一样，我做其他什么事都要泡汤"。

但是现在他愿意谈论在越南那段时期的回忆了。他是个卫生员，他的分队缺少血浆——指挥官派他到另一个小分队获得新的血浆供应。他快速穿过战场拿起血浆，又快速往回跑，一枚火箭弹在他头顶上方爆炸，他被炸得不省人事。醒过来以后他也不知道昏迷了多久，两个胳膊的关节都脱位了。他俯身用牙齿把装血浆的袋子叼起来，快速跑回分队。当他放下袋子，转过身来，他的指挥官跑过来对他说："恭喜你，你刚刚杀死了两个人。"——他去得太久了。

我们一起开始处理这段涉及指挥官和权威问题的记忆，以及这段记忆怎样和他的父亲产生千丝万缕的联系。在我们正确处理了这段记忆使其不再困扰他以后，他觉得"我现在能舒舒服服地掌控一切事情了"。一个月以后在我检查他的疗效时，他对我说那阵阵恐慌袭上心头的感觉全都消失了。他说大概花了三天时间才认识到，当一架飞机从头上飞过时，他只是在想，"为什么这些飞机老在头上轰，就是飞不干净呢"，而不是拼命地找地方隐蔽。

正如通常情况下发生的，这些治疗后的改变都是自动出现的，开始时托尼甚至一点儿都没有意识到。他恐慌的反应之所以被引发，是因为那些不恰当地储存在他脑海中尚未得以处理的信息。在治疗期间，这些记忆从"困在那里"逐渐变成一段学习的经历，现在已经妥帖地在他脑海里储存起来，成为他这些全新的健康反应的基础。

最重要的一点是托尼在和权威人士相处时有问题，这种心理最初源于他和父亲之间的关系，但正是那场可怕的战争经历储存在他的记忆网络里，直接与恐慌袭来的感觉产生了联系。他参加战争时是个卫生员，他的愿望就是帮人减轻疼痛和苦楚。长官告诉他，他杀死了两个战友，尽管他已竭尽全力去救人（自己被炸得不省人事两只手臂都已脱白还是苦苦支持，整个人处在痛苦和劳累中）。这种经历放在任何人身上都会引发心理问题。但问题是这些心理问题将会持续多长时间？如果随着时间的流逝这些问题就是迟迟难以消除，那么就需要我们加以关注。

找到最关键的标准记忆

如我们前面所讨论的，大部分的症状、消极的性格特征、长期困扰的情感和信念都是由未处理的记忆引发的，这些记忆目前储存在大脑中。为了解释当前的某个经历，我们的知觉（我们见到、听到和感觉到的一切）必须要和现有的记忆网络建立联系。一旦某个未处理的记忆被当前情况下的一些相似经历所激发（那段记忆中包含有早年岁月里令人痛苦的情感、信念和感受），我们就会以一种扭曲的方式来感受周围的世界。哪怕我们已经是30、40、50、60岁甚至更大岁数，好像我们正在握着年轻时自己的手，并且它在告诉我们现在该怎么做。

在眼动脱敏与再处理疗法中，**为当前某个特定问题奠定基础的、最早的且未经处理的记忆，被称为"标准记忆"**。现在你就可以开始专注于一些问题领域以及与之相联系的潜在记忆。但是，未经处理的标准记忆一旦触发，令人痛苦的童年知觉就会随之出现，所以在开始探索之前，我们想再次确认大家都能使用第3章刚刚学过的那些自我控制的技巧。请一定要保证已经彻底学习过这些技巧。

我们将会使用在临床实践和研究中广泛采用的一个 0 到 10 级的情感障碍量表。它被称为**主观痛苦感觉单位量表**（Subjective Units of Distress, SUD）。从现在起，我会让你记下你的 SUD 水平，这就是它的具体意思——从 0 级（没有痛苦）到 10 级（极度痛苦）来衡量，你的感觉有多糟糕。

现在请想想困扰着你的某件事情，其痛苦程度大概位于 10 级量表的 4～5 级水平，再使用改变呼吸方式的技巧或者找回你的安全/平静地带的办法。如果这种消极的感受消失不见，那么你可以继续做本章中的其他练习，因为这显示了你能够顺利使用那些技巧来处理任何有可能出现的障碍。大多数情况下，做几次深呼吸，如果有必要，想一想你的安全/平静地带里的一些积极的景象，就足以将你心里的阴霾一扫而空。但是，一定要考虑我所前面所提到的那些警告。如果你已经因为复杂的心理病症在接受治疗，或者感觉你可能罹患心理疾病，那就请你不要贸然做这些记忆探索的练习。在这种情况下，个人记忆探索最好是在医师指导下进行，而本书只能用来获得更加普遍的信息。

一般来说，在我们人生的大部分时间里，**大部分的痛苦和煎熬都是由 10 到 20 个没有处理的记忆所引发的**。这些记忆包含了原始事件发生时你所经历的所有情感、知觉和身体感受。虽然当时事件的具体印象可能在目前并不会蓦然出现，不像患有创伤后应激障碍的人那样眼前总是出现受伤的情形，但你有可能出现那些消极的自我对话与当时消极经历发生时你的观点之间有着直接的联系。你心头的结、胸中的压抑、害怕的感觉、羞愧和无能为力等都和早年的事件之间有着直接联系。以下的两个练习能够帮助识别构成现在种种问题基础的一些早年经历。

我们在每一章都会探索人生的不同侧面。所以，如果你想密切关注自己发现的点点滴滴，那就拿一本笔记本，将你所有的反应都记下来。

从最近的事件开始

和任何其他形式的治疗一样，眼动脱敏与再处理疗法一开始时也需要患者指出最近让自己感到困扰的情况。如果问题的解决途径是需要这个人去搜集信息，或者确定要采取哪些方法来解决问题，那么这样的痛苦很快就会烟消云散。

在很多例子中，不论是在治疗过程里还是在现实生活中，解决过程都能通过阅读或者谈话自然地发生，目的是建立适当的联系。这也是所有的学习过程得以发生的方式——通过在记忆网络之间建立起必要的联系。

但是，当症状通过这种方式并没有得到改观，那么常常就有必要接受更多的直接治疗。这时开始认识到这个问题涉及一个未处理的记忆就很重要，因为记忆储存在脑海里的方式不允许新的学习过程发生。

你为自己的反应所找到的原因可能显得合情合理，比如，"如果有人工作不称职，我总是气不打一处来。你说说，工作都做不好还能干什么？我真的气坏了！"但是这些情况生活中无时无刻不在发生！你随便看看周围的工作环境，就会看到别人并不都像你这样气破肚肠。

为什么会这样？有个来我这儿就医的人，对他来说这是因为他在越战期间服役的一段亲身经历：要是有人工作不称职，就意味着别人得为此送命。在眼动脱敏与在处理的治疗期间，他意识到："根本没人会因此而送命，不过是一堆电脑而已。没什么事情是无法推倒重来的。"对另一个患者而言，其根源竟然是一次在教室被人羞辱的经历，一个他信得过的朋友把他们两个人共同的任务完全搞砸了。

如果你找到最近困扰你的某件事情，并且这件事引起的困扰经常让你感到怒气冲冲，我们就会去寻找标准记忆。因为你当前的知觉和一个记忆网络连接在一起，如果其中包含着一段未处理的经历，那些编码后的早年烦恼情感和身体感受都会重新出现，扰乱你对当前事件的正确认识。在这种情况下，当前的情境就在触发过去的困扰。

要系统地关注所发现的一切，请在笔记本第一页写上**"标准记录表"**，然后沿着这页的中间往下画一条直线，在左边这列上方写"最近发生的事情"，在右边这列上方写"记忆"。

开始练习之前，请先确定某个最近让你伤心的情况或者让你感到烦恼的情况。这种情况可能是，你明知道自己反应过度但情绪上还是没有好转。用主观痛苦感觉单位量表来衡量，如果 0 表示恰如其分，10 表示能想象到的极度困扰，那么选择的这个烦恼应该至少是 6 才行。在笔记本第一页，在"最近发生的事

情"的题头下面,写上一个简单的句子描述所发生的事情。只要写几个字,以后翻回来看时还记得是什么事就行了。接下来我们学习一个有效的技巧,以找到与最近这件事相关的标准记忆。

情绪反应扫描

下面请依照后面的指示来专心思考最近让你感到困惑的事情。一定要保证在完成练习后使用改变呼吸方式的技巧或者回归安全/平静地带的技巧。请跟随这件困扰你的事情一步一步往下做,一直把十个步骤都做完。这个技巧被称为"情绪反应扫描"(Affect Scan),它主要关注的是你所感受到的情感和身体感受。如果这个练习对你不起作用,也不要担心。

在开始之前请把从1到5这五个步骤通读一遍,然后看看有没有什么答案需要先写下来,然后再做下面5个步骤。

1. 当你想到这件事时,最让你感到烦恼不安的是哪个部分?

2. 这个记忆中的什么景象代表了这件事最糟糕的部分?例如,当事人表现出的样子,或者说过的什么话,或者什么时候走开,或者你预料以后要出什么问题,等等。如果没有什么景象可以代表这件事,那就想想这件事最糟糕的部分。

3. 当你在脑子里不停回想这个景象/事件,你会出现什么样的情感?

4. 你在身体的什么部位感受到这种情感?

5. 伴随这种情感而来的是什么样的消极想法?

6. 现在把记忆中的景象和消极想法放到一起,体会身体的感受。

7. 集中注意力专注这些感受,让你的思想回溯到童年时期,注意脑海中浮现出的最早的记忆,而你那时的感受和现在一模一样。

8. 在SUD量表上(0到10),过去的记忆给现在带来的痛苦感受是几级?

9. 如果你感觉身体变得越来越糟,和/或SUD水平在3级以上,那么这段记忆很可能并没有得到全面的处理。如果这样,选出几个词作为暗示,以便让你辨认出这段童年记忆(例如,在商场里跑丢,野营时被扇耳光,遭父母忽略,一个人在地下室,班上偷东西被抓到等)。

10. 在"最近发生的事"相对应的"记忆"一栏写下你的记忆，包括这件事发生时你多大年龄，同时写下你的SUD水平。

回到平静水平

在使用情绪反应扫描后，一定要保证使用改变呼吸方式的技巧或者回到安全/平静地带的办法让自己回复平静。如果童年时期的景象实在太过让人不安，你也可以想象它在一罐颜料的最上面，把它胡乱搅动一气。**颜料罐的技巧**能帮助你将这景象驱除出去，就像卡通角色的技巧能帮助大家处理消极的自我对话。短暂休息一会儿，以便更好地进入安全/平静地带。

如果这个技巧对你很有作用，并且你确认了一个现在还在困扰你的早年记忆，这个未经处理的记忆很可能为你当前情况下的反应奠定了基础。知道这一点能让你对是什么操纵了你有一个更好的了解。此外，知道你目前的种种反应乃是由于你过去的经历所导致的，也有助于为你提供适当的距离，让你在消极情感出现时能更好地加以处理。当你意识到记忆受到触发时，可以使用学过的技巧来让自己回到平静的状态，在后面的章节中我们还会介绍一些其他技巧。

接下来的部分我们将会帮助你更好地理解你的反应，然后在发现自己的反应已经变成问题时，你就能更好地辨认出这些反应的根源。**我们的最终目标是发现我们如何感受，让自己能拥有更多的选择，而不是无意识地受我们难以掌控的情感任意驱使。**

消极认知来源于记忆

乔恩发现自己越来越难胜任工作。他将人生目标设定得非常非常低，每到一个人生转折点他都预计自己要失败。他特别容易生气发火，不管在家里还是在工作场所。这已经危及他的家庭和事业了。

在眼动脱敏和再处理治疗中，我们涉及**消极认知**——是指一些特殊类型的消极信念。有些形式的治疗会通过质询、书面作业和采取不同方法看待等方式来处理乔恩的消极信念。而在眼动脱敏和再处理治疗中，那些消极的信念被确认，是为了获取并激发那些需要加以处理的记忆。这些消极认知就是用言语表达出来的情感和想法，它们都属于未处理的记忆的一部分。针对乔恩的情况，当他想到最近在工作上发生的事情时，他的消极认知就是"我就是个失败者"。

乔恩和他的眼动脱敏和再处理的心理医生使用了"回溯"（Floatback）的技巧（我们将在本章学习这个技巧）来确认引发他的问题根源的那段记忆。他的标准记忆来自他父亲在他四岁时对他毫无来由的一顿痛打。后来这种体罚一直持续到他16岁时离开家庭才结束。结果证明，当人们使用一种跟小时候他爸爸曾经用过的语气或言辞差不多的方式说话时，他的记忆马上就被激发出来。例如在工作时或在家里面有人使用的语气和他从前的记忆联系在一起，把他过去那种无能、生气和痛苦的感觉都勾出来——所以他猛烈回击他们。在处理了这段记忆以后，他的怒火不再发作。那种语调再也勾不起他的回忆，而他那种失败者的感觉也消失了，取而代之的是一种积极的信念"我能够变为成功者"。

找出你的消极认知

为了确认导致你种种不良反应的消极认知，请先想一想本章开始时我们要你思考的最近让你烦恼的事情。有个消极认知会和这件事正好相匹配，并且和那件为你的消极反应奠定基础的童年事件匹配。你可以想出这件事，或者使用我们下面将要介绍的一份消极认知的列表。

消极认知并不是一个描述，如果你的同事不停把事情办砸，勾起你的不良反应，那么这种消极认知不会是"我被他完全搞懵了"或者"他真是无能之极"，而一般会是诸如"我软弱无力"这类的反应，因为这描述了你在这种情况下对自己的看法。

涉及童年事件，"爸爸那时老喜欢骂人打人"也并不是一个消极认知。这是一个事实陈述，如乔恩的案例所显示的。"妈妈在我小时候并不爱我"也不是个消极认知，它是在描述一个事实。这件事让你对自己产生什么样的感觉？这种感觉很可能是"我这个人真没什么分量"或者"我一点儿都不招人疼惹人爱"。这两者都属于消极认知。同样地,如果一个被人强奸的人来寻求治疗并且说"我当时的处境极度危险",这描述的是真实情形,而且这并不是一个不理性的认知。但是如果那段遭受强奸的记忆没有得到适当处理,她一想到当时的情形,就感到"我现在的处境极度危险",这就是不理性的看法,因为她目前的处境其实是安全的。她现在待在心理医生的办公室里,自然安全无恙。但是不理性的消极认知描述了她现在所经历的感受,这些话就是典型症状。它们是对大脑储存的信息的一个表述,所以使用我们此时此刻感受到的消极认知来辨认为其煽风点火的那些未经处理的记忆。如果你辨认出消极认知,并且它和你在笔记本上写下来的"最近发生的事情"相吻合,那么请你在这个事件下方记下这个认知。同样,一个消极认知应该符合另一栏中的记忆。

例如,乔恩笔记本上的条目所记载的四岁时发生在他身上的事情看起来就应该是这个样子:

最近发生的事情	记忆
工作场所对拉里大吼大叫	四岁时——被爸爸痛打一顿
我就是个失败者	(SUD 8级水平)

确认你的消极认知类型

我们虽然可以有众多方法来表达自己的痛苦悲伤,但一般地说它们无非都属于以下三种类型。

★ 负罪感(我犯了错或做错事)

★ 缺乏安全感

★ 缺乏控制感/力量

如果我让你浏览下面的一份认知方式的列表,你就能发现许多不同的句子可以用来表达属于这三种类型的消极认知了。例如,在"负罪感"这一栏的下面,就有很多不同的方式显示出人们可能会感觉自己有点儿人格缺陷,"我一点都不惹人爱""我不够好"等诸如此类。尽管我们可能清醒地认识到这些消极认知并不是事实，但是它们用词语表达出了我们心中的确切感受，而这正是你在不同环境下对自己的真实看法，并且最终控制了你的生活。

例如，你可以回想并确认你人生中出现的第一条消极的记忆。既然那时你还是个孩子，这种认知很可能和感到自己毫无力量、不够优秀或者不够安全有关。抑或三者兼而有之。现在看看那段记忆，哪一种类型最为合适？感到自己能力有点不足？不够安全？缺乏控制感？看看同样的感觉在你目前一些反应过度的处境中是否还是很吻合，这可能会很有意思。下面的表格将包含这些感受，并且用具体的词语描述这些感受，将它们归入以上三种不同类型。将这些感觉用词语表达出来将有助于你更好地理解自己，辨认出引发这些消极感受的不好回忆。

在你阅读这张表格时，请记住这些消极认知所描述的是我们在最低谷时所经历的感受。一般来说，它们在童年时期便开始出现，那时我们别无选择。有时候这些认知是因为别人对我们无情或者冷漠而导致的。有时候它们是由彻底的误解而引发。就像一个小男孩突然不愿意穿鞋并且特别害怕鞋子。心理医生发现在他奶奶去世时，父母告诉他"奶奶的灵魂已经升入天堂"，所以小男孩自此害怕他鞋子的"灵魂"也会让他消失不见。㊀

负罪感：觉得自己性格有缺陷

消极认知	积极认知	消极认知	积极认知
我不值得别人爱	我值得别人去爱；我能让别人爱我	我很丑（我的身体令人憎恶）	我还不错（有魅力/可爱）
我是个坏人	我是个好人（可爱的人）	我不配得……	我能拥有（值得拥有）……
我太可怕了	我这样挺好	我真傻（不够聪明）	我聪明睿智（学习能力强）
我一钱不值（能力太差）	我名副其实，我实至名归	我微不足道（不值一提）	我至关重要（举足轻重）
我真丢人	我很体面正直	我只会让人失望	我这样就挺不错
我一点儿也不可爱，不招人喜欢	我挺有人缘	我真该去死	我活着挺好的
我不够好	我这样已经难能可贵（很好/没问题）	我就是个苦命人	我是个快乐的人
坏事就只轮到我头上 我总是受伤害	好事会轮到我头上 我很健康/能健康生活	我跟人不一样（太另类）	我就这样我行我素

㊀ 英语中"鞋跟"（sole）和灵魂（soul）是同音字。——译者注

缺乏安全感（脆弱易受伤）			
消极认知	积极认知	消极认知	积极认知
我无法相信任何人	我知道该相信什么人	我现在太不安全了	我现在安全了
我现在的处境有危险	这事已经过去了，我现在很安全	我现在感受（表现）这些情感不合适（不安全）	我现在感受（表现）这些情感很安全

缺乏控制感（力量）			
消极认知	积极认知	消极认知	积极认知
我现在无法控制一切	现在一切尽在我掌握之中	我是个失败者（将会失败）	我能取得成功
我毫无力量（孤立无助）	现在我有很多选择	我无法取得成功	我能够取得成功
我想要的东西总是得不到	我想要的东西能得到	我一定要完美无缺	我可以做我自己（可以犯错误）
我不能为自己的利益挺身而出	我能合理表达自己的诉求	我无法处理这件事	我能够处理好这件事
我无法释放自己的积郁	我可以抒发自己的愤懑	我无法相信任何人	我知道该相信什么人
我无法相信自己	我能够（学会）相信自己		

想一想最近三件让你烦心的事情（或者这一年来最困扰你的事情），特别是那些你觉得自己反应有点过火的事情，把这三件事写在"最近发生的事情"这一栏里面，每件事下面留几行空格。然后再看看"消极认知"这张表。心里想着第一件事情，看看哪一种消极认知最适合它，然后在这件事下面写上这个消极认知。如果你有这样的感受/看法——"这是我的错，我不该这样做"，那么请问自己这样的问题：这一点告诉了我什么信息？即，这有没有让你认为"我真丢人/我真傻/我是个坏人"？然后选择一个最适合的消极认知，在"最近发生的事情"下面写出来。如果你找不到合适的消极认知，那暂时就让这一栏先空着。

你可以看到，也有一栏积极认知，和消极认知正好相反。如果你长大以后，或者在任何具体环境中得到了相反的信息，那么这才是你的正常感受。你不再觉得"我有很多缺点"，而是感觉"我实至名归"。同样，这也是个"不需要指责任何人"的情况。

将我们的种种感受用词语表达出来，成为消极认知，让我们更加了解控制无意识的过程和各种记忆。现在我们不是只有一种"感受"，而是可以看到伴随这些感受而来的想法和信念的具体类型。我们不必过度难为自己，一定要找到消极认知不可。它只是我们大脑中存储的记忆激发出反应的一个症状。

让我们看看最近发生在你身上的其他令人烦恼的情况中有多少包含同样的情感和消极认知。它们是一模一样还是有所不同？在你确认了伴随第一件事而来的消极认知以后，请接着去看你写在"最近发生的事情"一栏里的其他事情，尝试同样的步骤。请写一个简单的句子来描述一下这件事，然后在下面写上其中一个最能描述你当时感受的消极认知。如果你无法辨认出最近发生的事情中所体现出的消极认知，那暂时就让它空着吧。

现在花一点时间来检查所发现的结果。是不是所有的事情都包含着同样的消极认知？还是它们虽有所不同但都属于负罪感、安全感或者控制感中的某一类型？还是它们分属不同的类型？

用"回溯"技巧找到相关记忆

如果你想要找出这些消极认知都来自哪里，可以尝试一下在眼动脱敏与再处理疗法中常做的另一个练习，也被称为"回溯"（Floatback）的技巧。它为情绪反应扫描添加了另一个成分，经常能帮我们引导出更多的记忆。通过使用消极认知来帮助我们获得具体的记忆，它同时还能让我们更好地理解到底是什么在控制我们的表现。请大家记住，在心理医生的协助下做这个练习会更容易，但是这个练习为个人探索打开了一扇大门，只要你发现你的安全／平静地带和改变呼吸方式的技巧已经能收放自如，足以消除各种干扰就行。要做到这一点，你可以选择确认过的最近一件事情，按照下面的指示一步步去做。一定要确保你在找到相关记忆以后马上停下来，然后使用改变呼吸方式的技巧或者安全／平静地带的方法让自己重新回到平静状态。然后在记忆一栏里写下这个标准记忆。

下面给大家举个例子来展示一下这个技巧该怎样应用：

桑德拉是一家大公司的培训师，她的工作很重要的一个部分就是在一大群人面前侃侃而谈。但是她太过紧张焦虑，每次上台前都要设法喝上一两杯酒壮壮胆才能成行。她找到了自己的消极认知是"我不够出色"。"回溯"的技巧为她带回了从前的记忆，那时候她还在读四年级。老师挑出几个孩子，给下一年将要接手教他们的新老师逐个介绍。她的老师让桑德拉站起来，然后告诉下一年教她的老师说："她是个怪胎。"

最近发生的事情	记忆
在休斯敦做报告	十岁时——阿尔伯特说"她是个怪胎"
我不够出色	SUD 7级水平

同理，我们要记住这世上根本没什么"应该"。如果什么事都没有发生，那也不要去庸人自扰。如果对于最近发生的烦心事来说它没有轻易地运用成功，那就试一试另外一件事。对有些人而言，在心理医生的帮助指导下完成这个过程会很有必要。对另一些人而言，很多不同的回忆可能都会和同一个情感联系在一起。所以不要对数字斤斤计较。只要快速记下最早的记忆和最烦心事情的关键词即可。一定要确保使用改变呼吸方式的技巧和安全/平静地带这个方法来回到平静状态。

回溯技巧

1. 在你想到消极认知和最近发生的事情时，思绪不要转移。在你身体的什么地方能够感受到它们？
2. 在你想到最近的事情和消极认知时，注意身体感受的变化，然后让思绪漂移到你的童年时代。当你有同样感受时，什么记忆会出现在脑海里？如果有什么东西自动来到脑海里，那么请在回忆一栏里把它记录下来，同时写上年龄以及SUD的水平。
3. 使用一些提示词，列出最早的和最高SUD水平的那些记忆。
4. 把以上这些放在"最近发生的事"隔壁的一栏里。

如果你无法确定任何一件事中所包含的合适的消极认知，那么请使用本章前面部分我们介绍过的情绪扫描这个技巧。如果你确认了一个标准记忆，那么请通读一遍前面的消极认知表格，看看哪一条认知最合适。当你的脑子里不断回想以前那个记忆时，你对这件事现在的感受怎么样？有时候比起深陷在当前各种情况的反应中不能自拔，在静静回首过去的记忆时确认这种消极认知要更容易些。但不论是用哪种方法，一旦认出一个感觉不会错的消极认知，你常常会发现这个消极认知既和过去的记忆吻合，又跟现在的情况一致。那么就可以把它写在适当的栏目中。

　　现在请花点时间来好好查看自己所发现的一切。在你查看写在"记忆"一栏里的早年种种经历时，你有没有明白它们是怎样一直在输送你的各种反应？你能否看到这些经历的触角以任何一种方式紧紧缠住你的现在不放？例如，你现在有没有注意到你在工作场所和家庭里的种种反应都是拜你童年时的同样感受所赐，或者是不同的事件招致你不同的反应？

你正在往好的方向转变

　　我们在接下来的章节里将一起做更多的练习并探索更多的问题，但是对那些已经可以辨认自己种种记忆的人，这是个很不错的开端。而对那些以前并不会辨认自己各种记忆的人，随着我们对大家记忆网络的不同侧面不断加以曝光解释，辨认记忆就会越来越容易。大家一定要记住，因为每个人童年经历中所深藏的特征各不相同，有些人可能需要获得更多的帮助。这里并没有什么需要自省责备，只是在为我们提供信息而已。即使你没有找到适合的记忆，如果你找到了自己的消极认知，这就意味着当伴随这些消极认知一同而来的种种感受在当前被激发出来时，你就能辨认出它们。我们还会做其他一些练习，可能会对你起作用。

　　某种程度上，不论是独自一人还是在心理医生的帮助下，人们一般都能辨认出引发目前种种问题的10到20个记忆。这些记忆一般都会引发某个身体反应。也就是说，当你闭上眼睛脑子里想着这些记忆时，你可以感觉到自己的身体能够反映出和/或记清当时的种种想法和感受。这些记忆没有得到全面的处理，每一个记忆都能直接影响当前的幸福感。有些记忆在形成你的人格方面起了一定作用，有些记忆一旦受到触动马上会跳出来噬咬你。

虽然很多记忆可能引发身体上的种种反应，但相似的经历一般都会在同一个记忆网络里彼此联系起来。重大的心理创伤可能会在任意一个年龄发作，并一直保持未处理的状态。除此以外，**最早的创伤记忆或者最纠缠困扰的记忆则是构成当前种种问题的关键**。如果这些关键性的标准记忆得到适当处理，同一记忆网络中很多其他相关联的记忆也会自然而然地得到改变。一旦这些记忆得以适当存储在脑海里，那些纠缠不去的情感、想法和身体感受就再也不会卷土重来了。相反，伴随"我活得值""我必能成功"和"我有多种选择"这些感觉一起而来的积极的情感和想法也会油然而生。

有很多不同的方法可以应对你目前处境里的消极反应。其中一种方法涉及在各种心理障碍发生时能自我监控以及使用不同的自我控制技巧来应付它们。既然前面的练习已经显示出早年的种种记忆怎样与你目前的一些消极看法和反应产生联系，现在就可以看出控制你的具体模式。这意味着你可能对自己的种种反应变得更加敏感起来，也许你会这样说，"这正是我的问题"，而不是陷在这种情感中不能自拔。当你觉得自己开始生气、害怕、悲伤、有危险时，你可以使用改变呼吸方式的技巧或者安全/平静地带的方法。如果你发现正被消极的自我对话所包围，你可以运用卡通角色的技巧。如果头脑里有什么形象不断骚扰你，你可以使用颜料罐的技巧将其搅出去，或者使用水龙头或雨刮器的技巧将其冲走。这些技巧以及后面将要学习的其他技巧可以帮助你从一种思想/情感状态转移到另一种思想/情感状态。**比起从愤怒或没有安全感的状态出发，从安全或平静状态出发，可以做出更好的选择。**

每天坚持做TICES记录

因为眼动脱敏与再处理疗法的一个目标就是处理引发当前种种问题的各类回忆，所以要求患者确认出何时会出现一些引发他们各种心理障碍的情况。要做到这一点，其中一个有用的方法就是每天坚持做TICES记录，这样你就可以监控自己的种种反应。

TICES 记录

将笔记本翻到新的一页,画竖线把这页分成五栏。第一栏写上字母T,第二栏写上字母I,以此类推。在这些栏目里可以写上简单几个字——着重描述目前困扰你的情境中你的各种不同反应。

T代表的是诱因(trigger)。我们大家都知道,当前的情况会和你的记忆网络相联系。如果你反应过度,一般是因为目前的情况引发了早期一个未经适当处理的记忆。那么以前到底发生了什么呢?是不是家庭里的一场吵架、一个眼神、一个手势,某人说过什么话让你感到很受伤或者很孤独,还是一个有问题的同事?只要写下几个字能让你记得以前发生的事就行了。

I代表的是形象(image)。当你现在想到当年发生的事情时,脑海里面浮现的是什么样的形象?对多数人而言,这个形象都是当年所发生的事情里最糟糕的部分。正是这部分让你感觉如鲠在喉,让你想到它时臊得满脸通红,让你怒气冲冲,伤心难过,种种感觉不一而足。

C代表的是认知(cognition)。请在前面表格列举的各种消极认知中选择一种,最能描述当你想到这件事时心里的具体感受。

E代表的是情感(emotion)。现在当你想到这件事时心里涌现的是什么样的情感?

S代表的是身体感受(sensation)和主观痛苦感觉单位(SUD)。你在身体的什么位置感觉到它?它的主观痛苦感觉单位又处在什么水平?

一旦你记下了这些反应,一定要保证使用你的安全/平静地带或者改变呼吸方式的技巧让自己回到平静状态。

请记住,并不是所有的烦恼经历都来自童年时期。重大心理创伤可能在任何年龄段都会留下深刻影响。例如,来做心理治疗的德里克是名退伍军人,参加过伊拉克战争。使用上面提到的TICES记录让德里克和他的心理医生确认出困扰他的具体情况进而寻找任何过度反应的经历。比如,在他从伊拉克战场回到家里以后,他发现每次听到儿子帕克哭闹时就变得心烦意乱。如果抱着儿子时发生这样的情况,他就不得不把帕克赶紧交给妻子。伴随而来的消极认知就是"我对付不了这种情况"。他的TICES记录是这个样子:

T	I	C	E	S
帕克哭闹	脸上泪水横流	我没办法处理	悲伤/羞愧	胸口/肚子,SUD 8级

在德里克和他的心理医生一起看过他的TICES记录以后,他们使用了"回溯"技巧。结果发现他的问题可以追溯到战争期间发生的一件事。在一场对峙中,一名女性被挟持当作人质,在接下来发生的交火中这名女性被打死,她的儿子出来后不停哭闹着要他的妈妈。整个排里的人自然被这件事深深困扰,尽管当时那种情况他们没有办法可以阻止这场交战的发生。但对德里克而言,过去的这次战争经历带给他的情感障碍保存在他的记忆中未作任何处理,现在被他儿子的哭闹所引发。在这段记忆得到适当处理以后,德里克再也没有对儿子的哭闹反应过度,并且能够尽情享受和儿子在一起的快乐时光。

如何利用TICES记录

不论是工作上表现差劲还是与家人关系不睦,抑或是朋友不和、路人反目、反应过度的行为通常都是未经处理的记忆引发的。如果使用TICES记录,你就可以选择很多方法来利用这个信息。

1. 你可以使用"回溯"或者"情绪反应扫描"的办法,利用答案确认促使你做出过度反应的记忆。如果你要这样做,那么请在你的标准表格的相应栏目里写下最近发生的事情、消极认知和记忆(同时写上年龄和SUD水平)。如果你已经确认了记忆,那请在后面画上一个星号。这将有助于帮你辨认出在有力控制你的表现方面的那些记忆。在后面的章节里我会告诉大家更多不同的方法,来帮你组织整理这份标准记忆表。

2. 你可以记录有多少次你对不同的情况采取消极反应,并且注意这些反应是不是都在围绕某些特定的情感和消极认知。

3. 你能认出这些反应并不神秘莫测。它们也不是时有时无。它们都是对某些类型的情况具体实在的反应，这些情况引发了未经处理的记忆，进而引出那些令人烦恼的想法、情感和身体反应。

TICES记录使你更加清醒和警惕

你也许会觉得害怕、悲伤、生气、处境危险或是一筹莫展，但是现在你也明确意识到自己为什么会出现这样的反应。你已经不再是这些感觉的俘虏，而是可以观察这些反应并且采取适当的措施来应付它们。每天坚持做 TICES 记录将会让你有机会来回顾自己的一天，明确该将重点放在什么地方。你只是偶尔有一些消极反应，还是这些消极反应时常出现？这些消极反应出现时是只会涉及你生活中的某一个人，还是有很多人都牵涉其中？这种反应是主要在你和家人共处时发生，还是在你工作时、和某些朋友相处时、和熟人打交道时、和陌生人接触时，或一个人独处时发生？

你的 TICES 记录使你变得更加清醒，不仅明白自己是什么人，而且明白什么类型的经历和记忆在控制你。这样，你就能在陷入这些类型的情况之前采取措施，未雨绸缪。它还能让你时时保持警惕，以便能使用那些自我控制的技巧来处理消极反应，并迅速回到更有适应能力的状态中来。在本书后面章节里我们还要学习更多这样的技巧。

你娴熟使用这些技巧的经验也会帮你判断自己是否能从一个心理医生的帮助中真正获益。有些记忆就是要比其他记忆更麻烦。有时候单靠自我监控和决断还远远不够。有时候，那些消极情感实在太过顽固，让人难以从中抽身而退。如果你总是不停被同样的事情引发消极情感，那么在一位训练有素的心理医生的指导下将某些记忆适当处理可能会大有裨益。如何找到合适的心理医生并从中选择，其指导原则都放在附录 2 里面。这和其他任何类型的身体疾病一样都需要我们加以关注。你的大脑和身体其他任何部位没什么两样。如果手臂断了你会毫不犹豫地去找外科医生将它接上，然后让它慢慢自行愈合。但是如果没有专业的医生帮你将手臂里摔断了的骨头先行接续上，你身体的自愈技能丝毫发挥不了作用。对于你大脑中的记忆和信息处理系统而言，道理也完全适用。

在接下来的章节里，我们将会确认更多控制你的反应的记忆，同时还会探索影响全世界范围内上百万人的几个问题领域。如果有些描述给你拉响了警钟，那么就进一步了解到底是什么在控制你的种种表现以及你生活中其他人（你心爱的人，喜欢的人或其他类型的人）的表现。

第5章
不安全的父母,不安全的依恋

本章我们将更为深入地探讨为什么人们会发展出消极的自我感觉,同时我们还会探讨很多人在生活中一直不能找到满足感和幸福感的原因。最好的启程地点就是从头开始。来自父母的关爱应该是一切生灵的跳板。婴儿应该受到细心养育呵护,因为我们本能地被连接起来以确保种族得以代代相传。正是通过父母的关爱我们才了解世界万物的运行方式,知道生命异常宝贵,能够实现人生中的目标。正是有人疼爱才让我们学会回报他人的关爱。只是有时候事情并非都是按这样的方式发展。

为什么我不爱自己的女儿

露西尔刚怀上第一胎。一家人都很开心激动,热切期盼着孩子降生这件大事的到来。但是露西尔却迫不及待地希望这事早完早了。可惜的是,就在她刚得知自己怀孕的这个消息时,她丈夫却被调动工作,迫使他们搬家,离开朋友和家人。更为雪上加霜的是,她怀孕的反应特别厉害——不停恶心反胃,九个多月大部分时间每天都要呕吐好几次。而孩子出生也没少折腾她。她忍受剧烈的疼痛,几乎把该受的罪都受完了,最后还是不得不做紧急剖腹产手术。等露西尔醒过来以后,她让人把孩子抱给她看一看。但是护士说等到第二天早上才行。等他们最终把她的宝贝女儿抱过来,放在她的怀里,她低头看了一眼,心里想:"肯定有什么地方不对劲。我什么感觉也没有。"

露西尔真心想要疼爱艾米,可她就是做不到。虽然她想尽一切办法对女儿好,但她的心怎么都不在女儿身上。相反,她只是感到身体疲惫,心情抑郁。事实上,她因为对女儿生不起一点怜爱疼惜之情而愧疚得无地自容。但是,这并不是露西尔的错,也不是艾米的错。那些怀孕和生产期间未经处理的记忆储存在露西尔的脑海里,艾米的出现不断诱发出那些消极情感和身体感受。

露西尔尝试了一些抗抑郁药物,也做了一些心理咨询。但是这些都无法改变她对孩子的那种感觉。虽然她抱着孩子并给她喂奶,每次孩子一哭就递给她一只奶瓶,孩子尿了就给她换尿不湿,可她就是泛不起一点儿疼爱或者抚育的柔情。相反,她的感情不断在悲哀、焦虑和愤怒之间循环。露西尔通过自己怀抱和触摸艾米的方式把她的痛苦也传递给了孩子。因此,她的女儿变得烦躁不安,并且有疝气痛,这让事情变得越来越糟糕。这不过是一系列问题的开始,这些问题的根源都是由于缺乏真正的养育和关爱。但这种情况艾米和露西尔两个人都没有错。艾米可能长大以后感觉爹不疼娘不爱,但其实她本来会深受父母疼爱。可惜的是,就因为在怀孕和生产时她的妈妈所遭遇的种种经历,使她妈妈的信息处理系统变得不堪一击。尽管露西尔不惜一切地想要去疼爱女儿,可她就是无法对艾米泛起爱心,因为未处理的消极经历挡在了她的路上。

通过眼动脱敏与再处理疗法,露西尔的问题得到了解决,主要是处理她怀孕期间的记忆和目前让她烦恼的状况,让她经历美好的感受——如果怀孕和生产的经历和现在有所不同,她肯定能体会到的那些美好感受。在经受眼动疗法以后,用露西尔的话来说,"艾米从我生活中的一个负担变成了我生活中全部的爱"。露西尔生活的重大转变挽救了艾米的一生,让她从充满悲伤和自我怀疑的漩涡里脱身出来。可是其他人也许就没有这样幸运了。总之一句话,**父母/子女之间的关系是帮助界定我们存在的一个重要基石。**

我想再次强调,有时候有些遗传因素会引发或者让我们容易以特定的方式来回应周围这个世界。例如，有些孩子天生对环境中存在的压力就有极大的反弹。这可能会给父母带来极大的挑战。正如前面说过的那样，这本书并不是要分清到底是谁的责任，而是为了理解人类的心理规律。既然我们探索影响父母和子女之间重要的早年关系的动力，如果你认识到家庭里存在任何一种这样的问题，那么这些对你将会很有用处。

不受父母疼爱的孩子

从小到大一直觉得不受父母疼爱的人很可能是正确的。有成千上万的女性都和露西尔处境差不多，但是她们却不知道怎么应对。对于这些女性而言，眼看所有的朋友都喜滋滋地把孩子生了下来，自己却在往后退缩，觉得毫无用处，非常空虚。这些反应的原因一般都和未处理的记忆有关，这些记忆涉及怀孕期间、生产期间和孩子出生后的各种身体或情感上的隔阂。其中包括怀孕期间反应厉害或生产费尽九牛二虎之力，孩子出生以后被迫和孩子分开一段时间，以及可能在孩子出生前几年的时间就开始出现的各种各样的损失和情感问题。下面我们列出一些最为常见的潜在原因。

身体离别

- ★ 妈妈在孩子出生时或者出生以后被迫跟孩子分开，或者几个月以后被迫和孩子分开。
- ★ 妈妈在生孩子时费尽九牛二虎之力。
- ★ 孩子早产或是出生时生病并且/或者住进重症监护病房或是恒温箱。
- ★ 妈妈在生孩子时打了麻药。
- ★ 孩子被人收养。
- ★ 有其他重要的分离情况发生。

情感离别

★ 妈妈在怀孕期间或孩子出生后出现情感问题。
★ 孩子出生两年以内妈妈的家庭有重要亲人离世。
★ 孩子出生两年以内妈妈有过流产经历。
★ 妈妈的婚姻出现严重问题，和/或妈妈和爸爸在孩子出生前或刚出生不久就分居了。
★ 妈妈在孩子出生时嗑药或者酗酒。
★ 妈妈在孩子出生前或者刚出生不久就搬家。
★ 夫妻遭遇严重的经济困难。
★ 这是意外怀上的孩子。
★ 孩子是双胞胎或者三胞胎。
★ 其他事情发生可能干扰到了母子之间的情感纽带。

露西尔对艾米缺乏爱心只是自发的情感和身体反应，建立在发生于她身上的所有事情的基础之上。我们想象一下那些消极的感受，包括搬到一个人生地不熟的地方，让她思乡情切、倍感孤独，怀孕期间极度恶心反胃、吃什么吐什么，生孩子时长时间的辛苦和疼痛，重大手术（剖腹产）和孩子出生以后她的身心俱疲以及抑郁的感觉。这些情况如果没有专业人士的帮助，对她的处理系统而言实在是太难以克服了。实际上，这些因素中的任意一个都足以让她的情感纽带无法建立起来。

父亲也可能会出现同样类型的困难，主要取决于其成长经历以及在孩子出生之前、出生时和出生以后他们所出现的压力类型。这也可以解释为什么有些孩子可能在同样的家庭环境中长大却感觉他们的父母只偏爱其他的兄弟姐妹，丝毫不爱他们。这种情况可能是真的，因为每个人出生时家里的情况都会有所不同。但是如果一个孩子觉得"妈妈和爸爸不爱我"，这种感觉一般和"肯定是我自己有什么问题"这样的感觉会同时出现。虽然这并不是实情，但这个消息在孩子的记忆系统里还是存储了起来。

有各种各样的因素影响产后（孩子出生以后）父母的情绪以及他们与孩子

建立情感纽带的能力，其中包括孩子出生时母亲饱受痛苦，配偶难以相处或者家庭关系不和，没有解决的童年创伤，没有解决的怀孕期间的种种大事和母亲荷尔蒙发生的生理变化。其中剖腹产的前后经历也可能会是问题的根源。考虑到现在接受剖腹产的孕妇变得越来越多，我这里要特别强调，虽然很多情况下剖腹产手术是不得已而为之，但是及时进行心理恢复和身体恢复，肯定会大有好处。

孩子如果感觉到没有人爱，其后果可能是毁灭性的。不管是嗷嗷待哺的婴儿还是蹒跚学步的幼儿，他们可能都显得永远得不得满足——抑郁、焦躁并且行为怪异。

当父母和子女之间一直缺少情感上的关爱和依恋，当父母反应迟钝一直合不上拍（对孩子的需求一直反应迟钝不够积极），结果可能让孩子持续一生问题不断，包括医学上和心理上的问题。很多这样的孩子在学校里都被认为是"捣蛋鬼"，而且在此后的人生中一直被贴上这样的标签。或者还会有基于所谓的"不安全的依恋类型"的其他消极反应。这也有助于解释我们怎样形成不同的性格特征，这不仅影响自己的身份认定，而且影响与他人之间的交往联系。实际上，这些依恋类型还能从一代人身上遗传给另一代人，因为父母和婴儿之间的交流实际上引发婴儿大脑的变化，决定了我们能在多大程度上有效地处理应对情感以及怎样看待自己。这些不同的依恋类型能够解释你在自己、家人或者朋友身上所辨认出的种种特征。

不安全的依恋类型

如果父母和子女之间相处融洽，它代表了一种"安全"的依恋类型。在人生第一年里，这些联系甚至会有助于孩子的大脑在某种程度上完全发育以帮助他们获得特定的能力，在面对压力时保持镇定，与他人友善相处。父母如果充满爱心并体贴入微，孩子就会时时哭着闹着到处找父母。父母和孩子之间的眼神交流和相互影响就像共舞一曲，两者的节奏完全一致。这种协调一致的相互影响贯穿孩子的整个童年，孩子的种种情感需求都能得到满足，为他们找到安全可靠的自我感觉和未来营造成功的人际关系奠定了基础。总是有各种各样的事情阻挡一个人的幸福感和快乐感，但是如上所述，欢快的家庭生活为人们提供了一个良好的开端。

可惜的是，有些父母和孩子的节奏总是不一致。心理学家估计这种问题发生的概率大概占到所有父母子女共处时间的35%——他们把这些不协调的情况称为"不安全的依恋类型"。例如，既有来自家庭教养也有来自后来的人生经历的原因，有些父母对特别亲近的关系、直接表达爱意以及其他热烈情感的行为觉得特别不自在。当孩子哭闹着要爸妈或者奔过去找他们，这些父母常常自然而然地把孩子挡开并疏远他们。

拿琼的例子来说，她告诉心理医生自己大概在10岁时看到一段录像拍摄的情形，现在哪怕到了40岁的年纪，她还是觉得耿耿于怀如芒刺在背。她妈妈坐在椅子上，琼走上来想亲她一下。妈妈马上把身子偏向一边，并且把身体往后仰，反复这样，不让琼亲到她。而且，妈妈从来也不会拥抱她一下或者使用诸如"我爱你"这样的字眼，因为她说老是"动不动就亲一口，东摸摸西摸摸"显得"很廉价，不值钱"。有一天，琼无意间听到她妈妈说起她喜欢襁褓中的婴儿，而不是会跑来跑去的孩子。孩子会说话、走路以后提的要求就多了起来。

长大以后，琼学会不要从妈妈或者爸爸那里去要求或是谋求什么安慰，爸爸和妈妈都是一个样。她长大以后觉得自己不招人喜欢，并且把各种情感深深埋在心底。既然从来都没有期待任何人来满足自己的各种需求，因此她觉得毫无理由去表达这些情感。

心理学家会说她的父母是"冷漠型依恋"——并且很有可能琼以后会以同样的方式来养育子女。这就是很多东西怎样从一代人那里传递到下一代人身上。琼的父母养育她的方式，正是他们被养育成人的方式。他们只是千方百计满足她身体的需求，而对她的情感需求置之不理。但是，他们这样做毫无恶意——甚至说他们缺乏爱心都不合适。他们养育子女的方式只是一种自然而然的反应，和他们亲眼所见父母以及兄弟姐妹养育子女的方式丝毫没有什么两样。这看起来是很自然的事情,事情本来就该这样去做。

另一种让人没有安全感的父母的依恋类型是"沉迷型依恋",这种依恋类型中父母那令人不安的人生经历常常浮上心头,让他们变得极其焦躁或是生气。有时候他们对孩子有求必应,但是一旦他们的"事情"被激发出来,他们就变得一点儿也不合拍了。他们的孩子懂得自己需要非常锲而不舍才能让要求得到满足,因此可能会变得焦躁不安、挑剔苛刻、难舍难分并且极度依赖。从根本上说就是没有安全感,这种感觉会一直持续到他们日后生活中的各种人际关系中。

剩下来的一种类型就是"混乱型依恋",在这种类型中,父母的创伤和受虐记忆导致他们进而将这种创伤传递给子女,主要通过一些令人恐惧的行为,例如摆臭脸、气得大发雷霆、举止粗暴和打骂孩子等,或者是通过令人焦躁的行为,如躲避退缩,或是通过可怕的面部表情等来传递。他们的子女发觉自己处在矛盾的境地。他们想要跑过去寻求安慰的那个人,恰恰也就是引发他们紧张焦虑的那个人。等他们到了上小学的年龄,混乱型的家庭子女可能就会变得支配并惩罚他们的父母——大吼大叫、大声发号施令或者达不到要求就大发脾气。有的孩子可能显得呆若木鸡或者心情抑郁。他们的焦虑可能会内心化,并且展示出"完美无缺"的行为,试图让每个人都皆大欢喜。从根本上说,和其他没有安全感的依恋类型一样,那些曾经困扰过父母的"罪过"也会传递到下一代人身上。

但是,和前面几种类型一样,这也不一定就意味着真的缺乏关爱。父母常常会说他们只是出于好心,想要确保孩子成长的过程一帆风顺。但是,他们养育子女的方式常常都来源于自发的反应,这些反应源自他们的家庭教养,只不过是被孩子的行为所激发出来。

珍娜的爸爸哈里,从小到大他的父母奉行的都是"孩子不打不成器"的教育思想。哈里的爸爸使用一条马鞭,一定要让所有子女乖乖听话,长大以后做个有责任感的人。相应地,哈里对孩子的不当行为的反应就是大声咆哮、打屁股和抽皮带。

珍娜是家里的老大,首当其冲地经受哈里的考验,从小到大都觉得自己时时刻刻要乖乖听话，这样才能不受责罚。但是她妹妹克莱拉，在珍娜挨打时常常会躲到床底下。她妹妹长大以后就变得时时焦虑和害怕。克莱拉心里百分之百肯定自己承受不了爸爸的责打，所以想尽方法变成透明人，凡事都打退堂鼓——安静的孩子不闯祸。后来的生活中她逐渐患上慢性抑郁症。

对于珍娜和克莱拉而言，她们俩的人生道路都被一个受过精神创伤的父亲所注定，他的"混乱型依恋"激发了体罚孩子的教育方式。但这并不是因为他根本不爱子女。他不过是受到自己家庭教养和未处理的记忆的锻造。

幸运的是，在需要的时候，消极的没有安全感的依恋类型可以通过与老师、教练、同龄人的互动以及心理治疗这些积极的经历来彻底加以改变。但是，首先要认识到，你在自己或者别人身上看到的种种问题很可能是基于这些来自童年时期未处理的经历，这样想会颇有帮助。

或许你已经为人父为人母，那就需要仔细看看自己那些自发迸出来的反应，因为它们可能对你的孩子产生难以磨灭的影响。你可能会说："嗯，我从来没有挨过打，而且我也从来不打孩子。"但是，言语有时候也能造成长期的伤害。例如，迈克尔的心理医生说，他所患上的抑郁症是她见过的最为严重的一个病例。他的自信心低到极点，并且生活几乎没有丝毫的动力。他的父母从来没有打过他。但是，他记得有很多次爸爸给他布置任务，比如打扫庭院，然后又愁眉苦脸一副不屑神情，并且说出这样的话："哦，你就只能干这点事情啦？"这让他心灰意冷。

很多人觉得心情抑郁，或者看到自己的一些性格特征和反应让他们觉得不开心，然后就会想："我的父母就是这个样子，而且我也从记事时起一直就是这个样子，这肯定是遗传的原因。"但这并不是唯一可能的解释。记住，**你父母的影响从一开始就在那里——而且他们的父母也在影响着他们**。即使是真有遗传因素涉及在内，研究也已经显示出生活经历常常起到重要作用。但是，无论是什么原因，这都和批评责备没有关系。重点是为了解脱和释放。童年时不管发生了什么事都帮助锻炼了今天的你。童年时你不过是个孩子，无法控制，无法选择，但是成年以后情况就会大大不同。一旦你认出自己的关键问题，就可以使用一些技巧来处理它们，看看自己能否找到什么可能引发这些问题的未处理的记忆。为了帮助大家探索自己要找的一切，我们现在再介绍一些自我控制的技巧，然后继续告诉大家如何辨认其他可能控制表现的记忆。

扩大安全网络

如果你能够确认出一个安全或平静地带，那么你已经拥有了一个非常管用的技巧，一旦有什么障碍袭上心头，这个技巧就可以帮助你消除障碍。每天都要使用这个技巧，即使在你丝毫没有感觉到心烦不适时也要坚持，这样才能确保这个技巧一直很管用。如果你只在不安的情形发生时才坚持使用这个技巧，很快它可能就会不管用了。所以如果你没有发现你的思想转移到消极的联想上，依然一定要定期练习这个技巧，然后利用蝴蝶拥抱或者交替慢慢轻拍一侧大腿再拍另一侧大腿的方法来强化这一技巧。

扩展安全/平静地带资源库——找到心中最积极的回忆

有个额外的资源可以用来夯实你通往美好记忆的道路。一开始请你先在笔记本上写一句话，用来描述一段积极的回忆，让你觉得有种幸福感、成就感或者快乐感。这个回忆可以是最近的事情，也可以是童年时的事情——只要能给你带来最强烈的积极感情即可。什么样的景象代表了最美好的时刻？请闭上眼睛去体会。什么字眼最好地描述了这个记忆？和你处理安全地带时的做法一样，请在脑海里保留住这个景象和字眼，并注意在身体的什么部位可以感受到它。尽情享受并好好品味这个回忆。让这个记忆消逝，然后重复做几次。看看它能否和这个景象及字眼一起带回那种美好的感觉。

看看是否拥有美好、强烈、积极的回忆可以实现两样事情。第一，积极的回忆将会提供一个资源，在因为焦虑或是烦恼需要它时能够迅速将它带到脑海里来。第二，这是个很好的方法，可以检查记忆库。如果你感到心情抑郁，那么你可能难以找回一段美好的回忆，这段回忆可以带给你纯粹的快乐和幸福的感觉。也许你根本就不能找到美好的回忆，或者你知道事情发生当时确实让人感觉很美妙，但是现在想起来却有了一丝悲哀的色彩。其实原因很简单，研究告诉我们：我们的记忆检索受到情感状态的直接影响。如果心情抑郁，那么很难体会任何纯粹快乐的事情，不论是现在的事情还是过去的事情。

如果你已经有一段时间心情非常抑郁，好像什么事情都不能给你带来快乐，那么考虑寻求专业人士的帮助可能对你会有好处。我们在附录2里列举了一些资源。同时，你最好不要去做本章"个人探索"这一小节里面所提供的练习。接下来的练习也许能帮助你减轻一些消极感受，而且这些故事可能会帮助你更好地理解到底是什么在困扰着你——但是现在你还是不要独自挖掘自己的记忆网络到太深的程度。也许只是因为这一天你过得不太愉快，可能你另选一个时间回来再做这些练习会更好。如果这种不愉快的感觉已经成为你通常情况下的心理状态，或者跟其他极端心态交替出现，那么阅读这一章时，你的主要目标就是理解为什么这些消极的心态会发生在你和其他上百万人的身上。然后你就可以决定怎么去解决这种情况。

螺旋技巧

这个技巧来自暗示疗法（guided imagery）的传统，在处理诸如恐惧、焦虑或生气这些不适情绪时非常有用。如果你是在家里舒服地练习，那么你可以随时随地快速地使用这个技巧。通读下面列举的每个步骤，大概读三遍，或者读到你觉得能够记住它们时为止。然后闭上眼睛，依次按指导一步步去做。如果怎么也记不住，那就慢慢读一遍并录下来，然后让自己的声音引导一步步往下做。再次提醒大家，并不是每个技巧对每个人都适用。这也是我们要学习很多不同技巧的原因，目的是找到那些对你起作用的技巧。

请找出一件困扰你的事情，如果是0到10级的量表，那么这件事大概处在3级的水平。

1. 请找出代表这件事的一个形象。
2. 在你思考代表这件事的形象时，注意在身体的什么部位感受到这种障碍。
3. 现在假装这种感觉就是"能量"。假如它以前是一股螺旋的能量，那么它是在朝哪个方向移动：顺时针方向还是反时针方向？
4. 现在集中精神，慢慢改变身体中这个螺旋能量的方向。例如，它本来是顺时针方向移动，慢慢把它改成反时针方向移动。

注意你身体的感受发生了怎样的变化。对很多人而言，在他们改变身体螺旋方向时这些感受开始逐渐消失。如果这些感受开始消失，那么继续做这个练习，直到你感到很舒服时为止。如果一个方向不管用，那就换一个方向看看会不会减轻不适的感觉。如果这种螺旋技巧有一定效果，那么其他情况下也请在家里舒舒服服地坚持练习，直到你能完全记住所有步骤为止。这个技巧在你觉得心情抑郁时能够帮到你，如果我们无意中撞到一个问题或者记忆，令你大受困扰，这个技巧也可以派上用场。如果这个技巧不起作用，也不要担心。你可以利用安全/平静地带或是改变呼吸方式或我们在第3章和第4章里学到的其他技巧来缓解心境。

消极认知再探

前面章节中你已经确认了一些消极认知，描述了目前经历一些烦恼情况时你的感受。消极认知的表格被分为三类：负罪感、缺乏安全感和缺乏控制感/力量感。在脑海里不断思考某件事的景象，然后从这三个不同类型中确认出任意一个与心里涌现的各种感觉相吻合的消极认知：我不讨人喜欢，我不够好，我肯定会被抛弃，我现在有危险，我没有什么力量，我是个失败者，诸如此类。把这个当成样本，因为你选择的当前情况都是最近才出现在你心中的。现在我们可以做一个更加深入的探索，一起看看到底是什么种类的问题一直在影响着我们。

首先，我们从三种类型中的第一个（负罪感）来辨认出一些消极认知，它们可能还深藏不露。这些消极看法可能在任何时候被触发出来，并且可能影响到你生活的方方面面。我们要有条不紊地检查这份列表，找出可能会神不知鬼不觉地困住你的那些消极认知。请把这个练习当成一次寻宝经历。然后，一旦你确定是什么在左右你的表现，你就可以决定采取什么措施去解决它。这些消极认知并不是引发你种种问题的根源。它们只不过是外在症状而已。正如我前面所述，其根源一般都是引发它们的未处理的记忆。

我们在本章中已经看到父母的依恋类型怎样有助于塑造我们当前的身份存在。此外，正如你在本书前面所做的许多练习中了解到的那样，父母并不总是牵涉在问题中。童年时期和青少年时期的无数种羞辱经历：遭老师排斥、受欺负、遭嘲笑、受侮辱，所有这些都会带来可怕且持久的影响。回顾过去，你才知道有些孩子心肠可能太过狠毒，而有些人根本不配当教师。如果这些记忆没有得到适当处理，过去的情感就会控制我们现在的表现。所有这些不同类型的经历，不论是来自父母、其他权威人物还是同龄人，都能引发一定的问题，这些问题能够通过所有三种类型的消极认知来加以描述。但是，第一种类型可能比其他两种类型加在一起还要更具有特别的意义并有着更细微的差别。现在我们一起看看这种类型的消极认知，并设法确定有没有这样的认知影响你当前的表现。

负罪感——这是我的错

这种类型的认知意味着当事人觉得**不管出现什么问题都是他们的错**。不知为什么，自己有性格缺陷的这种感觉在某种程度上变成内心不可分割的一部分。总有"我什么地方有毛病"或者"我做错了什么事"这样的感觉——这意味着某种程度的"我有性格缺陷"。虽然很多这样的经历可能都来自我们的家庭教养，但它们也不一定就是来源于家暴或粗心大意的父母。

为什么我极度缺乏自信

12岁的伊森由他父母带来看心理医生，因为他感到极度紧张焦虑，不时惊慌恐惧，害怕去学校上学。他的自信心低到了极点，弓腰驼背好像总要设法躲

起来，而且害羞胆小扭捏不自然。结果证明，他的问题很大程度上是由于他的父母太过保护他造成的，他们时刻监控他的每一步动作。因为伊森是个早产儿，出生时只有三磅重，他在医院里住了几个月，上了呼吸机，心脏和呼吸都有问题。

他父母一直对他的健康极度关注，甚至他小跑几步他们都要感到紧张不安，这让伊森觉得自己身体不如别人，好像自己是家人的一个负担。他对自己的感觉同样在教室里展现出来，在那里他弯腰驼背的姿势和极度害羞胆小的样子让他变成别人的笑柄，不断受人羞辱。所有这些同龄人之间的消极经历都让他的状态越来越糟，直到他最终厌学不敢去学校。促使伊森出现自信心极低问题的标准记忆，既涉及他的父母也涉及同龄人的冷漠无情。这个问题的根由是他父母的溺爱和关怀，而不是他们的漠不关心或心怀恶意。他父母的行为又来源于他们自己未经处理的记忆，涉及他们在医院和家里度过的煎熬时光，担心他们柔弱而又早产的孩子可能会离开人世。

幸运的是，伊森在他12岁时看了心理医生。如果他到了40岁才过来接受治疗，不断抱怨他令人不满的人际关系和没有安全感，问题的根源还会是同样的——他那种百无一用的感觉源于他的童年生活。我们可以再举一个例子。

为什么我觉得自己没用

伊莱恩是个护士，在60岁时来做眼动脱敏与再处理治疗，为了处理她阅读方面出现的困难。在深入了解她的主诉症状以后，明显可以断定她一辈子都在承受着抑郁症和自信心不足的严重问题，并且弄不明白这些问题为什么一直解决不了，尽管她常年接受心理治疗也无济于事。

伊莱恩意识到她妈妈所患的产后抑郁症深深影响到她。她是一名护士，见过成千上万的女性，知道母亲经受产后抑郁症的煎熬，她们不能提供孩子茁壮成长所需要的那种情感联系。她知道所有那些她伸手想要找到妈妈的时刻最终换来的都只是一个空虚而又单调的恐惧感，然而这根本不是她的错。她同时还知道，六岁那年奶奶离她而去，她一直以来深受失去奶奶这个创伤的影响。奶奶一直以来都是呵护伊莱恩成长的主力军。但是她清楚这些事件带来的影响并不能帮助她减轻常年以来所患的严重抑郁症。

在她的病史采集阶段，很多早年的经历都被确认，从中得出的整体结论就是伊莱恩觉得自己"没用"。眼动脱敏与再处理的记忆处理以她六年级时的一段记忆开始，她的老师当着全班同学的面说伊莱恩和其他一些得分排在后面25%的同学永远也没有机会考上大学。这个经历对她而言简直是毁灭性的打击，40多年以后，即使她已经拿到大学学位，每当想起这段经历还是让她情绪激动久久难以平复。这段记忆清楚地反映了她的阅读障碍，以及她所持有的认为自己非常愚蠢"没什么用"的观点——跟她聪明能干的哥哥相比，简直毫无共同之处。

这个六年级的经历得到处理以后，在她的记忆网络中出现的是与她的奶奶去世有关的联想，以及她怎样发现这个事实的经过。她被带到奶奶住的房子。因为奶奶不在，伊莱恩直接走到客厅里，拿起灰姑娘的书自己读起来，一边读一边等奶奶回来。在她看得津津有味时，姨妈凑到她的肩膀边，指着"死"这个词，想用这种方法让伊莱恩知道，她的奶奶已经去世了。在记忆处理的过程里这是一个起到变革作用的时刻，她突然间意识到她无意识中把奶奶已经去世这个消息同灰姑娘这本书联系起来，这成为她阅读能力障碍的开始，尤其让她无法阅读那些轻松休闲的书籍。经过几个时间段的治疗，我们所定位的记忆完全得以解决，其SUD水平降为0，并且她全新的积极信念"我活得有价值"也变得坚强有力。我想提醒大家，伊莱恩姨妈的行为并不是出于心肠狠毒或有意伤人，记住这一点非常重要。但是很多这样的经历都有可能深锁在我们的大脑中，变成没有处理的记忆。它们塑造了我们的人格，引导我们的生活朝向对我们毫无帮助的方向发展。

尽管我们可能会因为各种各样自己不需要或者难以理解的消极情感而自责，很多时候这些不过是我们记忆网络中隐蔽风景的一部分而已。没有人能天然免疫，正如令人羞愧的事情可能会影响任何一个人，不论其年龄大小、智商高低或手巧手拙。例如，拉斐尔一辈子都在纠结着自己的百无一用。他是由妈妈一手带大的，她与爸爸离了婚，在相邻的小镇有个男朋友。因为拉斐尔的爸爸指望不上，她只得一整天在家里做针线活养家糊口，为孩子们烧饭，到了晚上六点再乘火车去相邻的小镇，在男朋友家过夜。然后早上坐另一班火车回家，这样她可以赶上给孩子们做早饭。不幸的是，拉斐尔小时候耳痛得太厉害，一个人默默承受着巨大的痛苦，在黑暗里孤立无助，这让他觉得无地自容，并且感到"我这个人无足轻重"。

现在，当拉斐尔来做心理治疗时已经 50 多岁了。如果你要问他晚上把年龄很小的孩子单独留在家里对不对，那他的答案肯定是响当当的一声"不对"。但是不管我们到底有多少相反的信息，那些过去的未处理的记忆困在网络里，没有和任何更具适应性的记忆连接在一起。这也是为什么老兵听战友说起战争经历时充满同情，但却因为在相同的处境下有了同样的表现而深深自责，觉得自己是个"失败者"。

探索自己的负罪感

那么，就让我们采取另一个步骤来辨认你那些过去的记忆。使用一个"没有安全感"这样的词，就像我让你想象出绿色这种色彩，我根本无法知道你心中所想的是什么样的颜色。同样地，当你承认现在的处境"没有安全感"，这只是你的一面之词。不同的情感会根据不同的情况发生，而不同的记忆也可能会促使它们出现。所以，当你在人生某个特定时期感觉没有安全感时，知道到底发生了什么事将会大有帮助。

在第 4 章里你已经辨认出和最近发生的一些事情相关联的一些消极认知，它们可能还只是冰山一角。后面给你展示的消极认知的列表让你有机会对自己的问题领域获得更进一步的了解，因为这些词本身就可以和记忆网络以及未处理的记忆发生关联。既然不仅仅是那些想法，而且伴随原始事件而来的那些消极的身体感受都存储在大脑里，它们就可以为你提供一定的反馈，以辨认出到底是什么在操纵着你。我们先从检查第一种类型的消极认知开始，看看什么对你而言是最关键的东西。在接下来的练习中当你通读这份消极认知列表时，一定要看看有什么样的消极感受会伴随着它们一起出现。

请在你的笔记本上写一个抬头"负罪感"。然后通读下面的所有步骤，再依照指示完成练习。

1. 请看一看那张消极认知的表格，然后阅读第一个看法——慢慢读仔细读。注意在你读这些词时身体有什么感受。
2. 在你阅读消极看法时，这有没有给你的身体带来什么不适的感觉，或者引发呼吸方式的变化（呼吸变得急速、短促或者喘不过气）？如果确实这样，然后在抬头"负罪感"的下面写下来。
3. 做几次深呼吸，释放那些消极的感受。等待足够长的时间，让身体恢复到平静的状态，然后继续练习。如果需要另外的帮助，那就使用前面章节学过的安全地带或者改变呼吸方式的技巧。
4. 按照以上步骤把这张列表里的每一项逐项往下做——慢慢做仔细做，同时注意身体有没有什么反应。
5. 写下每个引发身体反应的消极认知——每两个消极认知之间请做几次深呼吸。

千万不要判断应该发生什么情况，只要密切观察即可。正如我在前面章节中提到的那样，有些人对于身体反应不太敏感。若是这种情况，这项练习对你不起作用，请千万不要担心。

现在我们开始按下面这个列表做练习：

负罪感：身心不健全

★ 我不配得到别人的爱。

★ 我是个坏人。

★ 我太可怕了。

★ 我一文不值（百无一用）。

★ 我太可耻了。

★ 我一点不讨人喜欢。

★ 我太挫了，不够好。

★ 我这人只配让坏事发生。

- ★ 我只有永远受伤害的份。
- ★ 我太丑了（我的身体令人憎恶）。
- ★ 我不配得到……
- ★ 我太蠢了（不够聪明）。
- ★ 我无足轻重（微不足道）。
- ★ 我就是个令人扫兴的人。
- ★ 我应该去死。
- ★ 我应该过得痛苦不堪。
- ★ 我跟人不一样（不合群）。

现在请尝试下面这些表述。如果它们好像适合你，那就问问自己，"这句话体现了我哪方面的特点？"例如，我太可耻了／我太蠢了／我一文不值。

- ★ 我本应该做点什么。
- ★ 我做错了什么事。
- ★ 我早该知道会这样。

探索隐蔽的风景

哪个消极认知让你发生共鸣？也许你已经发现很多这种类型的消极认知，也许你一个都没有找到。记住那些词语只不过是描述了储存在你未处理的记忆网络中的情感和观点。请好好看看最近几年来那些最让你感到困扰和苦恼的事情。这些词语和你当时的种种感受是不是很吻合？你有没有明白触发你的消极反应的各种情况？

如果你确实是这样，那么你就可以事先做好准备，用各种自我控制的技巧全副武装，然后再进入那些情形——比如你在本章前面所确认的安全地带或其他积极的记忆联系。通过这种方法，如果你当真受到触动，你就可以立刻启用改变呼吸方式的技巧、安全／平静地带或者寻找积极回忆的这些方法来应对种种障碍。之后，如果还是有消极的感受，那么你可以使用颜料罐、卡通角色或螺旋技巧来帮助消除这些记忆残留。从根本上说，你一定要明白你的消极感受只是可以预想到的反应，在当前情况和你的记忆网络交叉互动时，各种情绪和身体反应就开始出现。你可以拥有足够的呼吸空间从容换挡前进，而不是陷进记忆的泥沼中难以自拔。

用"回溯"技巧确认记忆

如果你乐意，现在你就可以辨认出更多引发这些消极感受的标准记忆了。引起你的共鸣的那些认知都是与你通常情况下所拥有的种种情感，如羞愧、恐惧、悲哀或无助等最为契合的那些认知。请记住，你的情况和你在本章中读到的那些人的情况并没有什么不同。我们所有人都有未经处理的记忆，这并不是什么丢人的事情。完全看运气的好坏，是我们的遗传基因、家庭教养和很多其他因素混合的产物，自己完全无法掌控。不需要责备任何人。

对于每个你所记下来的消极认知，你都可以使用"回溯"的技巧来确认特定的记忆，按照下面的指示一步步去做就行。有些人可能需要心理医生的帮助。记住，伊莱恩在读书时被告知奶奶过世消息的这个记忆只有在记忆处理的过程中才浮现出来。不管每个消极认知有没有相应的记忆浮现，我建议大家每次尝试最多不超过两个练习。给自己一点短暂休息的时间，然后在几天时间内逐步展开。同时，一定要在完成每个消极认知的练习后停下来一段时间，然后使用改变呼吸方式的技巧或者安全/平静地带的方法恢复到平静的状态。如果"回溯"的技巧现在对你不起作用，那就暂时把它放到一边不管，等以后再来利用这个技巧。不要强迫使用它，就让要发生的东西直接发生好了。

再使用回溯技巧

仔细阅读每一个步骤，直到能记住它们，然后通过你列表中的第一个消极认知来检验一遍这些步骤。

1. 在你考虑这些消极认知时，你最近一次感受到它是在什么时间？具体发生了什么事情？在脑海里一直回想这件事。如果想不起来有没有什么最近发生的事情，那就专注于这个看法好了。你在身体的什么位置可以感受到它？

2. 在你思考最近发生的事情（如果有什么最近发生的事）和那个消极看法时（例如，想到"我和别人有点不一样"这样的话）请注意一下自己的感受，并且让你的思绪飘回到童年时期。当你有这样的感受时，出现在你的脑海里的是什么样的记忆？有什么事可能会自动浮现到你的脑海里来。把最近发生的事情、消极感受以及记忆在你的列表的适当栏目里记下来。

3. 如果你找到一个记忆，在0到10级递增的SUD量表上，现在对它的感觉处在什么位置？把这一点写下来，同时写下这件事发生时你多大岁数。

如果想不起任何事情，那就专门在心里不断默想这个看法以及身体感受，然后再想一想自己的父母。如果你发现有什么早年的记忆蹦出来，赶紧把它写下来。如果没有什么记忆出现，那就看看在你挨个回想兄弟姐妹和其他亲人时有没有什么记忆出现。如果还没有的话，那就回想一下对于你的老师、同伴（学校/夏令营/社区）或者你生活中其他重要人物的记忆。在你逐个思考这些人时将这个消极看法一直放在心里，看看有没有什么记忆会出现。如果有任何早年的记忆和这个消极认知产生共鸣，那就记下一些关键性的词语。

一定要使用改变呼吸方式的技巧和安全/平静地带的方法恢复到平静的状态。你还可以试一下用**腹部呼吸**，这也可以有助于减轻你的心理障碍水平。慢慢数五下，慢慢吸气并做深呼吸。你可以感受到随着肚子里逐渐充满空气，你的腹部开始鼓起来。然后再慢慢将气体呼出去。在你深吸一口气然后再将其呼出去时，请专注于你的腹部渐渐隆起然后再慢慢瘪下去。重复做十几次，让自己恢复到平静状态。

自我心灵保健

如果你已经确认任何自己的消极认知和引发它们的记忆，那就抓紧机会为你童年时所经历的一切好好一掬同情之泪。这并非自怜自伤，而是你对任何受伤害的孩子都可能表现出的同样理解和爱怜的感觉。正如本书中分享个人经历的那些人一样，我们每个人都是大脑活动的产物——也是储存在大脑中未经我们同意或不受我们控制的记忆的产物。

我们在后面的章节中还要继续做其他的个人练习，等我们把这些练习都做完以后，你对到底是什么控制了你的表现就有更好的理解。这包括为什么你会有长期焦虑、悲伤或者愤怒的感受。如果你的消极反应只是偶尔出现，你同样也可以透彻理解引发你的烦恼心情的各种情况。然后你就可以未雨绸缪，在你明确知道将要遭遇那些情况时可以提前做好安全／平静地带的练习，或者事后如果消极情绪和感受出现时再使用这些练习。同时你还可以使用螺旋以及其他技巧来消除抑郁情绪。我们在附录1中有一个词汇表以及自我帮助的技巧列表来提醒大家，并且带大家重温一遍这些练习。

在继续帮助大家应对自动反应的过程中，我们会学习更多的技巧——你可以通过监控自己的反应并使用这些工具来经常练习它们。我们面临的长远问题是：这些技巧是否已经足够满足你的需求？如果还不足以做到这点，那么你可能要考虑在心理医生的帮助下处理你所认出的标准记忆。眼动脱敏与再处理治疗的一个目标就是消化那些过去的困扰你的经历，以便那些身体感受和情绪不再推动你往不想去的方向前进。最重要的是，这就意味着消极的感受和认知都被转变成积极的认知，而你则被彻底解放出来以全新的力量和幸福感去体验人生。如你已经开始观察到的，这些记忆可能会以极其广泛和难以预料的方式构成各种问题的基础，扼杀你的幸福。既然你已经认识到这一点，你就可以做出选择，重新布置那些以前隐蔽起来的风景。

第6章
焦虑和恐惧背后

正如爱怜、悲伤和愤怒,焦虑和恐惧也是非常重要、非常有用的情绪。它们提醒我们可能有潜在的困难或危险情况需要去解决。它们为我们提供警示信号,引导下一步的行动,例如调查一下这危险是不是真的存在,以及需要采取什么措施来化险为夷。我们所有人偶尔都会有这样的感受。它们是对我们遇到的某些特定环境和特定人物的自然反应,而且对我们非常有用——除非这些情绪发生了错位。

可惜的是,很多情况下焦虑和恐惧多得和现实不成比例,并且与很多不同的事物、情况和活动产生关系,让我们丈二和尚摸不着头脑。一声嚎叫,然后一条德国罗德韦尔猛犬直扑上来,着实有理由让我们感到胆战心惊,避之唯恐不及。一条用皮带拴着的贵宾犬懒洋洋地沿着马路遛弯就没有这样让人惊魂不定。可是对于一个怕狗成病的人来说,哪怕看到一张狗的照片也会触发他的恐惧反应。

世间有成百万的人深受不适当的恐惧症折磨,但并不是所有人都去看心理医生。尽管他们过得并没有本该有的那样快乐,一般情况下只要他们自发地和困扰他们的事情或者处境保持距离,恐惧也就会同那些自然反应一道消失。如果我们能成功避开这一切,我们常常也就相应地去安排生活。因此,尽管在美国开展的各种调查显示,人们对在公众场合演讲的恐惧排在第一位,甚至超过对死亡的恐惧,但大多数人干脆直接逃避在公众场合演讲,从来不去考虑这种情况。人们一般只有在迫于工作压力突然需要他们频繁做很多演讲时才会去寻求心理治疗——或者意识到害怕演讲正在某种程度上让他们变得裹足不前时,比如说阻碍他们去推进所信仰的某个事业,这时候才会去治疗。但是对很多其他人而言,想要避免引发恐惧和焦虑的一些情境几乎是不可能的事情。本章我们就会揭示引发这些心理障碍的很多内在因果联系。

我害怕被人杀死

14岁的詹姆斯每次只要一上床睡觉就会感到焦躁不安,为此他痛苦不已。他害怕睡着以后有人偷偷溜进房间趁他一个人时把他给杀了。这种情况变得越来越糟糕,以至于每次睡觉之前他都要决定是背对着门还是面朝着门睡。他最终决定还是背对着门睡觉更好一点,因为这样他会被人从背后杀死,自己一点都不知道,而不用眼看着那人慢慢走到他面前,而他却无能为力,只有束手待毙。

和很多人一样,詹姆斯也无法确定引发他恐惧的具体原因,但是这种情况已经持续了好多年,而且变得越来越糟糕。所以心理医生让他回忆昨天晚上睡觉之前的感受,以便进入他的记忆网络。在詹姆斯专注于一个人在房间里进入梦乡的景象和自己的恐惧心理之时,记忆处理的过程开始了。出现的是六年以前的情形,那时他只有八岁,他父母都出去旅游,把他丢在奶奶身边。正是在这段时间里报纸上和电视里铺天盖地的都是加利福尼亚州"暗夜狂魔"杀人凶手到处作案的故事。人们都在担心他下一步要在哪里作案,空气中弥漫着惊悚的感觉。詹姆斯的大脑里将他父母的离开和杀人狂魔的形象联系在一起。从那以后,每次他一个人在房间里独自睡眠,那种危险和焦虑的感觉就会随之出现。在这个记忆得到适当处理以后,他的症状全都随之消失。

令人欣慰的是,詹姆斯的父母在他14岁时就带他来做了心理治疗。而不幸的是，上百万的人继续在经受着无谓的折磨，对各种各样的事情感到焦虑和恐惧。有时候这些感受只在具体的情况下才会出现，但在另一些时候它们好像如影随形。不论其起因是什么，只要我们记住，一般都是某些事情存储在记忆网络里才引发了这些情绪——哪怕你还不能确定到底是什么事情，记住这些将大有帮助。

不安全感从哪里来

当人们无时无地不感受到焦虑和恐惧时，这就有可能源于我们在第 5 章中讨论过的那些和不安全的依恋类型相联系的感受，这种事情也不足为奇。你也许会问，是不是说我们又回到了父母那里去寻根探源？确实不错。**可惜的是，缺乏安全感很可能是基于这样的事实，那就是我们在孩提时代没有体会到足够被人重视受人保护的感觉。留在心里的感受是我们表现得不够好，并且担心其他人可能会消极地评价我们。**

有时候这些感觉可能会混杂了很多其他的问题。

和人走得太近不安全

劳拉一生下来就在医院里住了八个月，因为她有一个出生缺陷不得不做手术来加以矫正。尽管手术做得非常成功，但是八个月时间离家住院的经历还是对她造成了一定的伤害。她从来没有感觉和父母有多亲近，持续不断的焦虑心理迫使她过来寻求心理治疗，因为她就是无法和其他人走得太亲近，甚至从朋友那里获得一点拥抱也让她害怕得退避三舍。虽然她有公司，事业上非常成功，她的消极看法却是："和人走得太近就会不安全。他们并不是真心在乎你。"

她有两个童年时期的记忆需要加以处理。一个是她必须坐在爸爸的膝盖上面拍一张照片。她感觉爸爸只是"假装"喜欢她。另一个是她妈妈"假装"关心她的类似的回忆。她最终能够处理这些记忆，然后接着处理了当前和朋友相处的触发事件。她觉得现在终于能够接受朋友的拥抱了。然后她能强烈地感受到这样的积极信念："和人走得近一点也很安全。他们真的在乎我。"

究竟是她的父母真心爱她但就是没办法明确表达出来，还是劳拉一出生就被迫和父母分开，因此破坏了他们跟孩子建立情感纽带的能力，现在都已经变得不太重要了。父母的过失往往都是孩子们承担了责任。他们同时也承担了家庭中产生的种种感受。如果父母中有一方遇到了特别棘手的情况而分身乏术，不管出于什么原因，孩子面临的都只会是各种需求再难得到满足的境况。

我一个人过不安全

艾娃的父母可能很"不错"。不幸的是，艾娃的整个童年期间，她妈妈一直在和癌症病魔搏斗，这件事严重影响了她的安全感。然后在艾娃 16 岁时她妈妈因为这个病永远离开了她。

在这种情况下长大，自然会引发如影随形的紧张焦虑和自我贬低的感受。但是，人们可能根本认不出生活中这种强度不大的紧张感，因为他们从来不知道有什么其他不一样的感受。一般都需要有情感创痛的恶化升级才能让人认识到需要一定的帮助。

艾娃过来做心理治疗，因为最近一次分手之后，她意识到她变得太过依赖男人，而且一直不断地陷入不健康的男女关系的漩涡。她已经确认的消极认知就是"我一个人过不安全"——很明显这和早年记忆中她妈妈患病并且觉得无所适从的情况有关。这就变成第一个治疗目标，然后她又进一步处理了母亲过世这个回忆。在这之后，关于她那不健康的感情关系的记忆连同最近的那次分手经历都一起得到处理。结果就是艾娃的恐惧感完全消除，她终于能够轻装上阵，而且自我感觉良好。这也直接影响到她在与男人交往中所做的选择，以及她甘愿忍受的一切，因为现在她的心里已经有了一定的安全感。

不断积累的不安全感

不安全的感觉会以成百上千种不同的方式表现出来。也许见一些新面孔或者遇到陌生环境都让我们感到紧张。有些人觉得他们在处理新情况时一筹莫展，或者觉得他们就像是江湖骗子等着被人拆穿把戏。还有些人一遇到考试就无比紧张，因为他们不恰当地认为自己"太蠢"或"能力太差"——把自己看成"失败者"。不管其原因是来自在学校里受人羞辱还是在家里问题重重，关键的地方在于无论何时一旦处在特定的环境中，我们就会感受到焦虑和紧张的身体反应，给我们看待世界的方式和对自己能力大小的认识蒙上一层色彩。**恐惧的心理会随着时间的流逝而逐渐扩大，因为每次的经历都在脑海里面编码存储，与这个问题相连的记忆网络也扩大了范围。**随着积累越来越多的实际经历，比如考试考砸了，或者在聚会上退居一隅遭人忽略，我们就变得越来越相信自己在处理事情方面的毫无用处和欠缺能力。

第二类消极认知

在这一部分，我们将一起深入探索那些和第二类消极认知有关的种种问题，也就是缺乏安全感/容易受伤。这些认知涉及令人烦恼的种种感受，而这些感受都牵涉恐惧和缺乏安全感。虽然患有创伤后应激障碍或者恐惧症的人可能会有三种类型中任意一种的消极认知，但是他们最容易认出属于这第二种类型的认知，因为焦虑和恐惧的感受是初始诊断结论的一部分。大多数情况下都是有什么特定的事情发生，引发了我们的恐惧反应，并且这段经历一直没有得到处理，因此一旦走进类似的情境，甚至是想到特定的事情，比如当众演讲或看到蛇，都会带来消极的情绪和身体反应。大多数患有创伤后应激障碍或者恐惧症的人都能够辨认出引发恐惧的实际原因，比如遭人强奸或者被狗咬过。而对其他人来说，恐惧心理一直伴随自己太久，以致记不清这种心理是怎么来的。不管怎样，在特定帮助之下，编码并存储了恐惧心理的记忆网络还是能够得到解决和处理。

你无法跑赢心里的恐惧

有一句美国印第安人的老话："你总是跑不赢自己心里的东西。"不管我们在哪里，也不管我们到哪里，恐惧都会留存在我们的记忆网络中，时刻等着被触发。有时候这些消极情绪程度较低，有时候它们却演变成草木皆兵的恐惧症，促使人们周密地安排自己的生活，这样他们可以不用去任何离他们所害怕的事物比较近的地方。恐惧症通常还涉及对恐惧心理产生恐惧。实际上，有些人报告说他们设法逃避自己害怕的活动实在已经太久，以致他们也不知道是不是真的还在害怕它。相反，他们害怕的是如果恐惧心理真正到来时，他们会被这心理彻底击垮。如果你从来都不能以合适的方式来应对恐惧心理，那么有这种态度也可谓是十分恰当了。

为了解决这个问题，有些类型的心理治疗专注于教会患者很多自我控制的技巧，有些技巧我们前面已经学习过。他们也可能使用"暴露疗法"（exposure therapy）或者"行为实验"（behavioral experiments）来让患者直接面对他们所害怕的物体或者情境，或者是测试他们对于具体情况危险性的各种消极看法，直到焦虑情绪有所缓和为止。这些都是针对恐惧症的最广泛研究过的治疗方式。尽管成功治愈的数量和复发率会随着治疗的恐惧症的具体类型而发生变化，但这些治疗方法常常是最好的选择。在这一领域内的眼动脱敏与再处理研究做得还远不够广泛深入。但是，在全世界范围内针对眼动脱敏与再处理临床医生的调查已经显示了解决这些问题的较高成功率。此外，过去20年的种种经历也为我们提供了有关大脑内部记忆网络联系的更多信息内容。从根本上说，在眼动脱敏与再处理疗法里，治疗的焦点就是集中处理引发恐惧心理本身的那些记忆。换句话来说，就是一针见血地直指问题根源。

对多数人而言，引发恐惧心理的最初原因都显得非常简单明了。和他们在某种程度上受到惊吓或伤害的一段经历有着直接的联系。如果一条狗咬了我，那么我可能从此变得怕狗起来。对其他人来说，在一个领域内的恐惧心理可能是由于大约在同一时间发生的另一件事所引发的。

驾驶恐惧症和公共交通工具恐惧症

谢里害怕开车，并且这样的心理一直持续大概十年时间。结果发现她的这种恐惧症是在读大学期间到欧洲做交换生时开始的。到了欧洲后不久，一些新结识的人邀请她去参加一个晚会。她开开心心地去了，希望能多结交一些新朋友。等来到晚会之后她看到一碗潘趣酒。她喝了一点儿，马上开始感觉不舒服，然后就回到公寓里。她躺在床上，然后就开始整夜的出现幻觉，完全失去控制。原来是有人在潘趣酒里面下了迷幻药。

想象一下你一个人处在异国他乡，什么人都不认识，突然间出现幻觉，丧失控制能力，家人和朋友都不在身边，没有一个人可以求助，想想看这是怎样一种感觉。她害怕得胆战心惊，但她还是设法熬过了这段经历。然后，过了一两天，她开车去学校。一辆车突然转向朝她冲过来。虽然两辆车并没有撞上，却触发了她一个人待在公寓里完全失去控制力的同样的感受，这种恐惧心理转移到她的驾驶经历上来。这就是她的驾驶恐惧症的来源。此外，参加那场晚会的可怕结果还给了她这样的感觉，那就是和一群人在一起时完全放弃警觉是不安全的，因为她自责实在是在太过于轻信别人才尝了那碗潘趣酒。

另外一个例子是斯泰西，也是在读大学期间，她开始怀疑最好的朋友和她的男朋友有一腿。所以她直截了当地问他们，但他们都说："没有啊，当然没有了。"然后她开始这样想："我的天哪，我怎么能怀疑两个这么好的人呢？"但从头到尾她的直觉都在告诉她："肯定有什么地方不对劲。"你有没有过这样的经历？这种感觉持续了一段时间，直到有一天，她在一辆公交车上，看窗外风景时，无意间看到这两个人躲在一个角落里，彼此热烈地拥抱在一起。意识到他们两个人合起伙来骗她，意识到他们俩原来真的有一腿，她突然觉得恶心反胃。勉强支撑到下一站，她跌跌撞撞地跑下公交车，在马路上翻江倒海地吐起来。正是这段经历导致她对公共交通工具产生歇斯底里的恐惧症。这个经历同时还给了她这样的感受，那就是她再也不能相信任何人了。

属于缺乏安全感/容易受伤害这种类型的人所持有的消极认知，一般都伴随有这样的感受"如果我做……就会受伤害"。这种伤害可能是身体上的也可能是情感上的。它可能是我也许会出车祸或者乘飞机要失事，遭蛇咬或者被狗咬，落水，或者成千上万其他恐惧症中的一种，或者我可能会丢人现眼或缺衣少食，或者如果我做什么事情可能就要被人利用，等等。

我不敢哭

凯瑟琳过来寻求心理治疗，主要是她长期以来的精神抑郁和高强度的焦虑症，这些情况实在太糟糕，以致她无法继续工作。她把焦虑和抑郁跟父亲在家里频繁使用暴力联系起来，尤其是针对她两个兄弟的暴力。这种情况说得通，但是做临床病史采集常常能暴露其他隐藏的记忆联系。

在眼动脱敏与再处理的病史采集这个环节的进程中，凯瑟琳还提到她从来没有哭过，哭不出来，但是她并不知道为什么，而且无法说出这是从什么时候开始的事情。在我们处理她父亲欺负她的两个哥哥的一段记忆时，有个新的记忆浮现了出来。她说："在我三岁时，我在教堂里面痛得弯下腰，我当时肯定痛得晕了过去，因为接下来当我醒过来时我已经是躺在医院的儿科病房了。那是夜晚时分，我妈妈已经离开医院，我不停地哭着要妈妈。护士对我说：'如果你再像这样哭下去，我就再也不让你妈妈来看你了！'那是多年之前的事情，但是那就是我从此刹住眼泪再也哭不出来的原因所在——我变得害怕哭泣。即使是在孩提时期，我也会偷偷摸摸地哭。我会躲在床底下偷偷地哭；这是不是很怪异的事情？"

恐惧心理可能是由于实际发生的让我们在身体或者情感上受伤害的事件，也可能是听过其他人受伤的事件，或者对有些人而言，小时候看恐怖电影也能引发恐惧心理。关键就在于我们的恐惧和缺乏安全的感觉深深扎根于那些未处理的记忆中——有时候本来当时能轻易处理的东西就变成了长期难以解决的问题。

我没有得到应有的支持和安慰

比利表现得极度害怕蛇。在他大概七岁时，他发现有一条乌蛇正盘在他的大腿上，他大惊失色。等他急忙跑回家，惊慌失措并情绪激动，他妈妈却因为他"太胆小无用"而惩罚了他。那天晚上他一夜没合眼，可以清楚感受到那条蛇正沿着床脚爬上来。对于比利来说，从这件事得出的消极认知不仅仅是"我

不安全"——而且是"我无法相信任何人"。毕竟,他热切期望能够帮助他的人却恰恰让他感觉更糟糕。这次经历还包含这样的感觉,那就是他还不够好,不值得获得别人的支持。在正确处理了这段记忆以后,所有这些问题都随之消失。

同样的情况也发生在格雷格身上,他年近40岁,却特别害怕小动物,以致无法参加朋友们在公园的郊游或者野餐。结果证明是他在五六岁时曾经被一条小狗咬过——最糟糕的部分却是他的爸爸哈哈大笑地将这段经历轻描淡写,尽管他为儿子清理了血淋淋的伤口并且打好了绷带。把格雷格的情绪反应当成儿戏而不是去安慰他,不仅锁住了这段恐惧心理,而且锁进了羞愧和自责的感受。

格雷格的父亲犯了一个相对常见的错误。成年人常常设法说笑话或者和朋友开玩笑,希望他们能摆脱糟糕的感受。但是当孩子受到惊吓过来找父母安慰时,他们渴望父母中有一方能对他们的需求产生共鸣。父母充满爱意地承认并且安慰子女的恐惧心理非常重要,从某种程度上让他们觉得现在已经安全了,而且他们来父母这里求助这件事情也是做对了。这能够把一场惊恐的经历变成培养韧性和成功的基石。否则,就会把这场经历变成持久痛苦的根源。

有时候针对恐惧症的治疗可能变得异常复杂,因为这个恐惧症状正在为其他的目标服务。这被称为"再度获益"(secondary gain),即感受恐惧的人正从恐惧中获得某些好处。例如,如果有个患者非常害怕蛇,因为他反复被告知蛇是非常危险的动物,或者曾经被蛇咬过,或者有朋友被蛇咬过,那么只要处理相关的记忆一般就能解决这个问题。但是,我曾经有个患者,她的丈夫是个露营爱好者。而她特别害怕蛇,因为这个毛病让她不能和丈夫一起出去露营。她痛恨露营当然还有很多其他的原因,正如她婚姻里的其他种种情况,她觉得自己只是说不出口那个"不"字。直到我们处理了隐藏在她无法为自己的利益据理力争下面的记忆,一直伴随她的那种恐惧心理才得以改变。因此,有必要问一问自己:这种情况是不是在某种程度上给我带来什么好处?如果真是这样,那么这是个需要加以探讨的重要领域。

理解创伤后应激障碍

经历了重大袭击的人（不论是通过性虐待、重大事故、自然灾害还是战争）都有可能患上创伤后应激障碍。他们可能会通过噩梦、侵入性的想法或者闪回一遍又一遍地在心里重温这段经历——此刻他们感觉这件事好像真的从头到尾再来一次。有各种各样的症状可能发生，恐惧和缺乏控制的不间断的感觉可能会破坏与家人朋友之间的关系，因为这会让他们突然间怒火迸发、心情抑郁和离群索居。

本书的一个目标就是让我们更好地理解我们为什么会那样，以及能采取什么措施来应对。另一个目标就是帮助我们更加理解和同情我们周围的人。正是这样的理由，想要帮助自己战友的老兵或者想要帮助其他遭受过性虐待的受害女性分别在本节中坦露人生经历。正如我前面说过的，我们大家的共同点远远多于我们之间的不同点。记忆影响我们的具体方式可能千差万别，但我们没有一个人能不受消极情感、想法和身体反应的困扰。数以百万的人会因为人生变故、自然灾害、恐怖袭击和遭受身体伤害或性侵而深受心理创伤的影响。它会随时随地在任何一个人身上发生。即使这些问题并没有直接牵涉你或者你所爱的人，也许你也愿意考虑一下我们共同的人性和脆弱性。在我们深入讨论下面两个人的经历时，你可以自问：如果我处在同样的情况下，那我会是什么样子？

从战争到和平

第一急救员和老兵都很相似，愿意直面危险来保护和拯救他人。在他们奉献出一切的同时，他们却常常饱受内疚和无能为力这些感受的摧残。这一点常常是因为他们要求自己在百分之百的时间里做到百分之百的成功，即使他们根本无法控制百分之百的情况。你可能也会存在这些求全问题，源自内心责备的压力。如果你是个第一急救员、退伍老兵或者是他们的家人或朋友，那么这一部分可能对你有特殊的意义。如果你不属于这些人中的任何一员，那么这个案例也能帮助你更好地理解并同情第一急救员和退伍老兵，知道他们都在经历怎样的折磨。

此外，如果你有这里列举的任何一种症状，那么它也能够帮助你更好地了解自己。心理创伤能够引发很多的身体障碍，一旦创伤在心理扎下根来，通常都不会自行痊愈。对于那些因为选择为国效忠而投入战斗或者在前线当急救员的患有创伤后应激障碍的人，他们的生活可能会变得无比艰难，因为他们常常会衍生出一种失败的感觉。通常情况下，他们的症状并不是由于自身的恐惧而引发的，而是因为他们可能伤害过的人，或者他们无法拯救的人。尽管战争期间发生的各种经历可能足以给人带来消极影响，但还是可能有更多各种各样的原因足以突破哪怕是最坚强的战士的心理防线。下面这个例子会告诉你战士们都在经历怎样的痛苦，以及我们的记忆网络编织得多么错综复杂。

受伤的老妇人和我的奶奶

哈尔·沃尔特斯是个37岁已婚的战功赫赫的海军陆战队上士，有超过11年的服役经历。他的部队主治医生介绍他过来做心理治疗，因为他退伍后出现了创伤后应激障碍和重大的抑郁障碍症状。海军陆战队上士沃尔特斯说，从两年前他第二次也是最近一次伊拉克战争服役期满回到家后的不到一个星期，他就开始经历日益严重的心理问题，伴随着每天必然来袭的与战争有关的各种回忆，这些都是由于各种各样常见的刺激情形引发的，比如看到年长的老奶奶、儿童或者人潮拥挤的地方。

他的症状包括失眠、与焦虑有关的噩梦、断断续续的啼哭、易怒和忧郁的心情、胃部问题、长期的疲劳感、精力难以集中、记忆力衰退、社交上与世隔绝的感觉、经常性地头痛、一会儿感情麻木、一会儿怒气冲冲，看上去毫没来由的一阵痛哭、过度警觉（时刻紧张不敢放松警惕）、夸张的受惊表现（一听到突发的声响就吓得跳起来）、没有胃口、筋疲力尽的感觉，以及很多和战争有关的回忆相联系的深深的愧疚感。所有这些都是外在症状（或者单独出现或者一起出现），影响了我们成千上万的战士。

哈尔有很多的记忆需要加以处理，但其中有个记忆有着极为特殊的意义。那天他负责警戒，当一辆汽车高速向他们冲过来时，他们被迫开火。遭到重创、浓烟滚滚、弹痕密布的汽车翻滚着停了下来。车内的几个乘客慢慢地努力要把客座的车门打开。从后面车门里出来的是个上了年纪的伊拉克妇女，她已经受了致命的重伤，身上的血汩汩流出。她大声喊叫，声音里充满了极度的痛苦，他和战友眼看着她倒在地上一阵阵痉挛。正像他告诉心理医生的，其他的乘客都被子弹打得惨不忍睹，倒在地上，不是死了就是躺在那儿奄奄一息。但是，战争规定不允许士兵靠近他们，直到排爆处理人员瞅准机会检查那辆车并确保这不是自杀性炸弹才行。那位年长的伊拉克妇人疼得满地打滚，大声呻吟。根据他的描述，这场景持续了有几个小时，实际上可能也就持续了仅仅几分钟，直到她最后鲜血流尽而死。

在复述这次骇人听闻的事故时，哈尔的面部表情和情绪表达变化得异常剧烈。他低下头来，双手抱头，不停摇晃，双手颤抖，两眼含泪地回忆他所经受的折磨，据他说这样的折磨每天都要重复好多次（晚上也是如此）。虽然他抵制住了活跃在脑际的自杀的想法，但极度的羞耻和内疚感却让他不停地质疑继续活在世上的理由。他不停地提到那位女性受害者上了年纪的一面，当心理医生问他这个人是否让他想起他之前认识的什么人。他好像仔细考虑了一下这个问题，然后简单地回答："没有"。然后他很快又改变了想法，"仔细想来，她让我想到了我的奶奶"。当被问及为何如此时，他这样回答："我的奶奶是尼日利亚人，但在我大概八岁时她过来和我们住了一些年。"他停了一会儿，然后继续说道："但是她和我妈妈老是吵架，不是斗斗嘴那种，而是大吵大闹。然后我记得有一天奶奶告诉我，她没办法继续在这儿住下去了，她打算回非洲去生活。"

哈尔的医生问他奶奶是不是真的回到老家去生活了。他回答说："是的，她差不多在第二天就走了。我还记得她坐飞机回老家那天，我跟她告别时，她哭得很伤心。但是从此以后我再也没有见到过她。"

"你再也没有见过她？"医生问他。

"没有。她没有电话，又不会写信，并且也没有电子信箱。我最后一次听到奶奶的信息是大概在她回老家两年后。我妈妈告诉我，奶奶被诊断患上了癌症，不久就去世了。"哈尔低下头摇了摇。"我当时真应该拦住她不让她回老家的。要是我不让她回去，也许她现在还活得好好的呢。"当医生问他这样说是什么意思时，他回答说："要是她的癌症在美国这里诊断出来，那她就能在这里治疗，而不是在尼日利亚那地方，这样很可能就会抢救了她的性命。"

他继续不断地表达自己的内疚，说妈妈和奶奶吵架时他没有及时去干预，也没有及时阻止家庭联系的断裂。当医生问他认为奶奶和那位伊拉克老妇人之间是怎么产生联系时，他凝视着前方，说："我以前从来没有意识到这一点，但是她的年纪和我的奶奶差不多大，而且在两件事中我都感觉自己对她们的死负有不可推卸的责任。"

医生让哈尔凝神专注于他的胃部感受，然后让思想回到一生中最早的时期，看看什么时候他有相同的胃部感受，同时又觉得自己对某个人受伤害负有直接责任或感到内疚不已。几乎顷刻之间他就想起大概六岁时和弟弟一起的一次郊游，弟弟那时大概四岁。他们俩在池塘边的大石头上行走，他弟弟突然脚下一滑，头磕在了石头上。哈尔在复述当时看到弟弟放声大哭一脸都是鲜血时是如何害怕如何内疚，他的双手开始不停颤抖。他飞快跑回家去找爸爸，爸爸先是对他一通大吼，后来又因为他没有看好弟弟而把他痛打一顿。这段记忆和他奶奶的那段记忆都经过适当处理而结束。他终于能够认识到，那时他是多么幼小，并且在六岁时他就知道跑回家找大人帮助，已经尽了最大努力。而在八岁这个年龄，他本来就没有任何办法来阻止奶奶不让她离开。

到了这时医生才把他在伊拉克的那段经历作为目标加以处理。在这段疗程快结束时医生检查了一下他的 SUD 水平，哈尔所显示的水平是 1 级。当被问及是什么还在让他烦恼，因而使 SUD 达不到 0 级的水平，他回答道："一个无辜的老妇人就这样死了，无论如何都无法让我释怀。即使我知道对她的死或多或少都有点责任，但我也知道我们当时别无选择。我们看到的情形就是一辆车全速开过来，对我们的几次警告均置之不理。如果我们不开枪，可能更多的人就会因此而丧命。这种情况是典型的悲剧，虽然不对，但却是战争中残酷的现实。"

正如我前面所说的，记忆处理吸收了有用的东西而把其余部分都加以释放。老兵并没有失去人性或者他们要赖以生存的"锋芒棱角"，但是他们可以抛开那些无谓的痛苦，这痛苦是在他们无法控制的情形下被迫采取的一系列行动所带来的。

　　要记住的另一件事就是，**每个人在童年时期都曾经历过一些事，让我们无法抵挡某些不同的问题。**后来人生经历的不断积累终于将我们掀翻在地。这些类型的经历最容易在战争期间加以发现。事实上，战争期间发生的种种事足以给人带来沉重打击，让独自痊愈变得毫无可能。疲劳、费力、责任感、与战死的人之间的关系、恐怖的场景，所有这些混合在一起，这个单子还可以无限延伸下去。错误的时间、错误的地点，一切全看运气好坏。不管出于什么原因，研究结果已经相当清楚：三个月以后，创伤后应激障碍就被认为要开始转入长期慢性疾病，如果听之任之，各种症状很可能会持续一辈子不散。也有可能会出现延迟的各种反应，直到多年以后有什么事情触发了消极的感受或者自我评价，症状才会爆发出来。关键就在于各种症状可能随时会出现。那些应征入伍的男男女女可能百劫归来，带着各种看得见的和看不见的伤痛——他们真的值得我们去帮助、理解和尊重。我们中又有谁能默默忍受这些经历而毫发无伤呢？

　　创伤后应激障碍让人们的生活变得难以掌控。它促使人们努力去做某些事情，好让自己能安然度过心中的澎湃怒涛。有些人转向毒品或者酒精中寻求慰藉，这些只会让情况变得更加糟糕。那些来找心理医生帮助的人应该受到敬重，他们有勇气并且愿意面对心中的魔鬼。

　　不管有没有侵入性的想法、噩梦或者具体时间的闪回，如果海军陆战队上士沃尔特斯的任何一个症状是你生活的一部分，那就请考虑一下你的选择。你可以继续努力一个人默默与之战斗，或者伸手求助，正如这位老兵所选择的那样。你并不用详细描述具体发生的事情，可能只需要12个疗程，解脱的办法很快就会找到。各种资源都在附录2中列出来了。请你伸出手去求助吧。

从遭受性侵到重获力量

　　对于很多遭受性侵犯的受害人，不管多大年龄，不管是被强奸还是被猥亵，常常都伴随着一定的内疚和羞愧的感受，同时伴随的还有缺乏安全和力量的感受。强奸案的受害人可能会或多或少地觉得她们是咎由自取，可能是穿了不该穿的衣服或者是走了不该走的路。这些感受都是毫无根据的无稽之谈。不论是

谁,都没有权力以任何方式将性的要求强加到别人身上。已经发生的事情责任完全在于强奸犯,正如针对儿童的猥亵所有责任完全都要归于罪犯。

深锁在受害人记忆中的消极感受都是心理疾病的外在症状,而并不是眼前的现实。正如我们前面已经见到的,负罪感、缺乏安全感和缺乏控制/力量感这三种自我认知的类型帮助表述我们怀有的消极感受,在眼动脱敏与再处理治疗期间记忆处理的不同阶段也有不同的标签:和其他心理创伤的患者一样,遭受性虐待的受害人首先要明白责任是归咎于加害人的,他们肯定难逃罪责,然后随着这段记忆融入适当的记忆网络中,占据过去的一个确定位置,受害人的恐惧感也就逐渐消失,最终他们能体会到一种力量感,并且有能力在当前做出各种新的选择。

下面这个例子是个遭受多年性骚扰的人分享的,希望能帮助和她有类似遭遇的人,同时帮助每个人认清这种类型的侵犯所包含的警示标志和后果。

爸爸伤害了我

南希的爸爸在她很小的时候就开始猥亵她——从她能够记事起一直到她12岁为止。

我36岁时,有一天坐在孩子上小学的礼堂里,参加一个家长大会,主题是"让我们的孩子远离性侵犯"。做讲座的人为我们描述了形形色色的加害人(孩子认识的人,通过玩游戏和孩子逐步套近乎,获取孩子的信任把纯洁的关系逐步上升为侵害的关系),我突然间泪如泉涌无法抑制。我没完没了地痛哭,没办法起身,没办法离开,感觉自己当时怔在那里动弹不得。虽然我常常想起爸爸老是在夜里走进我的房间不停抚摸我,用手触摸我的大腿内侧和私处,并且让我保证一定不要说出去,直到那一刻为止我才意识到这些与性侵犯的各种特征和模式都无比吻合,并且和我遭遇同样情况的还有很多人。

对父亲的恐惧和父亲对我身体的掌控变成我童年日常生活不可分割的一部分。我的身体仿佛不再属于自己。我从来不敢把这件事告诉任何人。我相信只要一说出来爸爸肯定会杀了我或者是告诉我妈妈,这样她肯定要抛弃我们离家出走。我完全不知道我有权利告诉他住手,而且爸爸对我所做的这一切并不是我的错。有时候我感觉他是在为我做错的什么事情而惩罚我。还有些时候他让我相信我心里想他这样对我。而他给我其他形式的关爱我确实很喜欢，所以我觉得也许这全是我的错。这种行为发生的整个期间，我仿佛觉得自己变成什么错误和羞耻东西的一部分，而我无助地陷在其中难以脱身。

成年以后我因为抑郁和焦虑一直在断断续续地接受心理治疗。尽管这些治疗能起一点作用，但是它们远不足以让我从各种症状中完全解脱出来。我听到一点响动就从睡梦中醒来，大哭大叫，我对危险情况异常地警觉，不管是真实的危险还是想象的危险，我觉得父亲的鬼魂一直在我的左右，他在我十几岁时已经去世。我害怕他可能会活过来杀了我，因为我把遭受过的性侵害告诉了别人。我的抑郁症一旦发作起来会非常厉害，让我无法工作，只能做一些最最基本的事情来维持生命。对自己的种种感受使得我死心塌地地想要依赖男人，虽然他们对我一点都不好，对我的需求也不闻不问。我对自己的身体没有一点权利，而智商根本就不重要，打扮得花枝招展、令人垂涎，使得有人想要占有我，才是最重要的事情。

几年前，在另一阵重度抑郁症发作期间，我的一个朋友推荐了眼动脱敏与再处理疗法。新接触的心理医生和我一道准备了一些安全措施，这样在我专心于那些痛苦的回忆时我就知道，不管它们会触发什么样的情感我都能从容加以应对。我们能一起停下来，正确地看待许多事情，休息一会儿，再慢慢继续下去。结果证明，我对这个过程立刻有了一种安全感，然后我们就能快速前进，一起经历了很多的回忆——每次处理一个。我们逐个地处理了所有的记忆。然后我的感受和记忆好像自动转变成更好的状态。一开始，是我妈妈来拯救我。随后，我找到很多拯救自己的办法。新的情景只是自动地出现。我现在能够想到那些事而没有觉得它们好像刚刚发生的样子。我知道以前那是多么恐怖的时刻。我知道当时是怎样的感受，但是我现在不用再去重新经历一遍那些感受了。

我和医生共同处理的第一个记忆是我五岁，那时我和爸爸一起到芝加哥市里。他突然变得很生气直接甩手走了，把我一个人丢在那里。我不知所措，举目无亲，心里非常害怕。我根本不知道怎么才能找到他。我们并不是住在芝加哥，我完全没有主意怎么才能找到回家的路。这就是我能记住的当时这件事的所有经过,但是无论何时只要我想起这件事,我都感觉仿佛穿越多年的时间屏障回到五岁时的自己,独自一人被人抛弃。多年以来,只要有人晚一点来接我或者忘记了一个约会,我都会经历同样的感受,觉得无比害怕,被人抛弃,心里十分生气。现在这些感觉全都没了。

我并不知道这方法背后的理论,但是这些方法实施的过程确实深深影响了人们。我只知道好像我童年时期的心理创伤和那种对自己脆弱无力的感觉不知怎样就完全改变了。以前感觉如影随形的危险和不受控制的一切变成我心里的一个回忆,再也不会跑出来在我眼前挥之不去。

如果你或者你认识的人正在和这种类型的病史艰难搏斗,请你相信你们随时都能获得帮助。重要的是要记住,**你所感受到的羞耻和自责都是心理疾病的外在症状,并不是现实**。还记得本书开头时我给大家所举的那首儿歌的例子吗?如果你听到"玫瑰玫瑰花儿红"这样的词,然后"罗兰花儿蓝莹莹"就会自动跳出来,尽管这并不符合事实。那么,感到羞愧和自责就是"罗兰花儿蓝莹莹"——绝对如此。只是因为你觉得它不会导致这样的情感,可能就很难让你把遭遇说出来。但是,因为眼动脱敏与再处理的记忆处理过程是在心理内部发生的,所以没必要详细叙说发生在你身上的遭遇。你完全可以按照自己的节奏,在空闲时间里做练习。本书介绍的种种自我控制的技巧能够帮助你将生活变得更能掌控。但是和处理战争带来的创伤后应激障碍一样,一旦心理创伤扎下根来,一般都需要专业人士的帮助才能顺利克服它。人生本就多姿多彩,远不止控制自己的伤痛。这并不是你的过错,和南希说的那样,绝不是只有你一个人拥有这样的遭遇。

为什么我被迫这样生活

如前所述,给我们留下心理创伤的事情会让我们觉得害怕和焦虑,同时也会剥夺我们选择的能力。在许多方面我们可能毫不怀疑,我们的生活受到早年事件的操纵,迫使我们做了一些看起来很有意义、事实上并不健康的事情。

当别人需要帮助时，我无法拒绝

67岁的苏珊来寻求眼动脱敏与再处理治疗，想要我们帮助她，因为她觉得完全被压垮了。她对任何人提出的要求都无法拒绝。她信誓旦旦地想要改变，并且已经开始找出一些可以消除的压力源和责任感。但是，她看待自己和女儿之间、和孙女之间、和丈夫之间关系的方式才是更大的挑战。"他们都需要我，"她说。不管是经济上的支持，还是各种危机的干预或拯救，她变成了太多人的急救中心——这让她觉得失去了方向，被耗得油尽灯枯。和心理医生的谈话中，她逐渐认识到需要做出切实改变，对他们的要求适当做出回应，做到既适可而止又不伤感情。但这事说起来容易做起来难。

当医生询问她时，苏珊说她并没有什么感到困扰的重大心理创伤的记忆。"嗯，倒是有一件事发生在我和我的表哥身上，但那件事根本算不了什么，因为我从来就没有想过它，现在想起来时，也觉得没什么大不了。那些事情总会发生，但生活还是照样继续。"

当她的心理医生建议处理一下这个记忆时她稍微有点儿生气。"我觉得这好像纯粹是在浪费时间。"但是，她最终还是决定看看到底有没有可能从中得出什么东西来。这件事是关于被她一个十几岁的表哥强奸的记忆，那时候她大概八岁。伴随记忆处理过程而来的种种感受着实让她大吃一惊——受伤、生气、暴怒和抛弃。她最显著的意识来自被侮辱时的感受，同时伴随她想取悦讨好他的愿望。她知道自己不想表哥生她的气，并且表哥威胁说如果不遂了他的愿，以后就再也不跟她玩了。

苏珊开始后续治疗，她说真的不知道是为什么，但是现在已经无比确定地知道，她将再也不会、也永远不会让任何人利用她。她比以往任何时候都看得更加明白，在她的生活中，家人和朋友等其他人是怎样滥用她的一副好心肠，而她对此感到相当不高兴。

通过更多的记忆处理之后，苏珊接下来和家人之间的关系变得健康多了。现在她堂而皇之地拒绝别人，心里感觉也很舒服，不再因为坚持原则而担心被别人抛弃。这个问题是我们很多人都难以避免的。如果你属于这种类型，那么好好看看到底是什么驱使它出现将会非常有用。是不是有什么未处理的记忆让你有这样的感觉，并且不断驱使你做不想做的事情？

当别人需要帮助时，我避之唯恐不及

与之相反走另一个极端的例子是本杰明，他对帮助别人总是避之唯恐不及，尤其惧怕在紧要关头帮助别人。他觉得自己和其他人都不一样，不能与别人产生共鸣，不够关心体贴别人，而且在面临压力时不能"正常"做出反应，这些让他万分痛苦。通过"回溯"的技巧，带来的记忆是一次交通事故，他亲眼看到一些朋友遭遇车祸。他和其他几个哥们看到了车祸，所以跑过去帮忙。本杰明设法帮助困在车里面的朋友，但是等他打开车门，她一下子跌了下来，头部重重撞在了坚硬的路面上。她昏迷过去后再也没有苏醒过来，几天后就离开了人世。他深深自责，因为觉得是自己导致了她的死亡，没有设法防止她的头撞到地面。

现在，在眼动脱敏治疗的记忆处理期间，他这样评价自己："唉，这实在是太蠢了"或者"真不敢相信我竟然会这样做"，最后他说："好了，我都明白了，这并不是我的错！"此后不久，他搬到另一座城镇。几个月以后他给心理医生发了一封邮件。那时候他在机场，走在他前面的一位女性不小心摔倒了。他说自己马上放下行李，第一个冲上去帮助她站起来。几天以后他才发觉，在危急情况下他做出了很正常的反应。他非常关心那个女人的安危，并且做出了他认为只有其他人在当时情况下才会做出的反应，而不是他过去一贯有的反应。他逐渐意识到他过去把采取行动的反应与引发他朋友的死亡两者联系在了一起。现在他的各种反应从处理过的记忆中自然而然地生发出来，而不是从未处理的记忆当中迸发。因为他不再被过去那些东西所驱使，他才可以选择走自己的道路。

探索自己的安全感和控制感缺乏

焦虑和恐惧可能来自某一段引发我们身体或者心灵上痛苦的经历，两者之间

并没有多大的差异。每一种来源都会导致我们出现创伤后应激障碍的症状，全神戒备的恐惧症，低强度的焦虑或者自我贬低的感觉。我们在第 5 章中所探索的消极认知的表格强调的是负罪感。在这个部分将要处理的是其他两种类型，主要强调的是缺乏安全感和缺乏控制 / 力量感。

缺乏安全感/容易受伤害

我们已经仔细研究了很多与恐惧和焦虑相关的例子。如果你知道自己患上了恐惧症或者创伤后应激障碍，你很容易就能辨认出哪一个消极认知（下面列出的这些消极认知）适用于自己的情况。对于那些并不知道自己的情况，或者想知道自己在这方面是不是有什么其他的棘手问题，那请在笔记本上另选一页，写上标题"缺乏安全感"。做好准备在需要时随时使用改变呼吸方式、腹部呼吸或是安全 / 平静地带的技巧。然后在笔记本上写下脑子里想到的第一件事情，填完下面这个句子：

_____不安全。

然后请慢慢把下面这个表读一遍，注意身体反应。写下好像和你有关的消极认知。一旦完成这个练习，如果你愿意，可以使用在第 4 章里学过的"回溯"技巧，辨认出目前的事情和记忆，写在标准记忆单子上面。

缺乏安全感 / 容易受伤害

★ 我无法相信任何人。

★ 我现在处境很危险。

★ 我现在不安全____（填上你自己和/或从下面所列举的项目中选择。）

　　我犯了错误会不安全。

　　我有了什么感觉会不安全。

　　我表露情感会不安全。

　　我放松警惕会不安全。

　　我坚持自己的权利会不安全。

　　表现得很脆弱会不安全。

依靠别人会不安全。

除非我掌管否则会不安全。

除非我得到自己想要或者需要的东西，否则会不安全。

和人走得太近会不安全。

爱上别人会不安全。

这些类型的感觉一般都来自未处理的经历，它们是我们目前很多反映的隐蔽的来源。例如，马克斯对他的同事非常生气，明明她说过要做的事情却从来不算数。当他处理最近伴随有"我没有安全感/我无法相信别人"这样消极认知的经历时，过去的一段记忆联系出现在脑海里。当马克斯还是个小孩子去看医生时，大家告诉他将要给他打的针一点儿也不痛，其实却痛得很厉害，医生说话不算话。在这段记忆得以处理以后，马克斯对他同事的怒火马上就消失了。这个同事不过是你可以预测到说话不会算数的人。马克斯的过去不再激发他目前的种种反应。一段发生在很久以前看医生的经历变成十几年之后在工作上遇到难题的基础，这个事实是我们记忆网络的错综复杂、如网状辐射的特征的另一个例子。所以，如果你使用"回溯"的技巧来发现隐藏的记忆，请设法让思绪飘到哪里算哪里。就让一切该发生的事情，自然发生。

缺乏控制/力量感

这一类型和做出各种积极选择并在这世界施加控制影响的能力有关。成功消除了来自前一个类型的消极认知的人现在可能会觉得某件事、某个人，不再能伤害到他们。目前的这一类型主要关注诸如"我不够强大或不够坚强，无法处理生活给予我的一切"或"我总是无法控制或者掌控生活"这类的消极情感。其实，这和个人力量有关，即心理学家所谓的"内控点"，意思是力量的源泉来自内心世界而不是外部世界。

和另外两种消极认知一样，消极情感和观点的起因也是让人觉得自己没用或者某种程度上有所不足的事件留下的未处理的记忆。

我无法取得成功VS我必须超过所有人

朱迪是个50岁的女人，在感情和工作上越来越觉得自己无用。当她和丈夫在一起时，她觉得黯然失色并自惭形秽。尽管她的创造力异常突出，她却无法让写作生涯更进一步。她遇到的一个问题就是当她和那些在写剧本时需要建立各种联系的人交谈时，她觉得害怕怯场、不善言辞、笨头笨脑并且反应迟钝。对她的心理医生来说，她好像长期处在一种由轻微到中等程度的羞愧状态。她的消极认知就是"我无法取得成功"。在病史采集阶段，原因变得非常清楚。她爸爸是个非常发愤图强的人，以前曾在他的几个孩子中设置各种竞赛——内容涵盖一切，从填字游戏到体育运动。朱迪是四个孩子里年龄最小的一个，她赢得比赛的机会并不多。

和朱迪情况相反走另一个极端的是大卫，他强迫自己要超过所有人。他的消极认知是"我不得不做到完美无缺"。由此带来的压力和他感到被迫长时间工作这两者结合在一起，给他的身体健康带来了极大的负面影响。大卫的问题可以追溯到一个标准记忆，这件事发生在他大概十岁时。他爸爸每天工作12小时，一般回到家里时都是累得精疲力竭。他爸爸的家庭教养和极度疲劳的状态一起导致他爸爸的脾气非常暴躁，一点就着。有一天，大卫正在做拼写作业时他爸爸走进房间来考考他。虽然大卫知道题目的答案，但他太紧张，不停地出错，他爸爸变得越来越灰心丧气。最后，当大卫又答错了一道题时，他爸爸猛击一拳，重重打在了墙板上，把墙板都打穿了。尽管他爸爸在后来谈到这件事时忍不住哈哈大笑，对于大卫而言那却是个关键的时刻。正如他所说："这一拳稍稍偏一点就打在我的头上！"总体来说，有了那次经历后，他就要千方百计避免失败，不论付出多大的努力也要成功。而且一定要做得滴水不漏完美无缺才行，否则就要感到焦躁和害怕。

不管是自己感觉好像孤立无助还是你总要让自己处在控制地位，隐藏其后的原因一般都可以通过检查你的记忆网络来发现。请你辨认这一类的消极认知中哪些对你最为紧迫。我们再寻找与这个看法一起而来的消极感觉和身体感受。

例如，当有个未处理记忆的强奸案受害人想到"我很无力"这样的话时，将会带给她很多消极的感受——但是对一个完成12步项目[一]的人而言，这些话可能会带来积极的情感。和你前面做过的练习一样，请慢慢阅读下面的列表，注意身体反应。将你的选择写在笔记本上，放在"缺乏控制/力量感"这个标题下。再次提醒你，完成这个练习后，如果你愿意，可以使用"回溯"技巧并辨认最近发生的各种事情和记忆，为你的标准记忆列表做个参考。

缺乏控制力/力量感

★ 我不能控制这一切。

★ 我无能为力（孤立无援）。

★ 我无法得到自己想要的东西。

★ 我无法维护自己的权益。

★ 我无法让自己放松下来。

★ 我无法相信自己。

★ 我是个失败者（肯定会失败）。

★ 我无法取得成功。

★ 我不得不做到完美无缺。

★ 我无法处理好这件事。

巩固自我控制技巧

正如我在前面所说的，恐惧和焦虑可能只是警示信号，我们需要它们来评估情况并判断是否真的有危险，以及需要采取什么措施来解决问题。但是有时候这些感觉可能只是过去老问题留下来的残余。如果你一直都在坚持记录TICES日志，那么你就拥有了更为广泛的样本，知道各种引发你抑郁情绪的情况。如果已经认出你的消极认知和引发它们的那些记忆，那么对于各种操纵你

[一] 12-Step Program，指通过一套规定指导原则的行为课程来挽回（治疗）上瘾、强迫症以及其他行为习惯问题的项目。——译者注

的表现的事情你就有了更好的主意。恐惧症、创伤后应激障碍和其他严重的心理恐惧一般都需要心理医生的帮助才能克服。在其他的情况中，自我控制技巧也能帮助你更好地安排生活，增加积极感受。

安全/平静地带资源库

如果你一直在列举一份当前各种情况和消极感受的清单，那么你也能认出自己经常会有的各种消极感受，并将其添加到你的技巧大全里去。现在好好看看你的清单，看看某些消极感受和想法出现的频率有多高。如果你认出一个安全/平静地带，你也就能够找出在你感到烦恼时可以利用的其他感受和情感。如果你常常觉得"我还不够好"，那你有没有什么积极的记忆可以让你体会到一种成就感？如果有，那就使用你在第3章中学到的安全/平静地带练习，并且将各种不同的积极感受和其他你能够任意想起来的关键词语和关键景象联系起来。如果你常常觉得"我不够讨人喜欢"，那就看看你能不能记住一个你觉得非常有安全感的时期，即觉得安全并接受目前的一切。使用这个练习，让你在负面记忆触发时能随时随地找到这些美好感受。

如果你想不起任何积极正面的回忆，这也给了你重要的信息。有时候它们可能很难被回想起来，尤其是在你感到心情抑郁时。研究显示，在感到心情抑郁时，很难想到什么积极正面的事情，因为大脑事先已经准备好，只能想起那些包含有消沉悲观情感的事情。如果情况真是这样，或者如果你发现安全/平静地带的联系和其他技巧都不足以克服你在不同情况下出现的消极感受，那么请考虑和一位心理医生合作，一起来处理引发你痛苦的记忆。如何选择心理医生的指导意见放在附录2中。

我们对于儿童时期所拥有的消极经历并不负有任何责任。但是，作为成年人我们对决定如何来应对这些经历负有不可推卸的责任。如果你发现身上有一些你宁愿做出改变的东西，那么你需要考虑的问题就是你能否独自完成这种改变或者你是否需要别人的帮助。

缓解焦虑的技巧

虽然眼动脱敏与再处理疗法需要在一位受过训练并有执照的心理医生的帮助下进行，你却可以使用其中的一个组成部分来进行自我保健。你并不能做记忆处理，这需要完成所有眼动脱敏治疗的程序才行。但是你可以尝试某种类型的两侧刺激——交替轻敲。也许这在缓解轻微的焦虑症方面非常有用。研究人员将其理论化，说交替轻敲可以触发一种放松的反应。但是，有时候它可能会改变你的心理，让你想起相关负面的内容。所以，监控它的效果就显得非常重要。

我在第3章中已经说过，蝴蝶拥抱是在墨西哥发展起来的，目的是帮助一群人做创伤后应激障碍的治疗。你也许在之前已经使用过这种形式的两侧刺激来强化你的安全／平静地带，那时你加入了交替的轻拍来看看那些积极的感受有没有变得更强大。只要你能成功使用它，那么在你感觉抑郁或者焦虑时也可以试一试。

但是，和你使用安全／平静地带这个技巧时一样，重要的是要时刻监控你自己，确保你不会开始激发那些消极的记忆。你现在已经知道，你的记忆网络是精细复杂的网状联系。你需要监控自己的反应，这样就不会最终给自己带来极度困扰的记忆。如果不幸带来了困扰自己的记忆，那么使用其中一个自我控制的技巧来迫使其停止就显得尤为重要。你可以从以下这些技巧中挑选：安全／平静地带资源库、螺旋、颜料罐、卡通角色或者改变呼吸方式。

你可以先行试验，安排自己先做蝴蝶拥抱，双臂在胸前交叉，左手放在右肩，右手放在左肩。现在想象一件引发焦虑心理的事情，焦虑的主观痛苦指数（SUD）大概在3级水平。你有没有仔细研究一下为什么它会一直留着心里？是不是显示出一个需要采取措施加以解决的问题？如果是这样，你有没有决定采取什么样的措施来解决？然后，在这个时候，直接处理这个焦虑心理就很合适了。那么请你在心里想象这个情况的具体景象，同时在你交替慢慢轻拍肩膀四到六次时关注你的各种感受。这是一套动作。然后做一次深呼吸。如果你感觉好受一点，那么请你接着再重复做五套这样的动作。如果每做一次你发现情况都变得更加糟糕，或者有更为消极负面的事情出现，那就放弃它，使用其他的自我控制技巧。

如果你发现蝴蝶拥抱现在对你很有作用，你也可以试一试交替轻拍你的大腿，用同样慢的节奏轻拍同样长的时间。如果这招同样管用，那么在不同的情况下你就有了可以使用的另一种选择。这两种方法都可以帮助你应对压力和较低程度的焦虑（大概 SUD 4 的水平）。**只是要当心，监控它们是减轻了你的障碍还是朝着更让人担忧的方向发展**。我们的记忆网络有时候是难以捉摸的，在一个方面很起作用的东西换到另一个领域就完全不管用。但是有了这些你已经学会的不同的自我控制技巧，生活就变得更能掌控。

当一次自己的父母

我有时候不禁想，如果我们都在这样的家庭里长大，家人知道如何好好疼爱、珍惜和抚养我们，那这个世界会是什么样子。我的两个同事有个非常漂亮的儿子名字，叫亚当。在他大概三岁时，脚下一滑，掉进了游泳池深水区的那一边，并且迅速开始往下沉。他爸爸立刻紧随其后一头扎进水里，一把将他拉上来，将他交给游泳池边上的妈妈手里。这对当时在场的所有人而言都是个非常可怕的事件。但是她使用了一些已经学会的技巧，正确处理了自己的恐惧心理，这样她就可以全身心放在亚当身上。她没有表现出当时她有多么的惊恐，也没有努力用笑声来淡化他的恐惧感。她搂住亚当，不停地对他说，"好了好了，你现在已经安全了"，一边带领他不停地慢慢做深呼吸。那天他们一遍又一遍地谈论当时的事件；每次她都让亚当确信他已经安全并带领他慢慢做深呼吸。

大概过了六个月，当亚当的妈妈把他举出浴缸时，他直视着妈妈的眼睛，双手紧紧抱住她的脖子，然后说："我现在安全了。"他还说"我爱你，妈妈。"然后他问妈妈记不记得把他拉出游泳池并不停安慰他。她当然记得了，她说她确定无疑地记得当时的经历，并且很高兴他知道当时已经安全了，有人保护着他并且深深爱着他。

亚当六岁大时，我和他的父母约好一起玩，大家在一个游乐场那里见面。亚当走到一些隧道里，然后又爬到高高防护网上面。过了一会儿，我们才意识到天色已晚，让他赶紧下来。他开始下来，但是行动非常缓慢，走一段停一段。我们不知道发生了什么事，便又一次大声喊他。但他还是走得非常慢，走走停停。突然之间我们意识到发生了什么事。一个小女孩，大概四岁的样子，她妈妈并不在这周围，她设法爬到了防护网上面，但是却害怕爬下来。亚当不断鼓励她，让她跟在他后面，他则小心慢慢往下爬，不时停下来等小女孩追上他。他不愿意丢下她不管。最后，等他们终于成功走到地面上以后，他看着小女孩的眼睛，拍拍她的手臂，说，"好了好了，你现在已经安全了。"然后他才放心地走开，小女孩的妈妈也已经跑过来接她了。

　　如果我们整整一代人都像亚当那样被抚养长大，父母充满爱心并且积极响应孩子的需求，真不知道这个世界会变成什么样子。小男孩和小女孩都非常清醒、自信和善良，愿意帮助其他人，而不是取笑他们的弱点或者忽视很需要帮助的人。我们很多人并没有亚当那样幸福的童年。但好消息是，**对任何人而言，在适当的帮助下"当一次我们自己的父母"，为时还不算太晚。**

第7章

记忆的伤引起身体的痛

身体上的问题会以很多种形式呈现。有一首诗歌是这样开头的:"呵,身体,我的身体,你是我的朋友和伙伴。你是我一生所知道的最大背叛。"这一句似乎可以概括我们很多人心中的感受。没了它寸步难行,可它又丝毫不受我们的控制。我想做点事情,可我的身体总跟我过不去。我下决心要试试高台跳水,可我的膝盖就是抖得不像话。我参加一个晚会想要见识一些人,可是刚挑起一个话题马上就结结巴巴语无伦次起来。我想一辈子活得开开心心,可是我身体上的痛苦却没有一个医生能够说清。

在这一章里,我们将会处理形形色色的症状,它们都牵涉身体上的问题。这些问题都很常见,常常也可以治愈,只要我们仔细检查这些问题从什么时候开始,那段时间里都发生了些什么事情。我们开始时会一起研究各种各样的身体状况,通常人们都相信它们纯粹只是身体上的问题,但实际上却很可能是由未处理的记忆引发的。我们在本章结尾将会做个人探索并介绍一种很多人都觉得在控制痛苦方面非常有用的自我控制的技巧。

心理、大脑和身体的联系

当心理学家谈论"由心理原因引发的"种种问题，他们一般指的都是"精神"（心理）对"肉体"（身体）产生的影响。但是对许多人而言，这种说法听起来好像让人觉得他们的痛苦被打了折扣，变成"这都是你的心理问题"。实际上并不是这样。其实我们身体的控制中心就是我们的大脑。大脑、心理和身体之间的互动交流一刻也未停止过。有时候身体上的反应会影响到我们心里的安宁。每个人在生病或者极度疲劳时都会感到情绪低落，相信大家都有这样的经历。同样道理，精神状态也会影响到我们的身体。已经有大量的研究显示，精神压力会影响到我们的心脏、呼吸和免疫系统。但是，在探索可能出现的不同身体／心理问题时，大家要记住，可能正是记忆存储在大脑里的方式直接影响到我们的具体感受和心理上、身体上的种种反应。即使身体出现了明显的问题，比如说生病或是截肢，我们对这种情况的具体感受可能还是会受到未处理的记忆的影响。在其他的时候，**由未处理的记忆所引发的种种症状可能会被当成身体内部的问题而被掩盖了。**

童年记忆与惊恐障碍

快停下来，我要被折磨死了

让我们先来看看卡尔的例子。让他备受折磨的情况也在影响成千上万的其他人。下面就是他所介绍的30年来的具体感受：

这些症状是我在13或者14岁时开始出现的。我现在记不清具体是什么时候开始觉得不适或当时我正在做什么了，但这已经变成我生活中的一部分，持续了很长很长一段时间。每次犯病时我都觉得神志恍惚、身体发抖、出汗、头晕眼花，严重到我不能走路不能正常生活，最后我会呕吐不止。这些年来我一直在看很多不同的医生，他们个个理论都有一大套，但是没一个人能治好我这个病。一旦发病我唯一能做的就是躺下去睡一两个钟头，这样才能感到好过一点。医生给我的东西没有一样能起作用。

随着年龄的增长，我开始读大学，最后结婚成家，这些症状继续影响并控制着我的生活。我在做运动、考试、演讲、约会、面试、参加晚会等情况下都会觉得不舒服。这个"病魔"完全控制了我的生活，而我则无计可施。这个病给我的婚姻以及我和子女之间的关系带来了极大的压力，以致离婚似乎是最靠谱的一个出路。随着孩子日渐长大，参加的各种活动越来越多（体育活动、音乐活动等），它也开始影响到我和孩子之间的关系。我给儿子的棒球队当教练当了一两年，可是我不得不停下来，因为我无法承受巨大的压力，几乎每场比赛我都要犯病。即使在我不做他们教练以后，我都不能舒舒服服地正常去看他的比赛。有一天我无意中听到儿子跟他妈妈的谈话，他说他"想要个新爸爸"，因为我生病实在太频繁。这句话听起来很伤人，并且让我意识到我现在必须得把某些东西搞清楚才行。

在30年的痛苦折磨之后，卡尔发现他患上的是惊恐障碍——并且能够通过正确处理引发这些身体反应的记忆来消除这些症状。其中有些记忆牵涉转学到新的学校、需要参加体育活动才能融入集体所带来的压力。人们在第一次经历惊恐障碍发作时可能会留下精神创伤，因为他们会觉得非常难过或者觉得没办法活下去。正像在第6章中研究过的那样，恐惧的感觉可能会被锁进很多的童年记忆中，会被当前各种压力较大的情况所触发。让这幅画面变得更为复杂的是，大脑对恐惧做出的反应是不停给身体打气，全神戒备去应付即将到来的威胁，但是恐惧和无能为力却成为占统治地位的感受，所以现在身体的反应让人觉得不受控制。身体的各种感受，包括心悸、眩晕、呼吸急促（所有这些都没有明显的理由）就会变成害怕的根源，并且"我肯定要死在这上面"的这种想法也会深深植入我们的记忆网络中。当你觉得好像身体就要毁掉自己时，你会往哪里逃呢？然后对什么时候另一次无法控制的身体反应会再度袭来的担心又让压力变得雪上加霜，进而让身体反应变得层层加码，最终就演变成一个恶性循环。在这些现象的上面，身体的种种感受都是真实存在的。在你恶心呕吐并且不省人事时说这"都是心理的问题"根本就没有意义。所以人们常常会踏上求医问药的旅途，遍访名医，寻求解答，经年累月，诸事偏废，和卡尔的遭遇一样。可是正是大脑/身体/心理之间的联系里包含了问题的答案，瞄准引发这些反应的未处理的记忆，就能给我们带来自由的生活。

很多让人觉得不可控制的童年事件都能引发长期的恐惧反应。例如，对惊恐障碍的研究表明，超过半数遭受惊恐障碍煎熬的人都在童年或少年的某个时期和父母相分离——由于死亡、离婚或者其他的什么原因。孩子因此会大受影响，因为在这些类型的经历中被人抛弃的感觉极为常见。孩子会疑惑"我什么事情做错了？"并且总能找到什么东西来加以解释。当你身边某个本来以为肯定会爱你并保护你的人突然间离你而去，感到孤单和害怕也是人之常情。**所有这些感受都可能深深埋进记忆网络里，日后生活中一旦产生足够的压力，这些未处理的记忆就会被触发出来，变成难以控制的身体反应。**

情感纽带和身体反应

我们在前面的章节中已经看到，不够尽责的教养方式怎样变成很多问题的根源。不仅仅给孩子带来情感上的不利后果，可能还会带来身体上的消极后果，而且在很早的时期就开始显现出来。例如，儿童哮喘有时候就可以追溯到缺乏母子间的情感纽带。

无法呼吸

小吉安娜只有七个月大就已经被诊断患上了哮喘。她每天都会出现呼吸急促的症状，常常需要一个急救的人工呼吸器，每周至少有四个晚上会吵醒她妈妈，因为她根本无法呼吸。她已经接受了两次药物治疗，但还是需要不时去急救室。外科医生在一个从A到F的健康量表上面给她的整体健康评分是D。

她妈妈胡安妮塔认为吉安娜肯定是一生下来就有哮喘病，因为她的家族里有哮喘病史。她有三个侄儿、一个侄女和两个姑姑都有严重的哮喘病。在她丈夫这边，他有七个表亲都是哮喘病患者。但是，我们发现儿童哮喘病常常都和母亲的压力有关。而胡安妮塔告诉心理医生的话很符合这种模式。她来自一个家教很严的宗教家庭，她是未婚先孕。她觉得伤心透顶，把这个事实跟家人隐瞒起来。她说她的心"非常痛"。当她把这个事实告诉家人时，他们特别难过，连她的婚礼也没有参加。她觉得给父母带来这么多的失望，因此心情糟透了。

胡安妮塔一直非常害怕和抑郁。想到家人无一支持她，她就感到心碎神伤。她忍受着孩子临盆的巨大痛苦，最终孩子却是通过剖腹产生下来的。吉安娜一生下来马上就被人从妈妈身边抱走了，三小时以后她被抱到妈妈身边时，她妈妈却无法给孩子喂奶。胡安妮塔说当她第一次把孩子抱在怀里时，她竟然感受不到母爱，只是"莫名的惊恐"。她感到无论从身体上还是从情感上都无法真正和吉安娜建立联系。因为生育保险的问题，在她还没有完全准备好出院时，她就被匆匆忙忙地办好了出院手续，她丈夫也比她想象的要提前回到工作岗位。

在三次的记忆处理过程中，胡安妮塔的记忆被当作目标，包括发现怀孕时的惊慌，她家人的种种反应，怀孕期间的悲伤和恐惧，以及生产时的巨大痛苦和孩子出生。这包括当女儿不在身边时她的悲伤心理，以及第一次抱女儿时感到的恐惧。然后在记忆处理期间她想象到一个全新的宝宝出生经历，但是这次却不带任何恐惧。当她想象着发现怀孕了以后她觉得异常兴奋，而且她体会到了整个怀孕期间一直欣喜莫名到底是什么样的一种感觉。她流下了快乐的眼泪。接下来，她想象吉安娜出生时没有做剖腹产，是顺产生下来的。孩子出生后她们待在一起，当她体会到这种感受的滋味时不禁放声大哭。然后她住在医院里，一直到所有东西全都恢复正常为止。所有这一切都进行得美妙无比。

在治疗结束时，医生让胡安妮塔回家在这天余下的时间里好好休息。等到下一周她回来复查时，她告诉大家说，完全出乎她的意料，她感觉到从未有过的快乐。此外，她重新找到的幸福感和母爱好像也影响到了女儿。吉安娜的哮喘病逐渐消失，白天或夜晚的症状都不见了，也不再是玩一会儿就气喘吁吁。她再也没有表现出任何需要再次服药治疗的迹象。一切看起来都完美无瑕。一年以后，吉安娜仍旧没有出现任何哮喘的症状。

心理、大脑和身体

各种各样的情感和身体感受都有可能是未处理的记忆带来的结果。正如在第

5章里所看到的，它们会导致情感纽带的缺乏，阻断了母亲对子女的关爱和养育之情。这同时伴随着一种身体上的麻木或空虚感。而与此相反的另一个极端是，它们会引发强烈的情感反应。由恐惧症所带来的身体感受，以及那些伴随婴儿哮喘症而来的感受，都是身体所表现出来与危险的感觉相关的真切感受。危险的感受编入未经处理的记忆并储存在大脑里，可能会被当前的种种事件触发。

尽管这些强烈的感觉和不适的身体感受都是由未经处理的记忆所引发，但这并不是"一切都源自你心里"——是你的大脑给身体其他部位发出信号。**大脑是身体的一部分，是我们所有的身体反应的来源**。诸如惊恐障碍和儿童哮喘这样的情况可能是不合适的记忆储存（这是身体实际的情况）所表现出的身体反应。如果尝试过无数的医疗干预都达不到任何效果，那就要好好想一想，也许这并不单纯是身体上的问题，需要进行不同类型的干预才行，这样想很重要。如果未处理的记忆是问题的核心所在，那不用多久就可以检查出来。

往事给身体带来的痛苦

我在1989年发表的一项对照研究中的一个参与人员告诉我说，这个治疗消除了她的恶心感受，自从她被迫为人口交以后，这种感受她每周都要经历好几次。听过她的话之后不久，我和另一位名叫贝斯的患者一起合作来处理她的驾驶恐惧症。她曾经经历过几次车祸，我们把这些车祸作为目标来进行记忆处理。在其中一个治疗过程中，贝斯说她感受到后背附近有种拉扯的感觉，这种感觉突然之间就消失了。之后，她告诉我那种感受和她几乎每月一次去找按摩师来推拿的身体感受一模一样。她以前从来没有将其与几年前发生的交通事故联系在一起，在那场交通事故中她身体受了伤。那次治疗以后，她再也没有体会过那样的感受，也没有再去看一次按摩师了。另一个患者弓腰驼背的姿势在我们处理他儿时遭受羞辱的记忆以后自然而然地就伸直了起来。这些类型的经历都显著地表明那些感受并不在他们的心里，而存在于他们的大脑里，并且在他们的身体上可以明确感受到。

幻想的身体疼痛

随着疼痛和痛苦来了又去，有时候很难确定它们到底来自什么地方，以及为什么会出现。但是没有哪种感觉能比得上幻想的肢体疼痛那样让人捉摸不透。据估计仅仅在美国，就有大约160万的人由于各种事故、战争或疾病而失去了肢体，其他发达国家断肢人群占总人口的比例也差不多。地雷在世界范围内导致成千上万的人截肢，其中大部分都是平民，而平民中的大多数又是儿童。其中大概有80%的人继续感受到他们那残缺的肢体，超过半数的人说他们有着慢性的常常是剧烈的疼痛。

有这么多的人毫无必要地经受折磨，并且认为肯定是神经出了问题，因为他们明明感受到痛苦，但带给他们痛苦的肢体却根本已经不存在了。想到这一点真让人觉得很悲伤。这些受害人中有很多人经常被告知"这都是你的心理出了问题"——因为身体的这一部分已经不在了，而且止痛药也起不到任何效果。有时候一些医生觉得这可能是神经损伤，因此外科医生设法要么切除一部分的脊髓要么切掉肢体剩余的部分，设法找到一个"健康的"神经。这种办法也不管用。现在人们对于幻想的肢体疼痛有了更多的了解，科学家把这个问题看成主要是大脑改变了工作方式以便组织截肢的这段经历。通过使用眼动脱敏与再处理的疗法，我们也发现幻想的肢体疼痛只不过是存储在未处理的伤害记忆中各种感受的一种。

对每个人而言幻想的肢体疼痛都会略有不同，因为它包含了事件发生时所经历的种种感受。如果有人一只脚被压碎，或者一只胳膊被切除，这些就是那个人可能经历的感受，并且伴随医疗程序带来的所有痛苦。

吉姆是个现役海军陆战队士兵，因为一次车祸他的一只腿被截除了，他就有了典型的幻想肢体疼痛。这位久经训练能吃苦耐劳的海军陆战队士兵被要求描述一下他的各种痛苦及根据一个10分量表而来的剧烈程度。连同"轻痒"的感觉（3）和持续不去的"好像你的腿陷入睡眠的酥麻感"（5），他的痛苦有：

★ 隐约的酸痛感——6

- ★ 每天都有的闪痛——8
- ★ （幻想的）从脚到大腿发散的疼痛——8
- ★ 严重的痉挛——9
- ★ 每周都有极度的"锯断"的疼痛——10

想象一下应付这种痛苦带给人的后果——并且根本看不到缓解的迹象。他来治疗时对痛苦能得到缓解并没有抱什么希望，而是想要处理一下和那次事故相关的一些其他症状，包括全面发作的创伤后应激障碍和每天都有的侵入性想法，高度的警觉（总是警惕各种危险），害怕驾驶，抑郁，焦虑，易怒，难以入眠，精力缺乏，内疚，持续存在的抑郁（焦虑，易怒）混合的心情和失眠。他觉得前途一片渺茫，和周围人相处也是困难重重，因为他觉得被大家当成了"怪胎"。

吉姆已经退役返回家乡，他只接受了四个疗程的眼动脱敏与再处理治疗。但是，在这些疗程中他已经取得了很大的进展。在记忆的再处理阶段，他的目标包括了一段回忆，他坐在地上，为了阻止失血过多他的一条腿几乎被折断。尽管治疗的时间较为短暂，他的创伤后应激障碍和抑郁症都得到了解决。此外，所有那些疼痛的感觉也都已经消失了，除了有一点2～3级水平的酥麻的感觉还在，但他说这个很容易忽略不计。在记忆处理阶段，吉姆总结了所拥有的全新的个人坚毅品质的感觉，并且有了这样的座右铭"精钢热胀冷缩，能屈能伸，但从不会折断"。同时还报告了眼前出现对自己的一个自发印象——看到自己装上新的假肢昂首挺胸阔步前行，同时伴随着"坚强有力"的感觉。

对于吉姆而言，有些幻想的痛苦是非常清晰可辨的。我们处理当时事故的回忆，当前触发记忆的事件和这个人对未来的种种恐惧。但是，事情并不总是这样容易。德国的一个病例情况就异常复杂。

一个醉酒的司机撞上阿尔杰的摩托车。他的一条腿几乎从身体上硬生生拽断，同时他还承受着很多内伤的煎熬。他痛得死去活来，医生给他做完截肢手术以后只得用药物使他进入昏迷状态。尽管他尝试过各种各样的康复治疗，什么都不起作用，他继续经受着极为剧烈的幻想痛苦的折磨（满打满的10级痛苦）整整煎熬了他八年时间。当他再次尝试一个康复治疗计划时，他遇到了一个精神病医生，用眼动脱敏与再处理疗法给他进行治疗。

一共用了九个处理的疗程才消除了阿尔杰的痛苦。除了那场摩托车交通事故的记忆以外，他还需要处理心里对妻子的内疚和亏欠感，因为他妻子听到他车祸的消息后流产。还有一段记忆是牧师到医院来看他，在他的病床边这位牧师告诉他"上帝总是看顾一切，并且会保护每个人"。他记得当时的愤怒和久久萦绕在心头不去的自责，伴随这种自责的是这样的想法："我做得不够好，不值得上帝眷顾保佑我。"在这个疗程结束时阿尔杰认识到他没有做任何不好的事情让上帝对他实施惩罚，他需要将精力重新定位来打造全新的生活。经过其他几个以那场交通事故现场为基础的疗程以后，阿尔杰的痛苦全部消失并且再也没有回来。这是他的心理医生在18个月后和5年以后的随访得到证实的事情。

尽管吉姆和阿尔杰的身体疼痛一直保留在脑海中长达八年之久，通过记忆处理以后还是被完全消除掉了。这些绝不是孤立的案例，比如来自四个不同国家的研究人员所发表的多篇文章讨论的利用眼动脱敏与再处理疗法成功治愈幻想的肢体疼痛显示的那样。虽然肯定有一些时候出现严重的神经伤害或者其他类型的器质性损伤，在绝大多数的病例中疼痛不过是储存的记忆的一部分而已。由于这个原因，幻想性的疼痛可以在身体的不同部位感受到。再举一个例子，很多做过乳房切除手术的女性都会遭受幻想的乳房疼痛的折磨。只要是一直为某个手术的记忆所困扰，那么在手术或者受伤的部位就会出现幻想的疼痛感觉，而且不会随着时间的流逝自动消失。同样的原因，另一些被火烧伤或者受到过殴打的人可能会在伤口愈合以后很久还会继续感受到疼痛的感觉。在这些案例中，巨大的创伤所留下的疼痛感可能还会在记忆网络中出现。如果你有这些感受，那么研究一下处理记忆能不能减轻你的痛苦可能非常值得一试。

从头到脚的痛

其他类型的无法解释原因的身体疼痛，包括头痛，也有可能是未处理的记忆带来的后果。例如，我所治疗过的一个遭受过性侵害的人说，几年来每天必犯的头痛症状在经过了眼动脱敏与再处理治疗的再处理环节后全部都消失了。这样的说法实在太常见了。

比如，有个特别活跃特别成功的导游以前每隔一两周都会发作一次偏头痛，一发作起来她就得卧床两天的时间。她也去看过神经科专家，做过脑部扫描，而且书上写的每种治疗偏头痛的药她都吃过，但是好像都没什么效果。她的心理医生注意到所有的工作她都要付出150%的精力，而且她还有点儿完美主义的倾向。毫无疑问，在偏头痛发作之前的白天或夜晚，她心里的感觉就是肯定要把什么事情搞砸。和医生一道，他们确定了需要处理的记忆，这些记忆一直带来"我是个令人扫兴的人"和"我实在不够好"这样的感受。然后她的偏头痛症状就消失了。

还有一个患者从八岁开始每到周日晚上就头痛得厉害。结果证明他的父母大概是在那时候分手的，他每个周末都必须要和父亲一起过，而到了周日晚上他又得回家跟妈妈一起过。通过处理他父母分手的这段经历，很明显头痛病是他在父母两个家庭之间穿梭所感受到的压力的一种表现。如果你或者你所爱的人正在备受头痛病的煎熬，通过记忆处理也许花不了多长时间就能发现，头痛是不是由于压力引起的，抑或是一段过去回忆留下的后遗症。

即使本来有身体上的一个诱因，持续不断的疼痛最好还是要检查一下病因会比较有用。再举最后一个例子我想已经足够了，其实我只是要大家明白储存在脑海中的痛苦带来的效果可能会有很多种形式。

一个45岁的社会工作者来做心理治疗，一年前她开车和人迎面碰撞发生了一起车祸。特丽莎经受了闪回、孤立无助感、噩梦、不受控制的想法、背部受伤和腿部疼痛，影响到她的正常生活。她需要一个助行器，并且走路时不得不拖着右腿前行。她丈夫也在这次车祸中受伤的事实更加重了她的内疚感，以及这次车祸全是她的错这样的感觉。在针对这次车祸的心理治疗中，特丽莎看到车前大灯直冲她而来的景象，她的右腿直直向前伸出去，仿佛是在急速刹车。整个治疗期间她的右腿都保持着这种姿势，她也意识到已经尽了最大的努力。有了这种想法，她说"无助的感觉得到了治愈""痛苦的感觉得到了治愈"。在治疗结束时，她站了起来，没有任何帮助就直接走出了办公室。

这是另一个幻想的疼痛的好例子。特丽莎丧失走路的能力是真实的情况。她感受到的痛苦不允许她继续走路。虽然疼痛的本来诱因早已不复存在，疼痛的感受依然留存在这场事故未处理的记忆中。和某些类型的手术做过以后疼痛感并没有消失一样，这是又一个例子，证明储存的记忆有时候怎样表现为身体上的症状。

我失去了应有的感觉

如我们所见，储存在我们记忆网络中一段经历的各种感受能产生疼痛的感觉，但它们同时也是我们体会不到任何感觉的原因所在，即使是那些我们特别想要体会的感受。这是在性治疗中较为常见的情形。人们能感受到对伴侣的爱，他们想要走得更近、变得更亲密，但他们就是没有任何想要做爱的感觉。不知道出于什么原因，他们遇到了阻碍。同样，常常是过去一段经历的记忆引发这样的问题。

我还算不上一个男人

比尔慕名而来做眼动脱敏与再处理治疗，因为他和伴侣在一起时表现得性无能。他的这种情况可以追溯到在他六岁时父母的离婚。他的心理障碍来源于他妈妈在那时候告诉他，想要取代他的父亲，他做得实在太差了。当然，在六岁时根本就不是他能承担得了的事情。但是我们都知道，小孩子一般都会为父母的错误而自我责备。现在，他已经是成年人，他妈妈最近的病情迫使她搬到一所疗养院去住，这件事引发了他心里的内疚感，以及那段母亲对他失望透顶的记忆，还有他妈妈说过的"他还算不上一个男人"那样的话。他的阳痿就是他觉得没有能力照顾母亲的感受在身体上的反映。在记忆处理期间，他的感受从"我没有能力"转变成"我就这样挺好的"，并且他对性的感觉和能力都恢复了。

比尔的问题是目前发生的某些事所引发的，但有时候性方面的问题可能会非常严重和长久。

我从来没有性需求

桑迪在34岁时参加了一个女性的性治疗小组，这些人都无法感受到性刺激或性高潮。她非常爱她的男朋友，但就是无法和他亲热。当一个小组成员问她上次感觉有点性需求是在什么时候，她回答说："从来没有过！"并且变得非常心烦意乱。

心理医生为她提供了单独的眼动脱敏与再处理疗程，使用"回溯"的技巧找出她在15岁时第一次约会过程的记忆。她的约会对象送她回家，两人站在她家的大门口，嘴唇相触，那是她平生第一个最为纯洁的吻，她记得人生第一回感到"如梦如幻"，正在陶醉时，她的父亲猛地一把推开大门，大骂她是"婊子"。她所有的感觉立刻影踪全无，并且把自己完全封闭起来，在接下来的20年里她再也没有任何性方面的感觉。通过记忆处理以后她重新恢复了那种联系，包括获得性高潮的能力。那扇通往性感觉的大门曾经被重重关上，最终又重新开启。

成千上万的人承受着各种症状的折磨，却以为是身体健康状况出了问题。这些症状有时候只要通过一个记忆处理环节就能很容易地加以辨别，因为心理问题和身体问题之间的界限非常明确。正如桑迪的例子显示的那样，有什么事情发生，然后开始让她再也无法体会性接触带来的快感。在其他的例子里，情况可能会更加复杂一点，因为涉及的因素非常多。有些问题表面看起来似乎是由身体状况不适引起的。这个人以前有过这种症状，但是早已经消失了。现在，多年以后，这种症状又回来了。治疗已经不起作用，并且医生确信这只是旧病复发。这也完全合乎情理，但其实可能根本就不是这么回事。在多数的例子中，人们来做眼动脱敏与再处理治疗时，他们并不是来寻找身体问题的合理解答。他们只是想要缓解情感症状。但是，如我们所见，记忆网络非常复杂，其产生的效果可能影响非常深远。

替代性创伤

亚伦来做心理治疗时已经50岁了，他想要处理多年以前学生时代反越战示威的记忆。他已经尽力维护学生和警察之间的和平，但是在混乱中他被人痛打一顿，全身到处留下棍棒伤痕。这让他住了很长时间的医院，头上的伤口疼痛难忍，腿上的伤口让双腿麻木失去知觉，但是通过精心的治疗和修养他终于康复了。现在，30多年以后，双腿的那种麻木感又回来了。过去一年多以来，他走路不得不依靠助行器，他的双腿完全失去了感觉。他的医生诊断是原来的旧伤口损害了神经引发的神经麻木症。但是，这并不是促使他寻医问药的原因。他最终决定来做心理治疗是因为自从美国部署部队到伊拉克以后，他不停出现作为越战反对者的那段经历的记忆闪回。

在我们处理他挨打的那段记忆时，其他的联想也伴随出现。他和心理医生分享了一些经历，这段经历他从来没有告诉任何人，因为他担心别人以为他疯了。他说有时候他觉得很可能在重过一段以前的生活，在那段生活中他死在一所集中营里。他无法为这段记忆提供任何其他的解释，因为他一辈子都有这样的闪回和噩梦，他在一个集中营生活并死去的场景，每个细节都栩栩如生且骇人听闻。他觉得无能为力，不能四处走动，不断策划图谋，或不惜一切手段要改变弥漫在周围的恐惧。

当在集中营这个景象被作为医治目标时，通过几组眼动治疗以后，艾伦长吁一口气说："哎呀我的天，原来这不是我——这是我叔叔的记忆！"他亲身体验他叔叔的经历，在体验中他看到自己处在当时的场景中，并且切实感觉到、闻得到、尝得到和听得到周围的一切，这一切是那样生动，那样清晰，渐渐地他感觉好像这是他自己的感受。这是一个"替代性创伤"（vicarious traumatization）的绝佳例子，也就是人们听说某件事以后就会发展成全面的创伤后应激障碍。这在孩子年幼时特别常见。他们可能在电视上看到什么场面，因为他们心里觉得不舒服，这种场景感觉就像是发生在自己身上一样。

艾伦只有四岁大时，他的叔叔赫谢尔来到了美国。他从一个死亡集中营里死里逃生，是苏联部队把他从那里解救出来的。艾伦的父母资助他来到美国，和他们住在一起。一大家人挤在一个小公寓里面，赫谢尔和艾伦住一间房。为了帮忙照看他的小侄子，防止历史重复上演，确保他永远不要忘记发生过的一切，他叔叔把自己待在集中营时发生的很多可怕的事都一一复述给他听。深受他亲身经历的痛苦煎熬，他一遍又一遍叙说着自己的故事，叙说着每天的挣扎、恐惧和横死的场面。

艾伦把这些故事都当成切身经历。几年以后，在他处理这些记忆时，他获得了领悟，知道这些经历怎样和他成年以后的决策过程联系在一起。他开始把神经麻木看成无能为力、生活麻痹和在世上缺乏谋略的一种象征。这些都是他从叔叔的人生经历中吸收的故事和信念，他开始意识到这一切根本不需要限定住自己。他意识到在反越战抗议游行挨打时那种孤立无助的感觉被伊拉克战争重新激发出来。当那些有关挨打的记忆被激活以后，他当时经历过的那种神经麻木也一道回来。所有这些经历都被联系到他叔叔在集中营中绝望无助的那些故事当中。

经过一年的时间，艾伦和他的心理医生专攻越战期间的那些记忆，他听到的那些发生在集中营里的故事，以及他和父母之间的紧张关系。在他的这些记忆都被重新处理以后，他走路时开始使用一根拐杖，在最后一个疗程里他不需要任何协助也能独立行走。他又能在自己的世界里自由移动，不再受到那些瘸腿记忆的影响。很明显，我们可能会把生活中很多不是我们的故事也吸收到自己的世界里来。

如果你有令人困惑不解的身体症状，这身体问题的病根很有可能是在大脑的记忆网络中——不是身体受伤或麻木的部位。 和幻想的疼痛或者麻木感有关的感受绝对是真实的。它们可能来源于储存在记忆网络里的相关感受，但是在我们怎样体会这些过去的感受和体会现在的身体问题之间并没有什么太大的区别。例如，如果有人拿针戳一下你麻木的手臂，你就感受不到这到底是由损坏的神经所引起的真正的神经麻木症，还是由过去未经处理的记忆引起的没感觉。如果你有难以解释的身体状况，仔细探索一下不失为一个值得一试的办法。

我的身体令人厌恶

前文我们探讨了源于记忆网络的一些身体症状。但是，有各种类型的"身体问题"都能让人去看心理医生。虽然很多人可能都希望改变某些状态，但有些人却被相貌深深困扰。他们照镜子，觉得身体的一些部位扭曲变形或者丑陋不堪，有时候被诊断为精神分裂症或者是偏执狂患者，因为他们的看法被解读为妄想。这个病带来形形色色的后果，从怕见生人，到做不必要的手术，再到有自杀企图。

我身上有难闻的味道

斯蒂芬妮两年来一直不能工作，她觉得同事全都瞧不起她。她老是认为身上因为流汗太多而有股难闻的味道，虽然她每天洗两次澡，经常换内衣，并且涂很多的香粉和除臭剂。她受不了出现在社交场合，她觉得人们都在谈论她。

过去15年来她已经因为自杀的想法接受了多次住院治疗，并且尝试了三种不同的药物治疗。但是没有一样能起作用。压垮她精神的最后一根稻草是斯蒂芬妮在工作台附近发现一罐除臭剂。她变得羞愧难当，认为这是她身上有气味的一个生动写照，所以她下班回家后故意服用大量的安眠药，又一次被送到医院接受治疗。

在对她做眼动脱敏与再处理治疗期间，她想起来这个问题是从什么时候开始的。那年她12岁，因为老师让她周五的烹饪课要带食材过来，她就带了食物到学校。不巧的是这堂烹饪课被取消了。周一回到学校以后，她到体育馆自己的储物柜里拿出包裹，她认为里面放着她的运动服。但是等她打开包裹，整间屋子里都弥漫着鱼肉腐烂的臭味——周五的烹饪课取消后，她忘记带走食材，留在里面放了整整一个周末。她的同学都过来取笑她，指责她内衣太脏气味难闻。然后她被带到校长室，校长又骂她太不注意个人卫生。她眼含泪水飞奔回家，整整一周都没有勇气回到学校。然后，过了一两年的时间，她去看医生，医生又告诉她，她的汗腺和男性一样发达。

因为这些早年的经历一直没有得到处理，30多年来斯蒂芬妮一直承受这个看法的煎熬。经过三个记忆处理的疗程后这些症状都消失了，在五年后的跟踪回访里这些症状还是没有出现过。

对斯蒂芬妮而言，和我们很多人一样，这些症状的起因可能并不是什么"重大创伤"，比如自然灾害或者身体侵害之类。它们常常只是小小年纪时受到的羞辱。**人的青少年时期是一段非常脆弱敏感、易受伤害的时期，如果沦为众人的笑柄，可能就会留下一辈子的伤痕。**斯蒂芬妮的治疗花了三个疗程，但是直到最后一个疗程她才想起了关键性事件，而最初针对的目标却是最近发生的经历，那就是她相信人们都对她身上发出的气味反感至极。但是所有这些记忆网络都联系在一起，即使你并不记得引发你当前问题的早年事件，还是值得去好好探究一番。它可能无意间就开启了一扇自由之门，让你不再受这些症状的困扰。

同样这些类型的记忆也可能成为引起人们患上饮食障碍的各种感受的基础——在镜子里看看自己然后觉得太胖了，而周围所有的人都觉察到他们正在日渐消瘦。有不计其数的报道说人们不能正常吃饭，只因为心爱的人在青少年时期无心说过的一句话。或者由早期记忆中童年时吃饭不小心噎住，或因受到打骂引起的噎住的感觉。虽然眼动脱敏与再处理疗法并不能包治百病，但它能够通过处理各种经历的记忆来帮助人们重新控制他们的身体，这些经历往往阻碍人们获得健康和适应性的生活方式。

人们对自己的外貌可能会有很多种不同的消极看法，对周围人来说显得不通情理。例如，男人可能对他们头发日益稀疏觉得特别难为情，花上几小时在镜子前不断摆弄设法要把头发整理好，或者是有不受控制的想法认为他们秃头谢顶。这些很可能是明显标志，显示他们有未处理的记忆促使他们对自己抱有这种看法。在玛拉的例子里，她承受了24年的折磨，相信她全身都长满了特别不好看的体毛，只因为一个姑姑在她十几岁时评价了一句她的腋毛。这个问题变得极其严重，每次出门之前她都要把每一根看得见的体毛拔掉——这样每天要花几小时在镜子前摆弄。通过三个疗程的处理，她的想法被彻底消除了，然后她就能和女儿一起去游泳，非常开心地穿上一件比基尼，这还是她生平第一次穿成这样。正像我前面说过的，无需花费多长时间就能发现是不是未处理的记忆导致了这个问题。

我一定是生病了

很多人认为他们的身体有什么地方出了问题，然后花上无止无休的时间找寻答案和诊断。虽然朋友和家人常常打发他们说这不过是疑心病犯了，并且设法消除他们的恐惧，但这很少能起到作用。有时候可能确实是因为真正的疾病和个人不幸。例如，有人特别担心自己会生病——认为每次咳嗽都是肺癌的一个迹象，只不过这个人之前得过癌症或者因为癌症而失去了一个亲人或朋友。有时候这个问题是由于完全没有怀疑到的经历所引起的。不管出于什么原因，重要的是处理自己的恐惧和焦虑——它会让你的生活变得异常痛苦，而且持续不断的压力也会给身体带来消极影响。

癌症总有一天要回来

杰米癌症发作以后来做心理治疗。她说两年前还没有被诊断为癌症时，她已经越来越怀疑患上了乳腺癌，但却一直没有证实，她的医生认为这种想法"毫无道理"，并且把她按照焦虑症进行药物治疗。尽管她不停地做乳房自检，并且每年做一次乳腺透视，她的癌症还是没有检测出来，直到病情扩散得极为严重才终于确诊。幸运的是，她被成功治愈。但是，虽然她的肿瘤标记物测试现在都很正常，她却没有感受到所期待的那种解脱感。相反，她却感受到一种自由落体式的恐慌感和"我就要死了"的这种"直觉"。

在乳腺癌宣传月期间，她在本地的公交车上看到一些标语，说"拯救生命就在于早发现早治疗"，这时候她的恐慌感被严重触发。她觉得十分焦躁、绝望无助并且心情很沮丧——尽管她从来没有经历过一次癌症复发，但她总是有种癌症终有一天要回来的恐惧和担忧。虽然她从死神手里逃了出来，现在她却不知道该如何生活下去。对癌症的恐惧心理正在一天天地越变越糟糕。

专注于当前引发她恐慌的公交车广告，她和医生一起使用"回溯"的技巧重回她被确诊的那个时刻。那时她同样怀有这种恐慌的感受和必死无疑的感觉。对癌症病人来说这种感觉很常见。确诊本身会带来极大的震惊，常常和医生说出来的或者没有说出来的什么东西结合在一起。在她第一次眼动脱敏与再处理的记忆处理环节，杰米的 SUD 从 8 级水平降到了 1 级水平。

一周以后杰米对那些公交上的标志已经不再有恐慌的感觉或者"我就要死了"那样的感觉。对那段记忆的重新评估显示她的 SUD 只有 1 级水平，和那段记忆相关的感情也没有出现，但是她的胸口出现了一种不适的热热的感受。瞄准这一点的处理带来的是她切除的乳房位置所出现的灼热感受以及治疗过程，对于她的乳房在手术中被切除的假想场景，以及第一次她在镜子里看到刺眼的仿佛订书机订过的伤口。这种灼热的感受越来越厉害，然后经过她的手臂、胸口、脖子和头部逐渐褪去，并且在那个疗程之后再没有更进一步的幻想的乳房感受。她出现的积极认知是"我真是个顽强的铁娘子，虽然留下这样醒目的伤疤，我知道我有力量到达今天这样的地步。我做到了"。这种感觉完全真实。当杰米说到这一点时，她忍不住热泪盈眶，心里一片释然，说："我本以为肯定要到十年以后才能相信这些！"

在接下来的疗程里，杰米认出自己的一个观点，那就是她是"自己把癌症招来的"。无数童年经历的记忆冰封在她的大脑里，并且伴随着这样的消极认知"这都是我的错"，在接下来的两个疗程里它们都得到了适当处理，并且完全被清除掉了。完成这个治疗以后，她坚信"我根本没有做错什么事——这件事就是这样发生的"，同时也有了活力充沛的感觉——"我有重要的事情可以和大家分享"。

确诊癌症七年以后所有的检测都显示杰米仍旧没有什么癌细胞。她再也没有感受到过去在她去做每年一次的乳腺透视时老是缠着她不放的焦虑感。除了解决掉对癌症复发的巨大恐惧心理，杰米还发展出对自己的身体、直觉和自己有力量战胜不管生活带来什么挑战的更大信心。

这些结果在很多方面来说都显得极为重要。一方面，深陷在对死亡的恐惧中不能自拔并不能让我们尽情享受生活。那些直面某种疾病如癌症、心脏病或者中风的人面临着两种选择，要么全身心重新投入生活，要么继续生活在死亡的阴影里。心理和身体之间其实并没有间隔。经常性的情绪混乱除了毒害我们的当前生活，还会对我们的身体健康产生消极的影响。研究已经表明在心脏病患者中，抑郁症和心理创伤症状会大大增加心脏病复发或死亡的风险，二者间的联系很明显。

令人高兴的是，最近的一项研究显示只需要八个疗程的眼动脱敏与再处理，就能有效治疗刚刚罹患心脏病的人的心理痛苦。另一项针对在一场飓风后患上创伤后应激障碍长达三年多时间的儿童的研究发现，在接受眼动脱敏与再处理治疗后的一年里他们看医生的次数比以前大大减少。如果你用本书介绍的自我控制的技巧不能应付抑郁或焦虑心理，那就考虑一下将心理创伤好好处理一下。如果觉得对自己的身体不能再相信，或者超出我们的控制，那就该采取一些措施来应对了。

对身体的过分关注

如前所示，当我们变得过分关注身体反应时，引发问题的根源往往都是控制我们表现的那些未处理的记忆。

没人相信我

帕姆 42 岁时来做心理治疗，她身体患病出现意外已经好多年了。她身上出现长期的疼痛，并且老是感觉半死不活。

早在她十岁时，她身体的一些部位就已经不能正常活动了。医生查不出任何问题，并且告诉她的父母他们认为这是由心理问题引发的。看完医生后回家，她的父母尝试各种办法努力要让她"振作起来"。但她一晚上都疼得大喊大叫。

结果证明医生诊断错了。第二天早上，妈妈又带她上了医院。新的一系列检查显示她需要接受外科急诊手术。等她醒过来以后，妈妈告诉她一个恶性肿瘤已经从她脑部被切除掉。在十岁的年纪，她听到患上癌症的消息感到很高兴，因为她的家人终于相信了她。这个经历埋在她大脑里的感受就是"我必须要确诊以后别人才会相信我"。

这种经历可能会让很多人感觉，只有生病了才能得到别人的关心或照料。而对另一些人来说，生病是从此不用照顾其他任何人或者拒绝别人的唯一方法。未处理的记忆通常都是这些问题的根源。

其他时候，问题的根源涉及我们平生只见一次面，再也不会见第二面的人，这个人以后还是开开心心过自己的日子，甚至根本不会知道曾经给我们带来的巨大伤害。更有甚者，等发现自己引起的巨大问题后，他们很可能感到极度震惊。

我的病治不好了

丽塔是个19岁的大一新生，学校正在放假，她打算离家去西班牙学习一个学期。她妈妈希望她在去西班牙读书之前先做一下眼动脱敏与再处理治疗，因为丽塔有恐惧和焦虑症。她身体很健康，但每次只要患上感冒或其他任何轻微的症状，她都会"吓掉魂儿"，反复喊妈妈来保证自己没事。所以她妈妈想要确保她在出国之前一切正常。

使用"回溯"的技巧显示出在她八岁时，丽塔因为被狗咬了被带到医院急诊室治疗。医院的员工开始反反复复地开玩笑，说这个伤口肯定治不好，她没救了。虽然她现在知道他们不过是在开玩笑而已，但这个场景清楚地尘封在了记忆网络里，从此以后她就特别担心会不会死去。

妈妈，我不是多动症

肯定在有些时候会出现非常严重的问题，眼动脱敏与再处理疗法并不会消除一些身体疾病。例如，有成千上万的儿童被诊断出患有注意力缺陷多动障碍（Attention Deficit Hyperactivity Disorder, ADHD），他们都在接受药物治疗。如果确实是准确无误的诊断，那这是一种天生的神经系统疾病，眼动疗法并不能治愈这种疾病。但是，注意力缺陷多动障碍的很多症状都与孩子在经历过创伤或者烦恼事件后表现出的症状一模一样。

> 布拉德利的妈妈认为儿子肯定头部受伤后十分痛苦，因为这些症状开始出现的那周他刚好在操场上摔了一跤，然后他就开始尿床和梦游。下面是她所描述的儿子所经历的一些其他的变化：
>
> "随着一周周慢慢过去，他的病情变得越来越糟，每况愈下。布莱德利本来是个快乐、开朗和合群的孩子，现在变得沉闷、焦躁并且容易发脾气。他再也不愿意一个人待在房间里，哪怕是洗澡都不行。他一直以来都很聪明和专心，特别容易教。但是现在却变得特别心不在焉耐不住性子，哪怕让他安安静静坐在那里完成最简单的任务都不行。他动不动就哭，并且有消极的和侵入性的思维。他经常告诉我说他"无法把那些不好的想法从脑子里赶出去"。他开始撒谎。他的双手开始不停地抖动。我好几个朋友都问我儿子这是怎么了。他的游泳教练也注意到在训练和比赛时他的注意力持续急剧下降。他的比赛令人费解地变得极其糟糕，而且他看起来特别笨手笨脚和动作不协调，好像突然忘记了怎么去游泳。
>
> 结果证明看了《铁血战士》这部电影给六岁的布莱德利留下了心灵创伤。那次摔跤纯粹是一场巧合。等到电影的记忆被正常处理以后他的所有症状都消失了。"

很多这样的问题也可以在患有注意力缺陷多动障碍的孩子身上发现。但是，好像大部分孩子都被误诊为这种病情，而实际上他们的注意力分散、行为问题、急躁易怒和注意力短暂问题都是未处理的记忆带来的后果。如果你生活中有孩子出现任何这样的症状，也许去寻求专业性的帮助，看看有没有什么困扰的经历促使他们这样，倒不失为一个好主意。

眼动脱敏与再处理疗法并不会清除伤害、毒素或者遗传带来的大脑缺陷。但是在实际的注意力缺陷多动障碍的案例中，可以使用眼动脱敏与再处理来处理失败的记忆和童年时期经常伴随失败而来的那些嘲笑和羞辱。这能减轻这些症状,减少对药物的需求。同样地,眼动疗法的研究人员最近还报道了智力障碍人员的案例,包括一些被确诊为自闭症的患者。在处理了他们的记忆以后,不仅那些创伤性的症状全部消除,而且他们的照料者还报告说这些人的社交和认知能力都得到了提高。他们更愿意从事一些活动,表现出更多的独立性,并且学习到一些新技能。

例如,一个54岁的人曾经在3岁时被诊断患有自闭症,从5岁开始就一直在精神病院里度过余生,有时候因为对他人进行身体攻击而不得不被隔离起来。他说自从做心理治疗以后,"我觉得更加放松了,没有那么悲观,待人更友好,心情更愉快,再也没有那样狂热了"。另外一个有智力障碍的22岁的年轻人住在一所教养院里面,里面住的都是有各种身体障碍的人,他被诊断患有自闭症和脑瘫。他用一句话总结了感受到的变化:"我找回了自己的力量。"即使是天生神经方面的问题所引发的情况,如果牵涉未处理的记忆,这些症状也能得到改观。

同样要记住的是,我们每天都在不断学习新事物。例如,研究最近显示,有成千上万的儿童可能会被误诊为患有注意力缺陷多动障碍,仅仅因为上学年龄太早,而且老是被拿来和班上年龄大的孩子作比较。他们的年龄要小一点,可能注意力不那么集中,或者跟不上课程进度。这就意味着他们被毫无必要地贴上标签并接受药物治疗。它还意味着伴随这种情况而来的很多失败和受人欺负的经历可能也需要加以处理。请记住同样的问题和原因,即使你是成年人也一样适用。不管你有多大年龄,未处理的记忆也许正是带来你各种症状的真实原因,或者会让各种问题变得更糟糕。

超越痛苦

有时候身体疾病就是没有任何改观,这时我们就可以处理与之相关的各种感受。很多身上有伤的人觉得自己是丑八怪不好意思出去见人。常常是,当他们设法理解到底是什么发生在身上时,恐惧和内疚的感觉就深深扎根在心里。

但是正像孟加拉一个被硫酸烧伤的人在记忆处理之后大声喊出的话:"该羞耻的是他,而不是我!"另一个印度的硫酸烧伤病人,被她丈夫的前妻袭击以后变得双目失明,但现在她已经没有了恐惧。虽然之前她一个字也不认得,但现在她已经学会了盲文,并且承担起照顾孩子的重任。

很多人不仅有办法战胜痛苦,而且还能找到办法从这段经历中获得很大收获。这些人通常都有强烈的愿望去帮助别人脱离苦海,而且有志不在年高。例如,一个十岁的小姑娘玛利亚,她正在冲凉时发生了地震。浴室门上的玻璃碎了,她全身都留下了伤疤。她经过很多次的手术和疼痛难忍的治疗,此外还得承受被学校里的男生叫"丑八怪"带来的痛苦。她的父母带她来做眼动脱敏与再处理治疗。在最后一个疗程里她张大眼睛大声说:"现在我知道为什么这样的事发生在我身上了。当我告诉被割伤、烧伤和受伤的孩子,他们的前面还有希望,他们就会相信我说的话了。"

"**重要的地方就在于不管是什么样的缺陷,人们都可以再造自己。**"我常常想起一个亲爱的同事说过的话,虽然他已经去世很久了。罗恩·马丁内斯是个体育明星,对自己的身体极度自豪。有一天他一个猛子扎进游泳池里,把脖子扭伤了,不得不被从游泳池里救上来。眨眼之间就变成了一个四肢瘫痪的人。但是他不放弃,他是全家第一个上大学的人,并且后来做了心理医生。对那些认识他的人,他就是一道亮闪闪的光芒。他的座右铭就是"发生什么天大的事情都不要紧,你怎么去处理它才最关键"。我们身受的痛苦可能自己一点责任也没有,但是我们现在可以掌控一切,并采取必要措施来应对。

探索自己的身体感受

如果本章所描述的很多身体问题,你存在其中任意一种并且深受困扰,你可以使用第4章里介绍的"回溯"技巧来确认任何可能导致这种问题的记忆。专注于你对身体疾病的种种感受,看看前面说过的三种类型的消极认知有没有哪一种和你的情况比较吻合。如果都不吻合,只要注意,当你专心于上次感觉到困扰时所出现的各种想法,并且让思维回到过去看看有没有什么记忆出现。

如果有相关的记忆出现，那就把它们记录在你的标准记忆的单子上。

前面已经说过，眼动脱敏与再处理疗法并不会消除纯粹身体上的疾病。但当真的患上疾病或者有了身体障碍时对自己所产生的很多感受都是由于未处理的记忆引发的，可能是别人无心说的话或我们想要成为不一样的人或事的感觉所导致的。很多人都有过说话刺耳的父母、老师或者教练，给我们提出一些不合情理的标准要我们接受。很多人虽然在意识层面上已经忘记了这些话，但是它们却还留存在记忆网络里。如果儿童表现出明显的症状，这其实是一件好事，他们能立刻获得所需的帮助，而无需默默承受多年的痛苦。

布兰妮是个聪明、敏捷而又漂亮的11岁小姑娘。在她开始不停把眼睫毛往外拔以后，她妈妈带她来做心理治疗。这学年刚开学不久，新来的老师非常严，对着全班同学大声吼，然后她就开始这样做。她的压力还有很多其他的原因，其中包括她妈妈开了一家新公司，还有布兰妮特别不愿意去上本来很喜欢的体操课，因为她的男教练喜欢骂人。在眼动脱敏与再处理治疗的一开始，心理医生主要针对老师第一次大吼的记忆。这样就将拔眼睫毛的动作减低到大概每个月一次，但并没有完全消除掉。所以他们决定针对教练的骂人记忆进行治疗。医生让布兰妮描述一下那件事最糟糕的部分，她眼睛睁得老大，说："当他大声吼叫，并且转过身来大声的嘟囔，'我要把你们这帮人全都杀了。我要用指甲把你们这帮人全都掐死'"。

有时候，孩子听到的或者看到的东西会立即引发强烈的反应，比如说扯眼睫毛或者扯头发，或者布兰妮表现出的任何一种症状。或者它们会存储在记忆网络里，多年之后出来噬咬当事人。所以**在你尝试"回溯"技巧时，请一定要细细查看一遍那些关于同学、老师、教练、医生、牧师等人的回忆，以及任何你生活中的重要人物**。布兰妮的老师和教练可能就以为是在做本职工作而已。也许他们根本没有意识到会给孩子留下一生的伤痕，也许他们根本就不以为意。可惜的是，不管他们怎么想，这根本就不重要。他们可能引起了巨大伤害，现在我们的工作就是要修复好这些伤害。

使用光流技巧

对于有身体疼痛的人来说，下面是个指导使用的形象技巧，可能会为你提供帮助。它常常能帮助消除情感上的痛苦，至少可以暂时帮助你改变感受。同时它还能帮助你让身体上的痛苦变得更能控制。和其他所有的自我控制技巧一样，主要得靠你来决定它是否足以处理你当前的问题，还是最好去寻求进一步的帮助。

光流技巧

对于特定类型的身体疼痛或者情感痛苦来说，这个技巧显得非常有用。作为快速增加能量的方法也同样很有帮助。最好是在家里或者办公室的舒适环境中做练习。在你使用这个技巧以后，最好让自己先放松休息一下，然后再去做其他重要的事情。仔细阅读下面这些步骤，直到自己完全能记住，然后按照步骤一步步去做。如果你这样做有困难，那就把自己的声音录下来，通过录音指导自己完成这些步骤。

如果你觉得深受困扰，请专注于恼人的身体感受。问一下自己：如果它有一个____，那么它会是什么？以此来确认下面这些情况。请把下面每个词语填在上面的空格中。

1. 形状
2. 大小
3. 颜色
4. 温度
5. 质地
6. 声音（音调高还是音调低）

只要注意一下它的形状和其他的一些特征。

现在，"你最喜欢的颜色是什么，或者与治愈相联系的颜色是什么？"

现在想象一束这种颜色的光从你的头顶照下来，并且对准你身体内的形状。让我们假设一下这束光的光源是宇宙，这样你就可以取之不尽用之不竭。这束光对准你的形状并且在其内部和周围回荡、震动。在这样做时，

> 它的形状、大小或者颜色发生了什么变化?
>
> 　　如果你发现消极感受发生了改变,那就继续光流的练习,直到觉得很舒服为止。如果没有发生任何改变,那就使用安全/平静地带资源库、螺旋或者改变呼吸方式等技巧来回到平静状态。

　　多年来患者不断报告说这种光流的技巧可以带来种种积极的效果。最近的一项研究显示,它对治疗失眠可能也会产生一定的效果。在印度尼西亚,安全地带和光流这两种技巧被结合在一起用来治疗睡眠障碍症状。研究人员报告说,有五个接受艾滋病病毒诊断的妇女因为产生很大心理创伤,接受这种治疗后效果明显。

　　她们五个人心理负担沉重,有着恐惧、羞耻和不安全的可怕感受,因为她们把这种病看得特别可怕,而且在她们的文化中艾滋病被和耻辱联系在一起,让她们觉得脸上蒙羞。心理医生教她们"安全地带"这个技巧,以便给她们带来舒服和放松的感受。然后光流的技巧被用来对准任何消极的身体感受。三天以后,所有这五位妇女都能轻松入眠。自那以后有另外106人都得到了治愈,其中75%的人报告说睡眠质量比以前好了很多,其他那些睡眠质量依旧很差的人无法想象出一个安全地带。这包括很大一部分在监狱里的人——在那里生活本来就是极度没有安全保障。虽然有待于做更多的进一步研究,这一结果对我而言已经显得非常可观,建议你如果有睡眠方面的问题,不妨试一试上述技巧。很显然这种方法不会产生副作用,而且我们所有人在这个领域偶尔都可以使用一下求助功能。

第8章

我最深爱的人，伤我却是最深

为什么我们常常无法和家人、朋友或者同事好好相处？

"血浓于水，对不对？可是为什么我老是想一把掐死我的哥哥？"

"我老婆就是不能放我一马，这让我真想跑出去找个地方藏起来。"

"我们已经结婚十年了，他还老是做一些明知道会让我发狂的事情。"

"他怎么能这样？"

"她怎么敢这么做？"

"他们为什么要这样做？"

义愤填膺，怒气冲冲，痛苦不适，内疚不安——大部分情感最终都会演变成感觉自己受到伤害、误解、不被重视、不受赏识。请看看我！请尊重我的愿望、我的需求。看起来非常合乎情理，但这是个寻找平衡的行为，其中夹杂着不同的观点、伤痕，有时候混杂着无止境的痛苦，在你最不期然时表现出来。请把我们在前面章节中讨论过的问题乘以你在某一天里遇到的人数。不难发现一段感情可能会激发出很多感受，这也许很难应付，很难理解。

伤痕累累的爱

人都是复杂的动物。所有人都是基因构造和人生经历相互作用的产物。有时候我们会继承易患病的体质，因而容易感染很多的疾病。但是，我们可能面临的大多数问题并不仅仅是遗传基因这一个因素引起的。通常情况下，**我们对自己是谁和想从这个世上得到什么的感觉都受到已处理和未处理的记忆所影响。它们构成我们有意识的回应和无意识的回应的基础。**我们全面理解自己所需的时间都永远不够，又怎么能轻易理解他人？很多时候我们可能都需要帮助。

一共有大约 15 个不同类型的家庭疗法，它们帮助人们理解感情的不同模式和存在的各种问题。对大多数的家庭和夫妻来说，大家普遍认为，如果人们相处的方式能够加以改变，那么相互之间的关系就会变得健康和有益。可惜的是，很多时候这就像游泳时逆流而上，因为童年时的各种记忆继续激发出不健康的反应。人们可能非常想改变自己的行为，但却发现已深深困在自己无法掌控的各种模式里脱不开身。

不安全的感情关系

临床医生常常会根据我们第 5 章里讨论过的依恋类型来思考感情关系。当父母有一种不安全的依恋时，他们也会以特定的方式来对待子女。然后这些孩子长大以后，在同样类型的交往中也会表现出类似形式的感情。

我一钱不值

亚历山大来做心理治疗，她说自己患上了抑郁症。她 37 岁，离过两次婚，过去五年来一直和乔在一起，但感到非常不快乐。她形容自己是"有了男人过不好，没了男人又不行"。他们两个人已经分开无数次，但每次她都会回到他的身边。

亚历山大对乔最主要的意见就是他要么批评她，要么忽视她。而她就是不能为自己说话，即使她明知道"应该这样做"，但每次都会不了了之，心想："有什么用呢？不管怎样都产生不了什么作用。"在她心情最糟糕的时候，亚历山大认为自己就应该过这样糟糕的生活，因为一直以来都是老样子。不知道为什么，她和男人在一起的结果都是一个样。虽然一开始他们好像都保证会待她好，可是最终她都觉得被践踏被无视，并且觉得一切都不会再发生什么改变。

亚历山大的过去让她所经历的一切都变得很容易理解。她在家中四个孩子里排行最小，常常受到妈妈的批评和爸爸的忽略。几个哥哥老是欺负她，明明是他们犯的错，即使亚历山大规规矩矩没有招谁惹谁，最终却还得她要为此挨批评。她说早在一年级时放学回家，家里就没有一个人迎接她。然后她在邻居家里等爸妈下班，回家后又受到了责罚。

家里好像唯一疼爱她的人就是爷爷，而爷爷在她六岁时就去世了。亚历山大记得爷爷去世时她无比的绝望，确信这世上再没有第二个人会像爷爷那样疼爱她。好像根本就没有人在乎她。例如，在她八岁时，她和一大家人一起在操场上面玩，她被一只蜜蜂蜇了一下。大家都无视她的反应，她还记得自己设法要"按下"剧烈的疼痛，让自己相信这"根本就不疼"。从那时起她的所有感受就隐藏了起来，因为她感觉所有需求和感受其实都无足轻重。毕竟，她"根本就不够优秀"，不足以得到几个哥哥得到的那些关爱和照料。

亚历山大的父母展示的是一种被称为"冷漠型"的依恋类型——对太过亲密和强烈的感情觉得不自在。有着这种依恋类型的父母常常会对子女的感受和需求避之唯恐不及。相应地，缺乏积极感受和支持一般都会让子女压抑自己的感受和寻求安慰的愿望。他们常常会觉得不够优秀，不值得别人关心。亚历山大无法把观点表达给乔听，因为他的反应和她父母的反应如出一辙。和她小时候的情形差不多，他也觉得她根本就无足轻重。

专注于上次乔完全忽视她这件事，"回溯"的技巧将她带回到她孩提时代在家里所感受到那种孤独感。处理这段记忆显示出许许多多的经历，其中她要么挨批评遭排斥要么被家人忽略或不闻不问，这和她后来与男人交往经历相仿。亚历山大不仅做出极糟糕的爱情选择，而且缺乏必要的技巧来确认和表达她的感受和需求。考虑到童年时期各种事情的结合，包括她爷爷的去世，在她打算结束一段恋爱关系时，那种自己一钱不值的感受混合着孤独感和绝望感就被触发出来。有很多的记忆需要加以处理。但是，在一年时间里，她永远离开了乔。

现在她终于能够忍受一个人生活，没有早年生活中伴随而来的那种遭遗弃感。

在她再次和人约会时，亚历山大注意到不同的交往模式出现了。以前，她记得自己总是设法揣摩另一个人想她成为什么样的人，然后努力去做那样的人，从而完全"失去自我"，她希望这样做就能被对方疼爱和接受。现在亚历山大注意到以前那种旧模式发生了改变，因为她终于能"感受到自我"。尝到了自我价值的甜头以后，现在如果再让她"放弃自我"她会觉得很糟糕。现在开始她以不同的标准来选择男朋友，如果他们不让她追逐所需要的东西，她马上就会提出分手而不留一丝遗憾。

她现在的伴侣对她非常支持，包括一直以来她和父母以及几个哥哥之间的紧张关系也在发生改变，因为她要求他们给她作为一个有能力有爱心的成年人应得到的尊重。虽然亚历山大需要一定的帮助才能学会与人沟通的新方法，但是她再也不会像逆流游泳那样生活了。她童年时的记忆不再激发出那种一钱不值和"没人理会"的感受。

有用的沟通技巧

如果你和亚历山大有同样的问题，不懂得自己的真实感受或者不能如愿以偿地表达出这些感受，那么亚历山大所学会的一些技巧可能对你也会有所帮助。例如，在她离开乔之前，亚历山大和她的医生一起设法处理了很多会产生焦虑感的情况，来帮助她对乔表达出真实感受。

首先，她需要在医生的帮助下才能触及内心真实的情感，所以她集中注意力于那些他完全忽视她的例子。然后她会这样检查一下："如果我现在有什么感觉，那感觉会是什么？"或者"我将会有怎样的想法？"或者"如果我考虑到这种情况，那么，我会怎么说/做？"她所思考的那些情况包括，她愿意和他一起谈论感受，而不是他一个人看电视上的比赛，或者让他知道他一晚上都在她家客厅里晃悠而根本没有设法和她谈谈心，这让她感到非常不舒服。和她的医生一起，她想出各种级别的反应，从最为温柔的反应如"……这就是我的感受，我想让你……"到最为执着的"如果你还是继续这样做的话，我想你干脆马上离开这儿得了"。

如果你不确定自己的感受，那就设法想象一个你信赖的朋友或者你所崇拜的对象在同样情况下会有怎样的感受，然后想象一下这个人会怎样传达感受和愿望？如果你的问题恰恰相反（有太多的感受），那么请设法观察自己的反应，而不是沉浸其中。这种反应是不是有用？它对我有没有帮助？同时问问自己"我的反应是来自我心目中孩子的立场还是成人的立场"也很重要。有时候我们觉得需要表达的东西来自未处理的情感。这是我们在下一个部分需要解决的问题。

我能责怪谁

亚历山大学会去接受从别人那里得到的难以让人接受的待遇，目的是设法避免遭人排斥、孤独和被人抛弃的感受，因为她的父母非常排斥她而且对她品头评足。同样的情况下，乔治完全学会的却是另外一些东西。

我父母就是这样的

他来做心理治疗时心情极度抑郁，因为他总是无法维系一段长久的爱情。处了一大堆女友以后，最近一位才和他提出分手，因为他实在太爱横挑鼻子竖挑眼。如果两个人约好了一块儿出去而她因为化妆到得稍微晚了点，他就要暴跳如雷地指责她一点不知道体贴人。如果她做饭，很可能他就要抱怨挑点儿刺，比如饭菜不够热什么的。基本上来说，他不是去赞美她或者对她为自己所做的一切表达感激之情，反而因为一点儿事情不如他的意就要生气地埋怨个不休。他想要得到亲密和关爱，但是他的自发反应却是另一个人所做的什么事情完全不对头。同样，这个问题可以追溯到他的父母当初是怎样反应的——不仅仅是对他，而且涉及父母相互之间的反应。

乔治的父母一辈子过得极其不容易，为了逃避祖国的专制政权，他们作为难民逃到这个国家。他们常常会因为什么事触发从前的伤痛，因而变得非常焦躁情绪崩溃，带来的结果是"沉迷型"的依恋类型。为了应付自己的苦痛，他们常常无法注意到孩子的需求。为了能在这个国家立足生存，有这种依恋类型的父母，其孩子往往使用怒气冲冲、大发脾气和大声要求来让需求得到满足。毫不奇怪，乔治和他的兄弟姐妹之间关系不睦，因为他们从小到大都在父母面前耀荣争宠。争吵打架在他们之间是家常便饭。加上乔治的父亲对乔治的妈妈特别的挑剔苛刻，而且脾气特别火爆（他在家的时候三天两头发脾气）这样你就完全可以理解乔治目前的行为是拜谁所赐了。正如他爸爸对他妈妈和他所做的那一切，无论怎么做都达不到他的要求，他自然而然地就把这些表现在脸上。

虽然我们大家做事情都有特定的愿望和喜欢的方式，但最好还是要斟酌一下我们是不是思虑周详还是下意识地做出反应。和我们的反应一起伴随而来的有多少强烈的感情？我们有没有观察一下所说的话怎样影响到其他人？这话到底是不是出自一个成年人的口中？

乔治所表现的那些长期挑剔的反应类型常常都可以追溯到他各种具体的童年经历中，并且在人际交往中被激发出来。回顾以往，他记起来很多爸爸发脾气和挑错误的例子，同时还有妈妈非常草率地下结论的例子。至于他妈妈，她也没有什么值得称道的地方。他形容妈妈是颐指气使并很难伺候，他的爸爸则更加暴虐不公。一旦他爸爸发现妻子或孩子有什么缺点不足，就会毫不留情地把他们批得体无完肤，让他们感到无地自容。乔治记得爸爸经常因为他做错了什么事对他大吼大叫——从他四岁时玩具掉在地上没有捡起来或吵闹的声音太大。随着时间流逝，乔治慢慢发展了认为自己人格不健全、处境不安全的感觉，并且通过"我不够好""我不安全"和"我无法信任其他人"这样的消极信念反映出来。所以一旦有女朋友没有满足他的需求，这件事就会引发他从前的感受，并且激发那种愤怒和挑剔的反应，这些都是他在父亲和母亲之间亲眼目睹的一切。这当然不是大多数女性在健康的恋爱关系中所向往的感情了。

一般地说，有些女性之所以能忍受这种类型的行为，不论忍受多久的时间，通常是因为她们和亚历山大有着相似的童年，习惯了要求得不得满足。我们最终的目标是让恋爱双方以健康成年人的视角来处理相互间的关系，而不是从深受童年痛苦蒙蔽的角度来处理。如果亚历山大通过处理早年记忆而从她那破坏性的交往模式中解脱了出来，乔治也一样能得到医治。对他而言，关键的变化是通过他认识到父母的局限时放下了自己对父母的愤怒而实现的——他同时认识到父母自身的过去怎样让他们的举止行为变成那样的方式。将他从童年时开始就蓄积的满腔怒火一泄而空以后，他也同时排除了自己那种处处差人一等的感受，终于能在与人相处时表现得像成年人那样自如，而不再像个受伤的孩子，要处处反击别人。

我用恋爱填补空虚

艾妮莎是个21岁的女性，来自印度，现在，通过成功的心理治疗以后，她很愿意分享自己的故事。她的经历有助于揭示"盲目的爱"是种什么样的感觉——糊里糊涂地抓住一个人来满足自己的需求，而这需求本应该通过其他方式加以解决。艾丽莎一直以来都是个让人信得过的孩子，喜欢讨好他人。但是等她到了17岁，她的世界好像变得分崩离析。下面是她的描述：

"我叔叔为了一件小事而大发脾气，把他的一腔怒火都发泄在我的身上，我被他打得死去活来。我爸爸就在旁边，可是他根本就没有伸手阻止一下。我的心碎了一地，觉得悲痛欲绝。以往一直觉得和家人待在一起很安全，这种感觉瞬间消失得无影无踪。我终日郁郁寡欢，我和父母以及大家庭里其他人的关系日益恶化。"

这就把她推到了古尔卡的怀抱里。古尔卡是她几年前遇到的一个小伙子。两个人之间的关系绝对谈不上相互平等。他变成了她的一切。

"我努力把对家人的种种感受抛在过去，然后继续前行。我有了古尔卡，有了通往快乐的机会。我渐渐相信只有古尔卡才能让我放心去爱。相信我可以把所有的希望和要求都寄托在他身上。我深深爱着他，而且只爱他这个人，或者至少爱的是我在脑海里牢固树立起来的想法。我把自己的一切都倾注到我们的感情当中。但是等我意识到古尔卡明显陶醉在这样的现实里，认为我把他高高供奉在王座上，不惜用生命来满足他的需求，此时已经太晚。我大小事情全都包办，给他的狗洗澡，他要我做的事情每一件我都做好。不管要我做什么事我从不拒绝，就为了要讨好他。可惜的是，这样做好像还是不够，等到新鲜劲儿一过去，他突然就要和我一刀两断，就跟削掉一块烂苹果那样。可是我对他的爱火还没有熄灭。不管他对我怎样视而不见傲慢自大，都不能改变任何事。我总是把他看作我生命中唯一的爱人。只要他心情好，他总喜欢有我在周围听候差遣。我就是那个不管怎样都会爱他爱到无怨无悔的人。然后我怀孕了，古尔卡彻底抛弃了我。他想和我彻底断绝关系不再往来。从那以后我只会成为他的负担，他拼尽全力要把我甩掉。"

"之后的事情我能记住的就是超声波图证实我怀孕了的现实，妈妈的震惊和受伤，爸爸的失望和冷漠，以及不得不中止妊娠带来的痛苦和内疚。我记得好几个早晨醒过来，都发现手腕割开了深深的口子，几乎可以看到骨头，我的枕头上满是血和泪，胸腔里常常伴随着揪心的疼，痛得我无法呼吸——好像里面已经被掏空了。我失去了一切。现在的一切对我而言都已经毫无意义。"

又一次，传递给我们的信息是不管面临多大的痛苦（或者不管当时的情况看起来有多糟糕），这都是未处理的记忆在控制当时的表现。艾丽莎现在的感觉已经完全不一样了。正如她所说的："在八个月的治疗期间，我感觉到慢慢转变成一个更加平静更加理性的人。现在我觉得像是变了一个人。对于这一点我一辈子感激不尽。"

如果你觉得好像陷入痛苦的漩涡，要么是因为死死抓住一个根本不懂得珍惜你的人不放手，要么是因为觉得自己被利用完之后抛弃掉，那么你可以选择一条全新的道路。我们都值得去追求能给我们带来快乐并且支撑我们的自我价值的恋爱关系。如果你感受不到这一点，那么请你想一想是什么绊住了你。随着你逐渐学会应对的新方法并且未经处理的记忆得到了转变——你也就能得到彻底的改变。

家庭的破坏之舞

当我们听到家庭虐待的故事时，很多人都困惑于这些类型的经历是怎样发生的。"他怎么会那样做?""她为什么要让这件事发生?"答案一般都是这样，有些记忆可能会深埋在人们的大脑里，它们会以各种不同的方式来刺激我们的思想、情感和行为，以上不过只是更为极端的例子而已。其实有很多不同类型的具有破坏性的夫妻关系，其范围从不断的言语冲突到身体侵害。有些冲突可以通过夫妻间共同心理治疗加以解决，但有时候侵害变成了一个怪圈，让地球上所有的协议都无法终止它。在这些情况下，就需要在心理治疗的帮助下将夫妻分开单独治疗。对多数存在虐待的夫妻关系而言，夫妻心理治疗（couple therapy）并不是首选疗法，甚至谈不上好的选择。夫妻双方首先都需要单独进行治疗，然后，如果双方还存在问题，他们才可以去咨询一个合格的心理医生。附录2为大家提供了一份资源列表。另外，一定要记住，"言语暴力"包括恐吓、威胁、贬低或羞辱，同样会带来可怕的情感后果，人们甚至发现这是导致产后抑郁症的关键因素。只要是暴力，不管是身体上的还是言语上的，都是个独立的问题。

有些人虽然具有这些类型的破坏性感情模式，但是在约会期间或者关系尚未发展到亲密程度时很容易让自己看起来很正常。其实，这正是他们寻找伴侣的手段，常常都是直到双方已经彼此依赖难舍难分甚至同居到一起时，问题才会发生。对另一些人来说，虽然伴侣有着喜欢控制别人的历史，而且常常在约会时这种支配欲就已经显示出来，但是，和艾丽莎的例子那样，对很多的情侣来说，找到一段新恋情的光环好像完全掩盖了这种控制行为的真正含义。随着彼此之间的关系日益亲密，这些矛盾才真正激化，而过去那些触发因素开始更频繁地升温。**多数情况下正是过去那些没有治愈的痛苦勾起了当前在新的家庭环境下的种种反应。**

人们对情感痛苦的反应方式各不相同，主要是因为他们的创伤历史和成长环境各不相同。这包括他们童年在家庭里所见到的各种形式的人际交往。例如，"我不够好/我一钱不值"这样的感觉可能会带来怒火和抨击他人，或者忍气吞声和心理崩溃，因为"没人会在乎"，有时候这会逐步上升为不断的言语或者身体上的虐待，但是人们可能会因为自身的创伤史而继续维持这种类型的关系。

当然，凡事总有例外。有些人甘愿困在这种持续的不健康的关系中，是因为他们经济上的困难、文化上的期待或者遭受极端形式的控制，但是我们在这里的目标主要是探究在这些类型的交往中所常见的心理动力。它们远比你能想象的要发生得更频繁，而且可能会影响到你或者你周围的人。在下面这个部分，我们主要看看言语虐待层面的夫妻冲突。

怒火处置不当

杰克被送来做心理治疗，是因为他妻子的心理医生让他加入进来做一次夫妻心理治疗。治疗师问了一些问题，并且看出他的过去和他当前的行为之间存在的联系。她带杰克来做眼动脱敏与再处理治疗，因为她特别关心他那好斗和喜欢控制别人的行为以及心理创伤的历史。他和玛丽在一起已经三年了。虽然他从来没有直接殴打她，但是他损坏了她的个人财物，而且他们两个人之间的争吵变得越来越频繁，并且越来越反复无常。这些都是警示标志，预示更进一步的侵犯可能即将发生。玛丽最近给他设定了一个限制——他必须参加单独的心理治疗并改变他的行为，否则他就得搬出她的公寓。通过眼动脱敏与再处理治疗，她已经处理了童年时期的种种问题。现在她完全能抛开这段恋爱关系，并且经济上很独立，做好准备如果他不会改变她下一步该怎么做。

杰克以前也尝试过心理治疗，但是对他根本不起作用。这也不算奇怪，因为阻障健康的成人关系的童年感受在心理医生的办公室里也可能同样存在。令人欣慰的是，杰克来到一个技术非常娴熟的医生的办公室，这位医生特别擅长治疗这些心理问题。但是在治疗的第一个阶段他拒绝内视反省，而专注于凸显玛丽很多"缺陷"的故事（但这些故事没有一个显得正当合理），并且千方百计避免心理医生收集完整过去的尝试。和医生约好的第一次会见，他爽约了好几次，后面的见面他也经常迟到很长时间。在他真正参加的几个治疗时间段里，他描述了最近的酗酒和抽大麻的行为，抑郁症状和21岁时一段恋情突然结束后的一次自杀尝试。基本上说，他是个饱受痛苦的人，而现在他把感情痛苦转嫁到玛丽身上。

他目前的精神状态和行为无缘无故地侵犯到玛丽这一事实引起医生额外的关注，所以他的心理医生和他们两个人同时见面以建立一个清晰的计划：防止他们的关系升级成身体上的暴力。玛丽需要制订一个计划，在杰克变得有虐待倾向时确保自己的安全。杰克也需要制订一个计划，为了玛丽和他自己的安全起见及时制止自己的行为，因为他的种种行为只会增加失败感，这样进一步导致了恶性循环。医生要求杰克注意他到底在什么时候感觉怒火被触发出来——然后将这些事情"暂时搁置"并且"马上走开"，而不是立刻和玛丽一起讨论。医生鼓励他将这些"事情"带到治疗中来，以便产生更富有成效的反应。一开始他坚决不肯，但是经过进一步的深入讨论以后，他承认"他的方法"根本不管用。

玛丽同意如果杰克显得火气发作或者好像无法径直走开时，她暂时回避一下他的锋芒。之前杰克还从没有过玛丽想走开而不让她离开的历史，如果有必要他们两个人中必须一个人先走开，杰克也会毫不迟疑地答应。这就构成了一个可以操作的短期计划。玛丽已经决定（而且两位心理医生都同意），如果他不按照计划行事就必须立刻搬出去（并且如果变化很久都难以出现，他最终还是得搬出去）。这个事实帮助杰克增强了他的动力。虽然他对必须参加心理治疗并没有表现出什么激动欣喜，但是他在挽救感情并同意尝试新的治疗方法这方面还是诚心诚意。

在接下来的一个疗程里，杰克急不可耐地要跟他的心理医生详细报告最近对玛丽的一系列恼火的想法，尤其是以前她的所作所为和选择给他造成的痛苦。在这些讨论中很容易就可以看出他愤怒背后的不安全感、惧怕失败、羞耻、深深的无能和无力感。杰克努力要理解并处理这些问题，以及伴随而来的那些他并不完全相信是错误的行为。他会暴怒地对玛丽大吼大叫，过了一会儿又眼泪汪汪地表达他的恐惧，害怕失去他拥有的最好的一个恋人。他同意试一试眼动脱敏与再处理疗法。

在接下来的疗程里，杰克开始抱怨最近和玛丽的一次争吵。他的治疗师注意到在讨论这次争吵时他把双手放在胸前。他们一起从这种感觉中做了一次"回溯"，结果发现了第一个目标，在他十岁时他的父母之间爆发的一场激烈争吵的记忆，那只是父母之间从来没有和解的战争期间爆发的很多战斗中的一场。这是他第一次能看到和感受到他的过去和现在之间的联系。他的消极认知是"我无能为力"。而他那时可以选择的积极认知是"我现在有了选择"。现在很多事情都可以解释了。

他们又花费了几个疗程来全面再处理这段特别的记忆，但是在每次再评估期间杰克和他的心理医生都能看到他们付出的努力得到了回报。随着他对自己和玛丽的同情日渐增长，他获得的洞见也越来越多。当他处理孩童时亲眼见到的那场吵架时，想要在他现在的小家庭里挑起争端的冲动开始急速下降。生平第一次，他能够公开讨论当时的他感觉自己是多么的无力，当他眼看两个最爱的人相互拆台，这种经历怎样深深影响到自己，把男女之间的关系看成除了无休无止的吵架之外别无他用。这只会带来无止境的痛苦和挣扎，而实际问题永远也得不到解决。最后，他开始消化一个痛苦的现实，即他当前的行为，尤其是他对玛丽的过去的嫉妒，像极了他那惯于施虐的父亲的行为。

完全再处理这个初始目标以后，杰克开始着手处理其他和他的无力感相关的记忆。他停止了喝酒和吸毒，开始在当地的健身馆锻炼，并且和玛丽之间保持一种平静而又公开的对话，而玛丽也继续和她的心理医生一起做眼动脱敏与再处理治疗，处理她的问题。杰克和他的治疗师一起继续监控他的情绪变化带来的反应，但是他不再觉得同样的方式会激发出他的反映了。他告知治疗师虽然他有时候还是难免会生气和沮丧，但是在他内心深处有什么东西确实发生了改变。他把双手按在胸口展示这个变化，恰如他在开始"回溯"时所做的那样，并且说："我再也没有那样的感觉了。从我记事时起我就一直有这样的感受，但是现在就是找不到那种感觉了。"

在他们的眼动脱敏与再处理记忆处理完成以后，杰克和玛丽被推荐参加夫妻心理治疗，重点关注建立人际关系的技巧，因为他们两人在童年时期无一学过怎么在处理分歧的同时维持彼此间的亲密联系。两个人都承认他们的父母就是没有这样的技巧，而他们恰恰相反，觉得自己可以学会这些技巧并且想要把它们传授给未来的孩子。杰克现在再也没有体会到"我无能为力"的感觉，他的行为显示出他现在坚信他能接受生活中发生的积极改变，并且能接受他将要建立的家庭中发生变化。

在开始治疗时，杰克的医生让他写下他来做心理治疗的原因，他这样写道："我想要超越过去。"进一步解释这句话时，他告诉心理医生他是想超越玛丽的过去。他那时并不认为自己有一个过去需要去超越。他只是以为他一定要找出一个方法来处理她的过去。令人欣慰的是，他实现了这个目标，尽管并不是完全以他当初所期待的方式。

实用的人际关系技巧

杰克和玛丽从他们各自的心理医生那里学会的一些技巧，对任何一段关系来说可能都是有益的补充。我们把人际交往看成一个连续体很重要。虽然杰克和玛丽之间的关系变得越来越危险，因为他们之间的怒火和争吵正在日渐增多，我们所有人都经历过触发记忆并怒火升腾这样的时刻。有时候事情会发展到我们把自己的事情无端转嫁到伴侣身上这个地步。我在本章结尾会专门用一个部分介绍更多有用的技巧，但是在这里我们介绍一些直接和人际关系有关的涉及愤怒的技巧。

与伴侣一起控制你的愤怒

制订一个计划——在你和伴侣之间达成一个坚定的协议，内容是关于怎样控制日渐上升的愤怒，以免双方互相伤害，并且保护孩子不让他们目睹到双方的争吵。父母之间的争吵对于孩子会产生毁灭性的影响，完全破坏他们的安全感。这个协议可以包含一个"暂停"计划。这点涉及告诉你的伴侣你需要一段暂停的时间，双方商量决定什么时候再回到这个问题上来，以相对平和的方式来探讨这个问题。如果你们坚持这个计划却看不到什么明显的效果，请咨询一个心理医生或者参加当地的家庭暴力项目来寻求专业性的帮助。只有双方都坚持并且严格执行这些协议，它们才能起作用。对有些夫妻而言，没有来自合格的家庭暴力治疗师的专业性的干预，这一点就没可能实现。而对其他人而言，即使有了外来的帮助也还不足以解决问题。学会何时"要适可而止"。

寻找规律——不要太纠结于吵架的内容。尽量搞清楚你吵架的模式——也许可以关注一下一般都在什么时候吵架，在什么地方吵架，你们吵架的主题，它解决/未解决问题的方式。到了心平气和时，再讨论一下这些主题，设法一起解决它们，双方商量一个暂停时间或者如果你们两个吵得不可开交就找一个中立的人帮助。尽量采取这样的立场，就是你们两人一起来看待这个问题——你们是一个团队。

知道你的触发点——会点燃强烈情感或者没有好结果的问题或者情况。好好让你的伴侣了解这些情况，并且同意用一种方法来通知你的伴侣，告诉对方你的情绪被激发出来，这样你就能脱离当前的处境，直到心情平复为止。同样也要让自己充分了解伴侣的触发因素。这将有助于增强你对造成你们两人的触发因素的问题的深刻见解，因此增加对这些问题的同情心。相互交换角色，设身处地看看你希望伴侣怎样回应你。

推一推你，拉一拉我

虽然大部分人都有来自童年时期的各种各样的伤痛，有些人还是熬过了各种看起来像是噩梦般的经历。琳达就属于这种类型——而这不仅影响到她的幸福，而且影响到她的感情。

别抛弃我

在她还是个小孩子时，她妈妈将她寄养在一个亲戚家里，好去一心一意追求自己的舞蹈事业。然后过了两年，她妈妈回来了，马上又把琳达接回去抚养，导致刚学会走路的小孩子被从她出生以来唯一认识的父母的怀抱里强行带走，哭声震天。琳达在整个童年时期都遭受她那酗酒的妈妈言语和身体上的虐待，觉得她妈妈就是个可怕的女人。此外，琳达在非常年幼时就遭到了她继父的猥亵，然后在十岁时又遭到一个表姐的骚扰。当她把这一切告诉妈妈时，她妈妈却让她觉得这一切都是自己的错。她的青春岁月充满了在家里在学校不断被人欺负遭受羞辱的经历，而且成年以后也没有给她带来任何的解脱。结婚七年以后，她发现自己的丈夫，她相信是自己的灵魂伴侣的那个人，竟然和她的一个亲戚有了婚外情。后来她又发现15岁的表亲猥亵了自己3岁的儿子和年幼的女儿。

在她43岁那年，她来做心理治疗，这时候的她极度缺乏自尊心、心情抑郁、焦虑并且婚姻出现严重问题。她病态的妒忌心、乱发脾气和对她丈夫伦纳德愤怒的攻击所造成的混乱，让她的丈夫实在无法继续忍受。他最终威胁说如果情况没有任何改变他就决定跟她离婚。她之前已经接受过两年的心理治疗，而且对她的过去已经有了一定的了解——可是她的反应却丝毫没有改变。伦纳德为自己的行为承担了相应的责任，对他们俩的婚姻全力以赴，而且竭尽所能地展示出诚意。琳达从理智上完全知道这一点，但是她的情感反应却只受她早年的创伤所控制。

当人们像琳达那样遭受严重的虐待，他们所有的人际关系都会承受痛苦。我们很多人都有这样的亲戚、熟人、同事，我们就是无法理解他们。为什么他们一直表现得像个孩子一样？各种各样失败的人际关系（夫妻关系、朋友关系、继亲关系、姻亲关系或者同事关系）常常都是储存在未处理的记忆网络里的情绪大喷发所带来的结果。他们有时候表现得很温柔可爱，有时候又表现得无动于衷或者暴跳如雷。**这些人常常都是被常人无法理解的方式触发了他们的情绪。**更加火上浇油的是，他们在孩提时代从来没有学习过任何自我安慰的技巧，而且他们很难体会到别人的感受，因为他们从来没有从父母那里得到过这样的同情。不难看出为什么生活常常变成一组又一组的人格冲突。焦虑、抑郁、自杀倾向都是司空见惯之举，因为内心深处有未处理的记忆网络使他们觉得无比害怕，并且觉得自己无足轻重。

在处理了所有这些心理创伤，包括丈夫的不忠行为以后，琳达和伦纳德现在开开心心地一起过日子，并且想和大家分享他们的经历，希望能帮助到其他人。所以下面是他们提供的信息，以便为与他们处境相同的夫妻提供一点参考，或者为一些无助地观望的人提供帮助，他们正在设法对付一个好像失去控制的人。下面是琳达的说法：

"我们处在一个极不正常的重复模式中。我对任何听起来像是遗弃的东西都极度敏感，包括被我丈夫忽视或者我在说话时他自顾自走开。如果他走开我就不知道在说些什么了。这显得很奇怪——就是我也不理解这一点。我们真不知道怎么沟通。我们两人谁也不会听另一个人讲话。我经常哭，有时候为一些看起来很重要的事情哭，有时候我就是想哭而已。

我有种感觉，就是生活一定要过得很戏剧化才行，这也是我童年经历带来的产物，我小时候跟着酗酒的妈妈过，老是抱有一些不切实际的期望，而且常常暗中破坏我们在一起的大好时光。如果我们相安无事太长时间，我就会千方百计找由头吵一架。我需要这样的刺激，不管是好是歹。我脾气特别坏，一点就着，而且极其耐不住性子。我以前一直不觉得他有多珍惜我，而他那时也觉得我根本就不尊重他。我不喜欢一个人过，老是追着问他到底在什么地方。这当然会激怒他，他就会对我大为光火。

经过眼动脱敏与再处理治疗以后，真正让我受益匪浅的是我终于发现我到底是谁了。我喜欢一个人待着。我热切盼望一个人独处的时光，不再像从前那样害怕或者感到不安全了。我对自己有了全新的理解。能够确认我需要什么，然后就放心去追逐。同样，我更值得别人信任了。与人争吵的次数急速下降。我们学会了怎样相互妥协，同时又不会觉得放弃了什么东西。我学会以不同的方式爱一个人。我发现从这段爱情中得到的东西比以前要多得多。我追求想要的东西，而不是期望他知道我想要的东西。

我给其他夫妻提供的建议就是要真正估量你的感情究竟价值几何，而你又为这段感情投入了多少。不要急于放弃和退出。如果你们真心彼此相爱，那就费点力气做该做的事情。拔腿就走固然很容易，但是你从中又能学到什么呢？你又怎么能保证与另一个人相处时可以避免犯同样的错误？离婚的人都有多次的婚姻史，这当中有一定的理由。可能存在着来自过去的潜在事件阻碍了你去爱别人、信任别人和尊重别人的能力。"

激烈的争吵并不意味着这段婚姻就注定要失败。下面是伦纳德的观点，说明适当的帮助怎样能让事情完全改变原来面目：

"在接受治疗以前，我的情绪极其不稳定，一会儿高兴不已激动万分，一会儿又困惑不已怒气冲冲。一方面，琳达是个慷慨大方并且充满想象力的女人；另一方面，她又可能会非常随心所欲，情绪波动大，让我饱受羞辱。面对这两种不同的人格，让我完全手足无措。

我们两个人都知道有很多比通过情绪爆发来解决婚姻冲突更为有效的方法。你可以用深思熟虑注重结果的解决方法来替代毫无意义的情绪化争吵，旨在解决彼此之间的差异，这差异会在形成长久恩爱和白头偕老的感情关系的过程中不断出现。做眼动脱敏与再处理治疗之后，最大的改变就在于我们建立了真正的信任。接受这种治疗以后我们的关系有了坚实的永不改变的基础。一旦这个新的动力建立起来，我们之间紧接而来的就是多年的信任关系，好像我们从来没有过这样的信任。我们使用彼此之间新的基础来为婚姻注入真正的经得起时间考验的力量。

你可以看到，琳达和伦纳德用非常不同的方式沟通交流。琳达以前常觉得自己不重要，认为伦纳德不重视她的感情。伦纳德也有同样的感觉，认为琳达根本不重视他的想法。和很多夫妻一样，在他们变得更能彼此交流而不是彼此激怒以后，他们的关系变得更为牢固。正如伦纳德所说："我们知道成功的婚姻需要激情、感情和智慧，但一切都要用在合适的时间和合适的地点。"对任何夫妻来说，当未处理的记忆不再阻挡我们的道路时，生活都会变得更加轻松容易。

什么记忆被触发了

有时候当前的情况可能会触发你完全没有疑心到的或貌似毫不相干的记忆。其中一个例子就发生在阿瓦身上，她也不能维持一段健康的恋爱关系。

我控制不了自己

她是由单亲妈妈抚养长大，妈妈是个毒瘾很大的瘾君子。此外，她妈妈的一个长期男朋友是个施虐狂，在阿瓦十几岁刚出头时长期对她实施性侵。虽然阿瓦在选择女性朋友时做出了相当好的选择，但是她过去和所有男性之间的关系无一不是在性生活上、身体上和情感上受到他们的虐待。目前她和奥斯卡维持着一段若即若离的恋爱关系。虽然奥斯卡没有从身体上或者性生活上对她实施虐待，但是他在过去的很长一段时间里，喜欢言语上不饶人并且常常事先不打招呼就把她抛弃。作为一对情侣，他们在爆炸般的争吵中苦苦挣扎——往往结局都是阿瓦死命揪自己的头发，懊恼不已。处理了一些她的早年记忆，包括她妈妈那个喜欢虐待人的男朋友的记忆，带来的结果是她对自己的感觉好了很多，但是并没有改变她的感情模式。所以，在全面评估当时情况以后，治疗师让奥斯卡加入进来做一个合作治疗。

奥斯卡描述的阿瓦平静、热心助人、独立、温柔但同时又嫉妒、爱发火和喜欢支配人。而阿瓦所描述的奥斯卡是个"好男人"，自己对他忠贞不贰，但同时强调她担心或许有一天当患难日子到来时他就会弃她而去。她讨论了在和奥斯卡生气时"失去控制"的感觉，这就引发他要"落荒而逃"的举动，因为他害怕吵架升级为暴力——他儿时常常目睹到的举动。他同时反感的还有每当谈到他和别的女人之间的友谊时她就要"疑神疑鬼、醋罐子打翻并且马上大发脾气"。

治疗师征得阿瓦同意做一个"回溯"的练习，让奥斯卡在一旁观摩，从她在最近一场吵架中感受到的那种"无法控制"的感觉开始。这个技巧让她回到九岁那年在自家客厅里，她大声对着妈妈哭喊，让她留下来，不要晚上把她一个人丢在家里。在这段记忆里阿瓦大力捶墙，直到她的拳头浸满鲜血，只为了引起她妈妈的注意，避免遭到她的抛弃，因为她妈妈那时正一心一意沉浸在自己的感情世界里。她当时的问题确实是感觉到"我根本不重要"，并且害怕一个人被丢在家里。奥斯卡和阿瓦在结束这个疗程离开后，更能理解他们的争吵所引发的痛苦了。处理那段儿童时期的记忆改变了他们关系的动力。她终于能够表达需求和愿望，再没有什么担心和情绪剧变了。

在恋爱中成长

不要不好意思去寻求帮助。电视节目老是不停播放寻找真爱过程中的种种快乐和痛苦，但却从来不会停在那里解释或强调解决问题过程中所有那些困难的部分。如果你以前没有学会怎样在恋爱中成长，也许你就需要读一本书，参加一个学习班或者去看下心理医生来寻求帮助。这东西不是天生就有的。我们一般都会从父母那里学习这些东西，但是他们也不会的东西自然教不了我们。是的，为了孩子和那些心爱的人起见，我们真的需要学习这个技巧。对一段健康的成年人的交往来说，必须得有两个情感上很健康的成年人才能成就。

努力还是放弃

我们常常听人们说，尽管他们在不断寻找，好像就是无法找到一个人，愿意和他们厮守终生不离不弃。还有些人说，虽然婚姻对其他人而言可能是最佳归宿，但他们就是"无法相信婚姻"。当进一步问及为什么时，他们可能就会谈及父母一辈子过得多么不开心，所以不想把自己关进婚姻这座大牢。还有一些人熬过了父母离婚带来的悲伤，也不想再以身犯险。可惜的是，他们坚信历史注定要重新上演。如果历史被丢弃在那里无人问津，那么很可能它确实会再来一次。可是这并不是什么颠扑不破的真理。我们可以从父母犯下的错误中汲取教训，同时可以将成长过程中带来痛苦的那些伤害化解掉。即使我们从前有过的爱情都没有结出好果子，我们也可以从犯下的错误中学习经验，然后做出更好的选择。

选择的自由

我们前面已经见到过，当前的感情出现问题总是有各种各样的原因。可能是童年时期的恐惧深深锁在记忆网络里，我们可能意识到了这些，也可能完全没有意识到。我们也可能深陷在破坏性的感情模式里，老是选错对象。很多这样的感情模式都是由于我们和父母之间的关系所引起的，这种家庭关系建立在父母不适当的解决方式的基础上，而我们那时只能听之任之。例如，我们可能受到某个情感包袱的掌控，这包袱是父母传给我们的，因为我们被困进了很多家庭治疗师所谓的"三角债"中。那是种与我们的父母相联系的方式，以帮助他们处理留下的问题。有时候当婚姻出现压力，父母往往会通过关注一个"心肝宝贝"来减轻这种压力。不管这个孩子"宝贝"是由于"特别"还是迫于需要，他们都可能成为关注的焦点。其他时候，当婚姻出现了冲突，父母一方会选择其中的一个孩子当成自己的"心肝宝贝"。这正是索尼娅面临的问题。

与父母的三角关系

索尼娅来自一个意大利工薪阶层的家庭。她开始来做心理治疗时主诉的是抑郁、绝望、缺乏人生的意义。她从来没有结过婚，不像她的两个姐姐都结婚生子，家庭齐全。在她34岁时，在一个高度崇尚教育抚养孩子的家庭里，她觉得自己是个另类。她孤单寂寞，独处而少友，并且好像永远都找不到合适的男人来呵护支持她。

她寻找真心爱人方面的挫败来自童年时期的一段"三角债"，当时她被爸爸当作"掌上明珠"来满足他自己的需要，以建立情感上的亲密无间。根据家里人的说法，她爸爸有着一段非常受苦受虐的童年。这事常被用来解释为什么他的脾气会这么坏。这也是他在索尼娅和其他孩子调皮捣蛋时动不动就扇他们耳光、破口大骂或者对他们大发脾气的"借口"。但是，作为他的掌上明珠，索尼娅是家中唯一一个敢于冲撞他或者安慰他的人。因为这一点，她妈妈特别憎恨她，常常不给她好脸色看。索尼娅的爸爸很少去妻子那里寻求适当的情感支持，而是常常对索尼娅讲真心话，告诉她老婆多么难缠。然后索尼娅渐渐学会从爸爸那里寻求特别的关照，并且分析他对妈妈这个"难以忍受"的女人的消极看法。考虑到妈妈对她的冷淡态度和妒忌心理，这也不是什么难事。

索尼娅和她父母之间的三角债让她只会去寻找并不能真正托付终身、悲喜与共的男人。这导致她很容易轻信一个她得不到的男人，这男人往往谎称目前的妻子或者女友有很多毛病，但是他出于良心又不得不跟她们待在一起。这同样让她安心接受情人的情绪大爆发然后又不用他承担任何责任，只因为他那"不堪回首的过去"。早年的时候，索尼娅就开始和一些男孩子混在一起，这些人把她骗得团团转，但却一点儿都不珍惜她，也不会给她名正言顺的女朋友地位。她的恋爱史充满了痛苦的三角恋和情感上虐待她的臭男人，他们只是"需要"她，但是并不会真正和她在一起长相厮守，任何海誓山盟都沾不上。处理那段痛苦的记忆和夹杂其中的"我是坏女孩""我不招人喜欢"和"我不值得别人爱"的想法,把索尼娅解放了出来。现在她认识到那些危险的信号,她已经不再对做别人的小三有什么兴趣了。

捂住紧闭的心门

对很多人来说,都希望和所爱的人建立真正亲密无间的关系。想和所爱的人分享一切而不用有任何的不安,在需要时能被心爱的人拥在怀里加以安慰,一起欢笑、一起玩乐,任由激情把自己带到随便哪个角落而不用害怕遭人评判。可惜的是,对很多人来说世间鲜少有真正的亲密无间,而对另外一些人而言亲密的感情会随着时间的流逝而逐渐消退。多数情况下,是因为有什么事情发生破坏了人们的信任感。情感安全的缺乏让我们无法分享痛苦,因为害怕情侣会做出不好的反应。

正如我们所见,有些人有着长期的恐惧,阻止他们和心爱的人走得太近。

艾米丽嫁给了真正心爱的男人。但是不知道出于什么原因,她总是担心如果她放弃警戒心理,表达出真实想法,完全向他敞开心扉,他就会"从此消失"。她清楚意识到羞愧、悲伤和恐惧的感觉。和这些感受一起而来的信念就是"我配不上他""我无足轻重"和"我无法信任任何人"。这些感受原来根源于童年时期的两件事情:一件事是她六岁时放学妈妈忘记来学校接她回家。另一件事发生在她八岁时,她和家人一起在游乐园里玩。她使小性子,然后他们就一起上车而把她丢在那里。现在,很显然两件事中她的家人最终都回来接她了,但是对她的伤害已经造成,因为她感受到的痛苦和恐惧已经储存在记忆网络里,为她今后的感情奠定了基础。

艾米丽的故事并不是一个孤例。在检查我们的感情中到底有哪儿觉得失望不满或者阻塞不前,我们就需要问问自己:到底是什么阻止了我们和伴侣一起形成一个团体来解决我们的问题?我们是不是尝试着要去交流但却徒劳无功?或者我们是不是不愿意表达想法?常常是,我们无法表达愿望是因为害怕表达自己的愤怒，害怕被人拒绝或听到愤怒的回应。对其他人来说，这还涉及害怕说"不"。是不是有理由这样？你之前有没有试过这样并给你当前的感情带来情感上的压制？如果没有，那么你可以使用"回溯"的技巧，看看你能不能找到一个标准记忆来解释你的反应，然后使用螺旋、光流或者其他技巧来转化它，这一点将会非常有用。

如果你确实发现自己被陈年往事所摆布，那就请你试着用"安全地带"这个练习让自己鼓足勇气表达出观点。让你的伴侣知道你表达想法非常艰难，以及为什么会这样。对他/她解释你想和他/她一起并肩解决这个问题。也可考虑找一些专业人士来帮助你。可惜的是，很多人都认为伴侣理应知道他们的感受并且知道怎么去安慰和解决。如果我们大家都会读心术的话自然再好不过，事情却并非如此发展。当我们有了暗藏心底的需求并且得不到满足，觉得无足轻重和"不够优秀"的感觉常常就是我们早期经历的未处理的记忆网络的一部分。那么现在采取一些手段来解决它是我们不可推卸的责任。

你往哪里去

我们已经看到，有些人选择的感情，一开始亲密无间就显得可望而不可即。另一些人则在携手途中发生变故。我们把自己封闭起来，常常让我们的情侣迷茫、愤怒和痛苦。到底发生了什么事？为什么这段感情与以前不同？当初和我结婚的那个人哪儿去了？在这些情况下，自我怀疑常常会不知不觉潜入这段感情中。有时候这些问题是由于身体上的障碍引发的，一方开始觉得变成了对方的负担，或者是由于经济问题所引发，以前一直养家糊口的人现在觉得像个废物。对于退休家庭或者空巢家庭而言，家庭的权利平衡发生了改变。有时候一场变故或者其他心理创伤会激起羞愧和内疚的感受。有时候夫妻之间可以走得更加亲近，患难出真情。但是有时候情况极度复杂和困扰，好像有什么东西横亘在那里阻碍了这种亲密的到来。这就是巴特和辛迪之间的情况。始于浪漫爱情让两人牵手走到一起，现在他们俩却几乎走到尽头只差分手，他们之间筑起的一道道墙，两人都不知道怎样把这些墙拆除。他们同意去参加治疗后访谈，他们想站在对方的立场来互相帮助。

从一片荒漠到亲密无间

巴特和辛迪在做心理治疗时，已经结婚超过15年。在恋爱期间和结婚的头几年里他们一起嬉戏欢笑，感情深厚，彼此难舍难分。但是过去这十年，自从巴特从海湾战争的沙漠风暴行动归来以后，两人间的感情沦为一片荒漠。辛迪这样描述：

"我们两个人间的关系越来越疏远。我是说我确实努力过，很努力地去假装一切都和原来一样，因为我根本就找不到问题到底出在哪儿。为什么我们都活得不开心？为什么我们再也没有以前那样亲密？到底什么地方出了问题？我根本就没法搞清楚。一点儿头绪都没有。巴特把做爱所获得的"高潮"当成一味灵药，来逃避一切给他带来痛苦的东西，让他觉得活着还有价值，但是这丝毫无关乎我们彼此之间的相爱。我是说这就是做爱开始带给我的感觉，而我也就听之任之，设法相信只要我们继续做爱就证明我们的婚姻还在继续。但是我感觉已经被抛弃，而这一点我对他特别恼火。

巴特在战争中被调派去当卫生员，从来不需要他去拿枪冲锋陷阵。但是在一次伏击中他被迫杀死了一个人，这件事让他感到无比内疚和羞愧。这种内疚心理让他感到极度伤心，他根本不能告诉辛迪，因为他害怕一旦她知道就会彻底离开他再不回头。辛迪是死活坚持要去看医生的人，和她当初结婚时的那个人相比，巴特好像完全变了一个人。对她来说巴特的心已经不在她这儿了——这让他们彼此间的信任感完全破灭。比如，他只一心一意关注自己的痛苦，并且任何和死亡有关的事情都会激发他的反应，所以当辛迪在她父亲去世时情绪崩溃，巴特命令她不要再哭，说："哭一天就足够了。"

但是巴特也害怕失去她。所以，觉得自己像个坏人，他变得特别唯命是从，尽最大所能来获取她的欢心，包括加班加点地工作。每当她抱怨时，他再也无法像从前那样为自己辩护，因为，正如他所说，"因为我所干下的事情，我是个可怕之极的人。而且这完全是潜意识里的，我的意思是，只是心里有种感觉，好像我不值得过快乐日子，我不值得生活的恩赐和奖励。我必须要为做过的事情赎罪。"但是，人都是复杂的动物。因为巴特对于辛迪无休无止的批评又觉得愤愤不平,他就在其他方面表现得急躁易怒。这种感情上日渐疏远和不协调的模式让他们彼此之间的距离越来越遥远。如辛迪所言,心里的空虚感越来越大,越来越大,大到无边无际。

幸运的是,通过夫妻情感治疗和眼动脱敏与再处理治疗,现在一切又回归正常——巴特和辛迪两个人又觉得地位平等了。他们给战争退伍军人和夫妻所提的建议对所有的夫妻也都同样适用(如果这些夫妻发现彼此之间有了隔阂,并且关系越来越疏远)。不管你对什么东西觉得羞愧或者内疚,都不要让它将你和所爱的人分开。你现在对它的观点可能只是因为让你深陷其中不能自拔的未处理的情感。例如,根据巴特所说的话:

"以前,我一般都会对自己说:'你是个很可怕的人。你应该为做过的事情感到羞耻,而且应该做点什么来赎罪和补偿。'现在的感觉是:我被置于可怕的境地,这是非常不幸的事,但是我只是履行了需要去履行的职责,这也是我开始报名参军时宣誓同意过的。你知道,这是你死我活的选择,你选择了什么,就必须接受由此带来的种种后果。他不得不因此而死,这仍旧是个可怕的悲剧,而且我对这件事也仍旧感到很不好过,但是我并不觉得这样做就是个十恶不赦的坏蛋……早点去寻求良好的医学干预,越早越好——这样就不会有许许多多的包袱堆积在心头。辛迪和我经历了十年的光阴,然后才认识到这个道理。现在还有许许多多的治疗康复需要我们去做。"

对辛迪而言,情况也有了很大的不同。正如她所说:"表面现象也可能会欺骗你。但是如果你对自己的伙伴、伴侣、爱人紧紧关上心门,带来的痛苦就变得异常真实:巴特回来后表面上做得堪称完美,赚钱养家,做称职父亲,按时付各种账单,该做的一切事从不推卸。不打人,不喝酒,不蹲号子,不做坏事。但是别人怎么知道他的自信心受到彻底的伤害?并且可能有过战争经历的退伍军人也并不是唯一需要做眼动脱敏与再处理治疗的人。我也有一些非常强烈的情感问题需要加以克服,这是巴特的战争经历给我们俩在此期间发生的一切事情带来的结果。所以我推荐两个人最好都要参加这种治疗。"

结果证明他们的努力得到了相应的回报。如她所言,在经过十年时间的内心隐痛和做爱时感觉自己被孤立被利用的感觉后,现在他们又变得亲密无间了:

"现在我觉得我们之间彼此又开始真心相爱难舍难分了。如果你从情感层面看待它，它黑白分明。我的意思是现在和过去的这两种感觉完全不同，我感觉有人疼爱有人欣赏。这种感觉相当美妙。"

如果有什么事情发生改变了你的夫妻关系，那你一定要愿意把它说出来。如果你发现把自己封闭起来，那就尝试使用自我控制技巧来改变你的感觉。如果这样也不管用，请考虑寻求专业性的帮助。即使要等待事情自己烟消云散，也不应该是等上多年岁月、等到世界尽头，就像巴特所说的，它只会增加你的"包袱"。

我恨死你这样的人了

对所有人来说，都有这样的时候，我们被工作、朋友或者家庭中的某种情况勾住，我们坚定地认为某个人做得非常不对。我们可能完全正确，但是否真的处理得很恰当呢？因为当时的情况和一些未处理的记忆联系在一起，导致我们反应过度，这样做对我们而言会非常不健康。带来的压力可能会让我们筋疲力尽。

我恨死那些言而无信的人

埃琳娜来自一个大家庭，直系亲属定期聚会，可是她的表哥帕特里克常常说话不算数。如果他们约好了要见面，他常常要晚到一小时。如果他答应来电话或者做某事，没有不断的催促绝少会真的做到。埃琳娜不断被表哥的行为激发出怒火。她会不断地告诉帕特里克，她认为一个人言而有信相当重要。如果他答应说要做某件事，那他就应该践约。如果他不能按时去做，那他至少也要让别人知道才好。这事看起来非常简单，但却根本不管用。帕特里克还是在许下诺言后依旧我行我素。

人们常说，你可以选择交什么样的朋友，可是你却无法选择出生在什么样的家庭。埃琳娜很少在其他人身上遇到这样的行为，因为我们总是选择能给自己带来一定程度安慰的人做朋友。如果有什么熟人像帕特里克那样为人处世，埃琳娜早就不屑与之为伍了。可是埃琳娜怎么也摆脱不了她的表哥，因为亲戚往来的缘故总是免不了要跟他打交道。所以此际重要的事情就是要彻底检查一下她感受到多大的困扰。

大部分人都会说帕特里克的行为在成年人身上显得不可接受——可是这能否解释埃琳娜情绪反应的剧烈程度？换句话说，这到底给她带来多大的困扰，有没有什么措施可以让她来应对这件事？我们都遇到过这样的情形，就是大家都觉得我们受到了不公正的对待，但他们说我们"不必觉得这是在针对自己"。如果我们懂得过度反应和"觉得这事是针对自己的"一般就意味着这种情况和未处理的记忆密切相关，那么我们就应该探究这些高强度的情感反应到底来自哪里。

埃琳娜专注于最近一次帕特里克答应要做却没有遵守诺言的事情。浮现在她脑海里的想法夹杂着一定的愤怒和憎恨："我对他从来都是言出必行，想一想我为他做过的所有事情！"然后她又问自己："这件事让我有怎样的感受？"答案是"我不够重要，不足以让他付出那么多的努力"。这种感受简单说起来就是"我不够重要"。所以她在脑子里回想上一次帕特里克不遵守诺言这个情形，以及"我不够重要"这样的想法，埃琳娜使用"回溯"这个技巧，让思绪回到她有这种感受的最早记忆。出现在她脑海里的景象是她的青少年时期。她和朋友约好火车站见面一起进城去消磨这一天。埃琳娜一直等到约定的时间已过。她觉得在一辆经过的火车上看到了那些朋友的身影，可是没有一个人在她等待的这站下车。她拖着沉重的步伐回到家里，满心失望和伤痛。过了一会儿他们打电话来说他们一直忙着给一个人搞头发和化妆，实在走不开。因为他们根本就没有想到她会一直在那儿等他们，所以他们就直接进城没有管她了。现在他们打电话来看看她是不是还想去和他们碰头。她去和他们见面了，可是心里的感觉是自己根本就无关紧要，不值得他们关心。这就是帕特里克的行为所勾起的回忆。

这个认识足以让她看得更明白，她的表哥对家里其他所有人的表现也都没有什么两样。他老是迟到，常常忘记许下的承诺。虽然埃琳娜对帕特里克的行为不太称心，但是当这些情绪出现时她还是能够使用改变呼吸方式的办法和螺旋的技巧来应对自己的感受，因为她再也不会深陷在义愤填膺的情感里不能自拔了。她没有任何办法能够改变她表哥的行为，所能做的就是设法减少她需要帕特里克为自己做事情的次数。

我们无法挑选自己出生的家庭，也无法改变自己的家人，但是我们能够认识到何时自己的消极记忆有可能被激发出来，并且知道怎样应付我们的消极情感和身体反应，而不是缴械投降并产生这样的想法"他怎么敢这样！"或"她怎么能这样！"。有时候把这种情况看成一次自我探索和成长的机会也会大有裨益。埃琳娜认识到，早年被一群朋友丢在火车站的记忆同时也影响到她选择朋友和同事的标准。她将很多人从自己的生活里一笔勾销，哪怕这些人只是有过一次无法践行诺言。也许是时候给其他人多一点宽容了。她同时还决定联系她以前的心理医生来处理这段记忆，以及任何其他相关的记忆。当我们大家觉得心里不舒服时，这给所有人都提了一个醒。不管是和家人、朋友或者同事一起，我们都要问一问："这个反应是出自成年人的立场还是来自小孩子的立场？"

减少你生活中的压力非常重要。例如，持续不断地对某个人的行为感到生气或者伤心，特别是当这个人的行为并没有真正伤害到你，也许只是由于自己的情绪或者控制问题所激发出来。也许你是因为这个人没有按照你所想的那样为人处世，并且你没有力量来改变他，因此而感到难过。虽然有时候这样做很难，但是其他人选择怎样做的权力属于他们自己，记住这点很重要。**你的所有选择都只能关乎你自己**。设法使用你的安全/平静地带，然后默默在心里想想那个带给你烦恼的人，并且想想这样的话："我原谅你，你就是这样的人。"这样多做几次。也许你能发现这样做过以后，不管什么时候你想到他们，你都不会再感到难过。也许你不喜欢他们的所作所为，但是继续这样憎恨只会伤害到自己，而他们则毫发无损。

最后几点人际交往的建议

找一找原因。有时候我们对家庭成员的所作所为感到痛苦，还会夹杂着很多不解和愤慨。我们就是不理解怎么这个人好像对其他所有人都能和谐相处，可就是对我们恶言恶语或者不理不睬。要记住，这样的事情之所以发生，是因为每个人都有不同的记忆网络，用来应对工作、朋友和家人。根据关系和情况类型的不同可能会引发不同的未处理的记忆。如果你和伴侣之间出现了问题，那就准备好做安全/平静地带的练习，然后设法一起找出当时的情况和触发问题的因素。一定要坚持两个人一起解决问题，因为你们两个人才能让感情问题得到解决。考虑使用"回溯"的技巧来找出任何可能控制你的表现的记忆。

练习宽宏大量。对我们的伴侣宽宏大量意味着时刻关心并为他们提供时间、帮助、一句贴心话或者对他细小的怠慢及时原谅。它牵涉深入我们的内心，为我们所爱的人奉献最好的东西。但是要提供这些，我们还需要照顾好自己。一定要每天使用你所学过的自助技巧来锻炼自己并减轻自己的压力。

设法敞开心胸。有时候如果出现了一种冲突的固定模式，人们就可以开始把自己和伴侣"关闭"和"隔离"起来。这就像把自己放在一个钢制的盒子里以避免造成进一步的伤害。在你受伤时想要保护自己是很自然的事情。但是这些盒子所存在的问题就在于，虽然它们可以保护你的"安全"，但它们同时也将你隔离起来，并且杜绝了任何改变的可能。有时候这是惩罚伴侣的一种形式，但这同时也是在自我惩罚，因为你会觉得麻木、退缩和抑郁。注意你的感受以设法避免将自己关闭起来。记住你拥有很多选择。例如，使用你学过的技巧常常能帮助你从"封闭"走向"开放"——放松、平和并且兴致很高。

与人交流。当时机成熟可以和你的伴侣讨论你的行为模式和改变方式时，请确保你处于敞开心扉的状态。使用以下这些说法，如"我爱你，当甲发生的时候，我觉得乙。"而不是"你让我觉得……！"我们都要对自己的各种反应承担责任。和人分享这样的信息，正如你希望别人与你分享这样的信息。不要责备，只是提供彼此能够共同感受和思考的必要信息。如果这还不起作用，记住要寻求专业人士的帮助来评估当时的情况并且提供有用的选择。有时候有一位受过特别训练的中立的第三方用新鲜的眼光重新看看就显得很重要。

探索自己的人际交往记忆

写下从你青少年时代开始一直到现在的三个最让你感到困扰的有关个人或者恋爱经历的记忆。它们属于哪种消极认知？它们和你已经确认的消极认知里的哪一个相同？使用"回溯"的策略来确认可能引发这些困难的儿时记忆。把它们添加到你的标准记忆的单子上。

　　想想你现在的人际关系中有没有什么问题可以通过交流的技巧或者自我控制的技巧来加以解决。如果不能，记住当前的困难只是你生活中很多其他困难的最近版本，那就去寻求专业性的帮助来处理激发你的反应的记忆，这也许是个较好的选择。请记住，你拥有多种选择。

第9章
最坏的心灵也可以重建

我在第 1 章里提到过，这本书的一个目标就是帮大家更好地了解自己和周围的人。

没有一天报纸上不是充满了各种各样的悲剧，而这些悲剧本来都可以避免。我们读到一朵朵鲜活的生命之花枯萎凋零，而犯下罪过的人好像对自己的行为没有丝毫的责任感。他们好像终其一生都以将周围美好的东西以及善良的人毁灭为己任。但是即便如此，我们的评判还是要辅以了解和同情。因为没有对事情原因的彻底理解，我们就无法帮助他们实行转变。是的，他们应该控制自己的行为。是的，他们总是带来可怕的伤害。是的，多数情况下他们都能学着去采取一定措施来补救，所以我们更加无情地责备他们——如果他们能学会停手，那么他就应该收手——可他们就是不肯！

我们必须记住的是，他们不去学着控制自己的破坏性行为是有原因的，这是困住他们、阻碍他们前行的问题的一部分。可惜的是，社会往往放弃了这部分人——而他们也自己放弃了自己。我们可能认为他们要么受伤太深，难以恢复，要么不愿做出任何改变。但是这两种观点没有一种抓住看问题的根本或者提供了具体的解决方法。

他们所作所为的原因正如所有人一样——都是由于无意识过程所带来的条件反射一样的反应。这并不能为他们的行为开脱。但是，那些带来苦难的人同样也是整个人类集体的构成部分。我们可能不喜欢他们的破坏性行为。但是，如果我们不学着去理解和治疗那些加害者，就会继续有人受害。这也是为什么我们在这一章里要一起看看那些猥亵儿童的人、家庭暴力的行凶者、强奸犯和瘾君子。他们可能已经直接影响到你，或者通过你所爱的人影响到你。最终，作为社会整体的一部分，他们的所作所为会影响到我们所有人，我们可能是他们最终伤害的人当中的一员。

反社会行为是怎么开始的

有些人成长为所谓的"反社会型"的人，有着各种各样的原因。

有人说他们能早早看到这些标志——那些在学校里张牙舞爪的孩子，好像天王老子都惹不起。但他们是不是这样呢？

愤怒背后的痛苦

"9·11"事件之后不久，加里刚抵达工作岗位，在乡下一所小学里当心理顾问。

他背在身后的是簇新的游戏疗法的袋子，里面装满了好用的玩具和艺术品——它们被称为"表达材料"，用来帮助孩子们交流问题和感受。他的"办公室"是个大壁橱，学校在里面储存着教科书和一个在幻灯机还算高科技产品的时代所遗留下来的媒体工具架。加里把工具架清空，把他的玩具和其他艺术品都摆在上面。那时候他还不知道眼动脱敏与再处理治疗，但是他知道一些游戏疗法的技巧，多年来这些技巧他一直运用得得心应手。

那天加里遇到的第一批学生中有一个叫作扎克，是个六岁的小男孩，他还在重复读幼儿园。他和兄弟姐妹都和奶奶住在一起，由奶奶抚养。父母两个人都因为贩卖冰毒被捕入狱，正在服刑。这一点好像是重要的信息，但是却并不足以解释扎克在学校里的行为。他在幼儿园留级，以及在幼儿园老是学不好，都是因为他几乎每天都在儿童游乐场里攻击其他孩子。这种类型的行为，常常被诊断为"品行障碍"，能导致成年以后的反社会型和暴力行为。全国范围内这种类型的孩子常常在学校里一次又一次地留级；或者即使他们根本就不学习，还是赶鸭子上架地往上升学。很多次他们都是错误地接受药物治疗或者过度服药以变得听话服从。他们常常都以辍学而告终。没有一技之长，脾气又非常坏，他们以后的生活可以想见。

在他们第一个游戏疗法快结束的时候，扎克变得很生气，把所有玩具都从架子上面抓下来，丢得房间里到处都是。加里说："你表现出这些强烈的情绪背后肯定有原因。"扎克干脆不理他。他们一起做了几个疗程，都像这样，扎克抓住摆放得整整齐齐的玩具材料，然后把它们丢得到处都是。

最后扎克好像安静了下来，并且和加里建立了友谊。他们一起使用游戏疗法治疗。但是在20个疗程以后，扎克还是在学校里四处闯祸。加里常常遇见他走向校长办公室接受更多的体罚：低头，显得非常弱小，准备接受一个气急败坏的成年人用戒尺狠狠打屁股。在美国的这个州体罚仍旧司空见惯。尽管加里和校长谈过这件事，但他无法阻止校长做认为必须要去做的事情。尽管他跟校长解释说扎克那令人困惑的行为背后肯定有什么原因，但却毫无帮助。尽管加里尽了自己最大的努力，他就是无法从这孩子身上找到原因。

过了几个月，加里到这个州外面去接受眼动脱敏与再处理培训。在那儿，他能和一些经常治疗儿童的人们交谈。他们告诉他，对孩子来说非常好的一点就是这种治疗常常能收到立竿见影的效果，等他两周以后和扎克见面的时候，他就可以向他展示怎么使用安全地带这个技巧。

在接下来的那个疗程期间，一切都发生了改变。疗程结束前的五分钟，扎克开始把所有的玩具都从媒体工具架上面扯下来，把它们胡乱丢在屋子里。他大概用了60秒的时间把工具架清空。两人蹲在地上面对面看着对方，就在胡乱散落在地上的玩具中间，加里说，"注意你现在的感受和你在身体什么位置感觉到这种感受"，然后用手轻拍，他开始了眼动脱敏与再处理的治疗。

几乎立刻扎克开始撕心裂肺地哭起来，从心底不断啜泣抽搐。让加里觉得无比惊奇的是，在地板上的这四五分钟时间里，扎克表现出的感情波动比起他们之前所有治疗中的都要多。他们又做了一轮治疗，这给扎克带来更多的抽泣和啼哭。然后扎克说："我乱扔玩具的时候心里感觉很糟糕。"然后他问："你能替我保守秘密吗？"

加里说："可以。"他还不知道自己会听到什么，但他已经做好准备接受任何事情。扎克一边抽泣一边说："我爸妈都在监狱里，直到我老了他们才能出来。"

在他们继续治疗的时候，扎克打开了感情的闸门，能够感受到自己的情感并且将其表达出来。然后他专注于自己对父母的一些记忆，正是这些记忆触发了他的强烈情感。在治疗过程中，加里可以看到扎克建立的各种情感联系，并且若有所思，现在他能随时用言语将其表达出来。这在引发问题的潜在原因方面是个重大的改变。

对于很多年轻人来说，有些感情实在太过沉重，无法承受。大脑的信息处理系统变得过度超载，这些强烈的感情被存储在记忆的一个隔开的区间里。但是当前发生的某些事仍旧能引发这些情感。例如，在每次治疗结束的时候，加里，也就是和扎克现在有密切关系的人，都会像他父母那样离开他。痛苦、恐惧和愤怒的感觉激发出种种好像无法控制的行为——把玩具扔得到处都是，或者在游乐园里去伤害其他孩子。然后，这些感受逐渐退去，这个孩子再也无法感觉或者无法表达出它们。他就以这种方式长大成人，带着痛苦、愤怒和恐惧，深深埋在记忆里，但却随时都有可能爆发。

接下来的一周里加里和扎克的老师交谈了一次，发现他再也没有找麻烦，而且在班上表现得非常好。他一直以来问题不断，所以他的老师和其他成年人花了很长一段时间才能接受他实际上正在越变越好这个事实。加里继续使用眼动脱敏与再处理来和他一起治疗。

在学年结束的时候，扎克毕业升入了一年级，而加里也被调到另一个区工作。他从一个同事那里回访扎克的情况，了解到他做得相当棒。

这里最关键的地方就在于，**有很多伤害他人的行为，不管是出自孩子还是成人，都是建立在早年未经处理的记忆的基础上。**体罚并没有改变扎克的行为。只是点燃了储存在他记忆网络里的怒火、痛苦和恐惧。他一次又一次不能顺利从幼儿园毕业,以及所有随之而来的校园里对他的种种取笑只是增加了他的痛苦,导致他立刻将这些痛苦发泄出来。

这并不是说规矩和纪律不重要。为了大家的安全起见,社会必须要确立并执行一定的行为规范。但是很多父母没能够为孩子健康的情感发展提供足够的展现舞台,让很多人都无法感受到他们自身的情感——或者在感受到这些情感时没法自我安慰。这就引发了一系列的问题,我们将在下一章里加以探索。

从成瘾中走出来

因为滥用药物,扎克的父母无法好好教育并引导自己的儿子。药物成瘾不仅本身是个有破坏力的问题,它往往还会引发其他种种消极行为,我们在本章当中将重点审视这些行为。药物和酒精滥用现在被看成是全球性的巨大难题。现在广为接受的看法是,有一段没有被治疗的创伤历史可能会为此奠定一定的根基,令人有染上物质滥用的风险。尽管可能存在一定的遗传性易染病体质,让有些人容易变成物质滥用者,但通常情况下还是需要一定的生活中的事件触发,才会让物质滥用的行为模式发动起来。易染病体质只会让康复变得更加困难——但是遗传基因并不就是我们的宿命。

有些人对自己的情感不怎么了解,而有些人却被自己的情感压垮了。当痛苦变得太多而难以承受的时候,它们就会表露出来以寻求安慰。也许他们看到自己的父母是这样处理的,或者也许他们只是发现和同龄人一道尝试过药物或者酒精以后确实感觉舒服多了。不管什么原因,那些染上各种瘾的人常常感觉自己失去控制、没有力量阻止自己,不论他们多想停止或不管他们已经伤害了多少人。成千上万的人饮酒超过一定限量以后还是驾驶汽车——他们没有伤人的恶意,不过是想从一个地方抵达另一个地方——结果就有人因此丧命或者遭受永久伤害。不论起因是酗酒成瘾或者是判断失误,他们都不应该在那种状态下开车行驶。可他们就是这样做了,并且常常有人因此而受伤害。可惜的是,往往是在撞了南墙以后很多人最终才被迫承认他们需要帮助。

永远都不会太晚

物质滥用是个恶性循环。开始的时候可能只是内心绝望或者觉得自己毫无价值——可是一旦被其控制，随着它逐渐展现出越来越多的破坏力，它只会带来更多自我憎恨的理由。为了对付滥用问题，学习不同方法来控制情感上的痛苦就非常重要，但是从一开始就处理早年那些引发情感障碍的记忆也很重要。

华盛顿毒品法院项目组开展的一项研究把眼动脱敏与再处理疗法与被称为"寻求安全"的预备小组治疗结合起来，包含了应对创伤和物质滥用以及自我安慰技巧的教育和技能。对那些自愿接受眼动脱敏与再处理疗法的人来说，初步的数据显示了一个 91.3% 的治疗通过率，与之对比的是有资格但拒绝接受治疗的人，通过率只有 62%。这方面还需做进一步研究，但是这个组合治疗项目给人们带来的结果已经非常明显。通过治疗是最好的标志，证明他们已经中止了药品滥用和监狱时光的循环之门。研究结果显示，不管成瘾的历史有多长或者多严重，人们都能朝好的方面转变。

因为痛苦记忆而成瘾

汤姆变成眼动脱敏与再处理创伤治疗的积极倡导者，这是基于他自己的在毒品法院的亲身经历。他主动向大家描述自己"从地狱逛了一圈回来"的漫长经历，希望能帮助和他处境相似的人：

"我 12 岁的时候开始喝酒，14 岁开始抽大麻，随着时间流逝逐渐开始吸食更过瘾的毒品。酗酒和吸毒对我来说有意义，是因为我一直都是眼看着我的一双酒鬼父母不断将他们各种各样的人生问题一醉了之，正所谓一醉解千愁。他们真是"了不起"的父母，其实，他们只不过是十足的酒鬼。当然了，我的朋友也都酗酒吸毒，他们的父母也没什么两样。

我一直和酗酒吸毒不断做斗争，已经 28 年了。我专门去治疗毒瘾治了四次，其中包括一次在化学品依赖监狱里关了 70 天的禁闭，那也是我首次尝试毒品法院项目的一部分。那次尝试没有获得成功，导致了三次重罪判决、更多监狱时光和贴上罪犯这样的标签。我恨透了这一点。"

汤姆本来对自己有着辉煌的人生规划——继承家里的汽车牵引生意,他有疼爱他的父母,支持他实现自己的人生目标。但是在他35岁的时候,他亲眼看到自己的父亲和癌症病魔斗争了两年多的时间,这让他越来越依赖药物和酒精的滥用。最终他父亲还是过世了。

"接下来的一年里,我在生活中苦苦挣扎,不知道该怎么办。但之后不久我在一家大型的卡车公司里找到一份工作,然后一切才开始好转起来。我和哥哥斯蒂夫一道跑生意,他是我的副驾驶,我们俩开始踏上全新的职业道路——做长途卡车司机。诸事好像都一帆风顺,并且有一年的时间我们成功完成了所有既定任务,开车跑遍了全国每一个州。不久厄运开始降临,我们到德克萨斯州接一趟货,然后开回家过圣诞节。

我和斯蒂夫在海斯、堪萨斯这样的小镇停车为家人买点圣诞节礼品。然后我们到当地的小酒吧里喝几杯,'预祝圣诞节快乐'。在小酒馆里喝完酒以后,我们在往卡车位置走的路上开始争吵起来,为的是立刻开车上路还是等到第二天早上再走,我们俩争得不可开交。斯蒂夫想要立刻就走,而我则想留下来过一晚。最终我让了步,同意继续上路,但是当我小心翼翼地把我们那8万磅的卡车挪出停车场的时候,我们的争吵开始变得越来越激烈,大家都使出吃奶的力气大吼大叫。我把车开上了高速路的匝道,开始逐渐提速,整个过程里不停地对我哥哥吼叫,让他闭嘴!我们吵啊吵啊,相互扯开嗓子吼叫谩骂,谁也不能服软认错。就在他使出吃奶力气吼出'我就该从这儿跳下去'这样的话时,我也扯足了嗓子对他大吼一声,'你跳啊!'这是我跟哥哥说的最后一句话。我把卡车挂上高速挡,跑到每小时65英里,我哥哥则不慌不忙地往后靠了靠,把安全带解开,一把打开车门,径直从卡车上跳了下去。我刹车足足刹了大约400米远,才把18个轮子的大货车逼停了下来。然后沿着高速一路跑回去,最后找到了我的哥哥,他脸朝下伏在一条水沟里,全身的骨头都已折断,到处伸出来,鲜血像河水一样汩汩地从他残破的身躯里流出来。他死在了我的怀里。

当然了,我用自己唯一知道的办法来对付哥哥的突然惨死——那就是吸毒和酗酒。我自己也知道,我彻底陷入了困境。在妈妈的疼爱和支持下,我参加了第一个住院治疗项目。可惜的是,经过短短几个月的恢复期以后,我立刻又捡回好像最起作用的方式——物质滥用,尽管永远都不足以触及它们本应该浇灭的痛苦。"

接下来的几年时间里,汤姆根本无法持续做好一份工作,他离了婚,母亲由于酗酒引发的肝功能衰竭去世,并且把所有的钱都挥霍在了毒品上。然后他又因为大量持有冰毒和吊销驾照后行车而被捕。

"接下来的那年我又被逮捕并且立案,已经多达13次了。我被逮捕,然后保释,错过法庭审判日,背着逮捕令继续生活,到处躲藏,见到警察就跑。他们来到我家里,一脚把大门踹开闯进来,用黑洞洞的枪口指着我的家人,把家里前前后后搜寻一遍查找我的下落。我最大的恐惧还不是蹲监狱,而是一旦我被捕,我就没办法再吸毒了。我被毒品法院项目终止资格,判决三项重罪,就这样玩完了。"

被从监狱放出来以后,汤姆立刻打回原形,又去吸毒,然后又被逮捕并且送进了监狱。在缓刑期间,如果他再犯毒瘾就会面临另一个刑期,他接受了这次机会,加入毒品法院的眼动脱敏与再处理创伤治疗的研究项目。在接下来的五个月里他专注于吸毒成瘾的一些"关键问题",他想让人们知道这让他的恢复终于有了可能。

因为他想要让其他人也试一试眼动脱敏与再处理治疗,他为大家展示了他现在的生活:

"在我康复的六年期间,我把自己的生活完全扭转了过来。我偿还了超过一万美元的法院罚款,重新恢复了我的驾照,把房子从抵押品里重新赎回来,还清了我的律师费,完成我的所有缓刑期。我拥有了一家自己的公司,并且已经成功运行了一年半的时间,因此我把所有的债务都还清了。我现在已经是社会中负责任并且有担当的一分子,而且最精彩的部分就在于,我组建了一个新家庭,其中包括我的未婚妻,她现在已经恢复了19个月时间,还有我17岁的女儿,她现在搬回来和我们一起住了,以及我另一个8岁的女儿,她常常让我的生活充满乐趣。我现在以崭新的面目期待和迎接每一天。"

很多人认为上瘾不过是缺乏自律。他们不理解一个人的生活怎么能扭曲、失去控制到这样的田地。我希望汤姆的故事有助于阐释清楚这一点。当人们利用酒精或者药物来处理自己的情感时，这些物质就会呈现出自己的生命。但是一旦促使这种成瘾的未经处理的记忆得到了处理，生活又会回归正常。不要让过去的羞耻把你深深困在一个地方并毁了你的未来。寻找必要的帮助来做出负责任的新选择。哪怕是经过差不多30年和自己的心魔做斗争，汤姆的故事显示出，**只要做出健康生活所必需的选择和改变，时间永远也不晚。**

寻找根源

汤姆所接受的眼动脱敏与再处理治疗包括：①处理引发他障碍的过去的记忆；②激发他现在想使用药物的欲望的当前情况；③应对烦恼经历的新方法。

为了防止复发，重要的是处理引发痛苦的早期记忆。在汤姆的这种情况下它们包括重大创伤，例如他哥哥的死和他对引发哥哥死亡的难以推卸的责任感。对其他有着成瘾症状的人来说，即使他们生活中发生了重大事件，最为重要的记忆也可能是一些毫不令人怀疑的小事。

例如，凯伦从开始记事时起就饱受恐惧症的折磨。她处理这个症状的方法就是过度使用药物以及过度沉迷于性爱。10年的治疗还是没有阻止恐惧症的来袭，而且不管怎样努力，她就是无法将自己的药物成瘾戒掉。最终她来到一位会做眼动脱敏与再处理的心理医生这里，他们一起针对她身体上的恐惧感觉展开治疗，然后她的思绪回到四岁那年发生在她身上的一件事。

父母把她和两岁的妹妹一起丢在了公园里，让凯伦好好照顾妹妹。好像过了几个世纪的时间他们才回来，等他们终于回来的时候凯伦已经全身心都陷入恐慌当中，害怕地不停呕吐和啜泣。然而父亲不仅没有安慰她，反而对她大吼大叫——然后又嘲笑她，说她表现得就像个窝囊废。恐惧、羞愧和缺乏控制的感觉存储在这段记忆中，为她日后的成瘾埋下了伏笔。在五岁的时候她喝到了第一口啤酒，然后她的酒瘾从此一发不可收拾。

凯伦的父母通常对她的需求总是不合拍，并且不给她任何的支持、信心，或者用积极的、有建设性的方法来帮她控制痛苦。相反，汤姆描述的却是"有爱心"并且"伟大"的父母，他们总是支持他。但是他们向他示范，处理消极情感和问题的方法就是一醉解千愁，这样教会了他喝酒。两种情况下，不管喝酒成瘾的原因是什么，**通往康复的道路都显得很清楚：直接应对痛苦——找到看待过去的新方法，处理目前的情况，为将来做好计划。**如果不去处理这些成瘾的强有力的起因，事情很可能只会变得更糟糕。

当我们已经无路可走

有一个治疗师现在为眼动脱敏与再处理人道主义援助项目工作，他之前曾经管理一家无家可归者服务中心。他们应一些有需要的人所提出的要求为他们提供上瘾治疗，同时为他们提供其他帮助——提供过冬的大衣，介绍他们接受医疗处理，或者提供食物。某种程度上，所有患者都会问她，他们上瘾的情况好转以后生活会不会变得更好。她告诉他们肯定会，因为这就是事实。她知道他们肯定能住进更安全一点的住所，多一些找到工作并守住饭碗的机会，并且也许会有机会和他们心爱的人重新建立联系。但是她也知道如果没有那些安神的化学品来掩盖他们的痛苦，日子也会变得很艰难——非常艰难——因为他们所有人都忍受了多年的心理创伤。尤其是，她担心那些男男女女，酗酒吸毒让他们失去了自己的孩子。同时还有一些人，他们年轻时在大街上、在自己家中，肉体上受到虐待，并且遭受性侵。

从那时起已经过去了很多年，现在人们对于上瘾已经有了更多的了解，知道它是一种疾病，而且知道过去的创伤怎样带来破坏性的过程。她现在在私人治疗中使用眼动脱敏与再处理疗法，并且继续看望那些有着严重物质滥用问题的人。下面是她的描述：

"昨天，我的一个患者，她已经恢复得相当好了，来到我这里。因为最近的损失，喝得有点微醺，并且情绪低落。有那么一刻，她直视着我的眼睛，直截了当地问我：'我有没有一天会变得可人疼？我到底能不能接受一个伴侣，他将爱我并照顾我一生？'

我想到她使用眼动脱敏与再处理已经取得的成就——离开那个酗酒并打人的丈夫，自己忍受长时间的戒酒带来的痛苦，遭人强奸、坚强活下来并处理这段创伤，五岁时就开始遭受的性侵犯，被人忽视并且一直持续到成年时期——然后我用确定无疑的口气说，'是的，你肯定能实现自己的愿望。'我在过去那些为无家可归者提供服务的日子里所感受到的内心的彷徨和动摇早已经一去不复返。我知道她肯定能抵达她心目中渴望的目标，但实际上她还是无法看到我所看到的东西——那就是她已经完成万里长征的一半路程。因为当她打电话让人开车把她从治疗点接回家的时候，一个可靠并关爱她的朋友——真心爱她的人——急忙提出要送她回家。尽管有这么多磨难，她的人生正变得越来越好，并且我知道我肯定能帮到她。"

确实，帮助随处可见。但是要想得到帮助，你就需要拥有足够希望的光芒才能让人看得见。

学习建立联系

也不是所有人都转向毒品来应对他们的消极情绪。还有一些人通过过量使用色情作品、性爱、赌博、食品或者其他任何不同的经历来应对，只要能给他们带来暂时的消遣、平静或满足就行。但是世间有这么多健康方法可以用来获取长期持久的积极感受。成瘾的行为不过只是暂时的应急措施，不是长久之计，因为它们并不能从根本上解决问题。一旦"高潮"过去，那些消极的感受就会卷土重来。

如果一个人从小到大感觉自己孤独、不合群、不够优秀，或者从来没有学会怎么去应对强烈的负面情绪，任何一个在这样的家庭环境里长大的孩子，各种风险就变得显而易见。有效应对各种上瘾意味着不仅解决痛苦的根源，而且在不适情感出现的时候学会一些应对它们的工具，并且学会与人相处的新方法。

童年时期受过创伤的人比起其他人来显然更容易成瘾。因为他们感受到的痛苦、他们"和别人不一样"的那种感觉，让他们和同龄人格格不入，学不会一些基本的社交技能来建立健康的人际关系。如果不接受治疗，他们常常难以建立起顺利康复所必需的种种联系。例如，集体意识，受欢迎的感觉，以及12步治疗项目里所需要的公开和诚实，这些都非常有用。但是有些人同样需要眼动脱敏与再处理治疗来帮助他们应对这个项目的一些要求，因为和成群的人在一起或者被人期待要"暴露"关于自身的一些事情，都会引发羞耻和不安全的感觉。正如你现在可能会疑心的那样，这些感觉植根于早年的生活经历，需要适当加以处理。

不管一个人之前可能失败过多少次，在正确的帮助下他们都值得再去尝试一次。正如你从汤姆的例子里可以看到的那样，总有解决问题的办法。

我就是感觉和别人不一样

我所治疗过的第一批患者当中的一个人，他来做心理治疗是因为在社交场合遭遇的困难。正如乔斯所描述的那样，当他处在一群人中间时，他就有"一种恐惧感从心底升起来，它变得太过强烈，当时无论我在做什么事情都会被它打断停下来，它完完全全控制了我，以致我总想逃跑，或者藏起来才安心。"

我让他用言语来形容这种感觉，他说："我就是感觉和别人不一样——好像自己格格不入。"他说他想要获得帮助，因为"这种感觉好像占据我生活里特别重要的一个部分，促使我想要通过喝酒或者吸毒的方式才能摆脱掉它们。我只是要麻木自己到一定程度，让我再也感觉不到这段经历。但是因为我努力想要从酗酒吸毒当中恢复，现在这种痛苦才会变得尤其强烈。"

乔斯从小到大都在想："我到底出了什么问题？"恰如他所描述的："我有个弟弟。我们一起长大的过程里他备受疼爱。他总是在所有事情上都比我优秀，而且到哪儿都左右逢源。所有东西他都比我得到的要更多。那时我的继父——我不知道自己的生父是谁——也更偏爱他。无论他做什么事得到的表扬都更多，这事极大地影响到我，到了我不惜以大哭来引起别人注意的地步。我猜想我是拼了命地尽力做任何事情，我会把事情搅得一团糟，好像用一种笨办法，来设法获取一定程度的关注。我跟我的继父说，'嘿，你看。我也在这儿呢。你也知道。我也做了许多好事情。有些比他做得更好。'我痛恨我的弟弟。他女朋友比我多，我的意思是事情发展到严重影响我的日常生活的地步，以致我变得特别害羞，而且觉得，管他的，谁想跟我说话呢？所以带来的结果，我赋予了他很多的权力，我猜想。"

当我问及乔斯这种恐惧感还会在什么别的地方出现时，他说："帮派打架，少管所，监狱，跟我的兄弟打架。"进一步询问后，他解释道："我有过的惧怕——我对自己的感觉——就是跟别人不一样。不讨人喜欢。不受人关注。我想这让我认为我真的跟别人不一样，并且我还有点儿格格不入，这让我不断怀

疑自己。所以终究只会导致误解不断。尤其这一切带来的憎恨常常导致我和兄弟姐妹之间的误解。所以最终带来的结果，我们之间就只能是见面就打架，打倒才罢休的局面。"

当我问到少管所的时候，他解释说："少管所的场景也会出现——这得回到我十几岁的时候在德克萨斯州成长的那段经历。这现象到今天仍然持续，但是在德克萨斯州那里，北方和南方之间横亘着高大厚重的钢铁界限——他们把这叫作地盘。我和我的兄弟在成长那会儿被卷进这类纠纷中，那时经常是一个地盘跟另一个地盘的人打架斗殴，被人追来追去，不是这样追就是那样追。那也正是少管所介入的时候。"

我又问他："害怕自己跟别人不一样的感觉又是怎么跟你扯上关系的？"乔斯解释说："我发现帮派是可以接受我容纳我的好地方，而我果然被吸收进去了。而那正是酒精进入我生活的开始。它为我壮胆，让我能暂时应对那些感受。我很奇怪地达到那种境界。有男人气概，到处趾高气扬，饮酒作乐，满嘴脏话，抽烟，取笑别人、伤害他人。在那里我感到如鱼得水。我的意思是，那是我那时候唯一能应对生活的方式，有点儿救命稻草的味道。否则的话我要自杀的想法就会时不时地冒出来。"

有些人会诉诸暴力是因为受潜在的愤怒和痛苦的感觉所控制，乔斯就是其中的典型。虽然很多人都认为，有些人好像没有同情心，伤害别人的时候眼睛都不眨一下，这些人都是变态，根本就治愈不了，但是最近的研究显示情况也并非都是这样。我们人满为患的监狱里关押的尽是些童年生活异常不幸、让他们感觉自己孤立隔绝的人。因为我们大家都想要获得某种身份认同感，帮派常常把它用"家庭"来取代。不管有没有加入帮派，缺乏父母在背后的支持——被他们推到一边、抛弃不管、羞辱取笑或者动辄打骂——这会带来自己不够出色的感觉，让他们随时准备去伤害他人。乔斯的所作所为和扎克正没什么两样。

如果你在自己的家里感觉被人抛弃、一文不值或者跟别人不一样，那你又怎么能和社会上的其他人认同呢？如果你不能认同这个社会，那又为什么要遵纪守法？自己定套规矩——这样你就能做主并且开始伤害他人。这样做最终可能会带来非常可怕的结果。可是开始的地方常常都是一样的——正是那个易受伤、愤怒和茫然的孩子。处理他们的记忆把扎克和乔斯从痛苦和孤立的感受中解放了出来。最好在年龄较小的时候就采取措施，在扎克的年龄——对孩子、对社会都有好处。但是正如乔斯和汤姆的例子所示，哪怕蹲过监狱也不意味着时间太晚、来不及改变。

施虐的心从何而来

正像人们在大街上看到帮派团伙成员时，很容易接受他们努力要营造的那种"千万别惹我"、有权有势搞得定一切的架势，家庭暴力的加害人也给人这样的感觉。我们在前面已经看到过，有些夫妻双方都会势均力敌，两人你来我往，携手奏一支嫉妒、批评、控制和挫折的破坏舞曲。但是，夫妻之间的身体家庭暴力往往是单向的。尽管有些女性也是加害人，总的说来大约85%的使用暴力的人都是男性。而且这种现象也不会像你想象得那样少见。实际上，女性无家可归的一个最常见的原因就是家庭暴力。

总体而言，喜欢施虐的男人的行为可能会牵涉到持续恫吓、伤害、摧毁他的妻子或者任何属于她的东西的意图。这并不是一次性的由于毒品或者酒精作用带来的失态，而是常常夹杂着一种"有权这样做"的感觉在里面。施虐的男人运用力量来控制女人的行为，保证她百依百顺。女人就该时刻讨好他、安慰他。暴力常常按照三步走的顺序发展：冲突积累上升；男人盛怒之下大爆发；最后男人表达他的爱以设法补偿女人，两人度过一阵蜜月期。这个圈子不断循环。据报道，世界范围内导致19到44岁女性伤害和死亡的因素中，家庭暴力是其中一个主要原因。通常情况下都是女人到这里来寻求帮助，因为她的日子已经没办法再过下去了。最常见的情况是她描述抑郁、焦虑或者担心孩子的感受。

我离开你就无法活下去

在玛丽的例子里，当雅克开始对他们8岁的儿子动粗，在孩子的生日宴会上拿一把刀来恫吓他们两人，才终于导致她忍无可忍。他以前从来没有这样做过。之前，他只会对玛丽动粗，而且一般都是拳脚相加，从来没动过家伙。她最终决定离他而去。这对她而言是个艰难的决定，并且她知道他的危险正变得越来越暴力化，所以她选择在他上班的时候离开了他。正如雅克后来告诉他的心理医生，等他发现她已经离家出走，"我到处寻找她的踪迹"。当被问到"为什么"的时候，他回答："先把她杀了，然后再自杀。但是随后我就想到了我的几个孩子，所以我并没有这样做。三天以后我开始慢慢冷静下来。"

从根本上说，雅克感到没有玛丽他根本没办法活下去。因为这一点，每当她试图表达一点儿独立自主的意思，他的心里就要经受极度强烈的恐惧感。例如，他以前常常把家里所有的电话都带去上班，因为他不理解为什么她需要和除了他以外的其他人说话。根据雅克所说，"如果她爱我，我也爱她，那她就不需要和任何其他的人交谈。如果她坚持这样做，那就是她想要隐瞒什么东西不让我知道。"这些类型的行为都是家庭暴力的典型行为。他们设法想要通过控制他们的一切资源，和朋友的交往，或者日常生活的其他方面，以此来把自己的伴侣孤立起来。

玛丽之所以接受了雅克的行为，是因为她缺乏自信。她所出生的家庭里，女性一直被训练要相夫教子、好好听话。她的工作就是做好饭、帮他穿好衣——她为他挑选每天穿的衣裳——在他需要的时候随叫随到。正像她设法通过为父母做好一切来赢得父母的爱，她告诉自己的医生，她无法让自己处在这样一种婚姻关系里——丈夫根本不需要她来照顾。他们两个人都是在重复一些行为模式，这种模式他们是在各自家庭里学会的：男人在家里什么事情都不做，女人包办一切。男人单靠自己没办法活，而女人觉得她们的生活就意味着要照顾好自己的丈夫。

雅克并不是真正了解自己的真实感受，并且没有足够的技巧来表达这些感受。他常常会脾气爆发，玛丽就会抖抖索索，她常常会受到伤害。很多方面，她感觉自己都如履薄冰、如临深渊，玛丽会过度警觉——常常处在恐惧和高度警惕的状态。有些治疗师称她的症状为"脑凝固"（brain freeze）。她的逻辑和理性心理其实并没有真正开动。这种情况和野外的动物遇到危险时"僵住"或

"逃跑"的方式差不多。当逃跑不可行的时候，它们就会瘫倒在地。所以当雅克变得暴力化的时候，玛丽就只有默默承受。

其他治疗师也称她的状态为"习得性无助"（learned helplessness）。她觉得没有任何办法能起到作用。毕竟，她早就知道男人一般都会占女人的上风。她深爱雅克，并且相信离开雅克她就没法活下去。她相信雅克永远不会真正伤害她太深。和很多家庭暴力受害人一样，玛丽也不能采取行动，直到有什么事情发生打破了既定的模式。直到雅克对他们的儿子施虐并且拿起刀来，这时候玛丽才对他的行为再也忍无可忍，愤然离家。

离开家庭以后，她和两个孩子一起住在一个妇女之家里面。她跟雅克分居了六个月，这时候她在收音机里听到一个心理医生谈到家庭暴力问题。她打电话为雅克预约了一下，描述的是"他有点儿紧张，脾气特别坏"。他还没有为自己的暴力行为承担责任，很可能愿意来看一看治疗师，只是为了讨好她而已。治疗师告诉她，雅克需要自己打电话来预约才行。

当雅克来看治疗师的时候，他说他想要知道自己到底是怎么了，他到底要怎么做才能让妻子回家。他是不是认为自己有暴力倾向？"不太可能，我只不过是个妒忌心很重的人，脾气有点大。我为她该做的都做了。房子是我建造的。所有的钱我都交给她保管。"他明显不理解自己心里到底在发生些什么——但是他也同意他伤害了玛丽。这种暴力持续的时间有多长？"19年，"他回答道。然后雅克坦白说，自从玛丽离家出走以后他比以前更尊重她了："她跟我表示过，她能做到这点。以前，她只是口头说说而已，从来没有付诸实践。我为她感到自豪。"虽然在玛丽刚离家出走的时候，雅克本打算找到玛丽，两个人一道同归于尽，他在这个时刻的反应并不稀奇。现在她已经不在他身边照顾他，让他感觉安全。当她离开之后，他觉得完全无力并失去控制，他需要在心里找到一个解决的方法。

现在两个人分别住在不同的公寓里，治疗整整持续了一年的时间。它包括眼动脱敏与再处理，加上夫妻心理治疗、家庭心理治疗和小组治疗。医生定下很多目标，包括为两个人培养更高层次的自信心和健康的依附关系，同时还要学会成年人关系中必要的沟通技巧。此外，雅克需要处理早年他所成长的家庭里有关暴力的记忆，同时增强处理强烈情感的能力。玛丽需要学习离开他以后怎样生活，同时照顾好自己。她意识到在她成长的家庭里，她"常常跟在每个人的后面唯唯诺诺"。

他们每个人用眼动疗法处理的一些目标，非常具体地显露出控制他们表现的无意识的记忆过程。雅克的第一个主要目标是他上次暴力发作时拿一把刀威胁他儿子的记忆。从这段回忆里他得到的主要认识就是他从来不知道怎么当一个好爸爸。唯一一个对他很重要的人就是他的妻子。孩子永远排在后面。然后他针对另一个关于自己的重要记忆展开治疗，那时他还是个八岁的孩子。和家人在一起，他想帮助妈妈把食物端到餐桌上。但是他的爸爸，以一种非常暴力的方式，对他大声喊道："坐下，只有同性恋的家伙才会站起来帮忙。"他记得自己听到这话时当场呆住，不知道该如何是好。

雅克其他重要的记忆包括害怕他妈妈不再爱他，因此总是想方设法吸引她的注意。他意识到："如果我当时觉得自己安全地受到妈妈的疼爱，那我就不会这样依赖我妻子的爱了。"治疗还包括他可以独自生活，自己照顾自己，不要这样依赖他妻子——包括自己出去看一场电影，而他妻子则和朋友一起共度时光。

对玛丽而言，一开始的目标是第一次雅克对她动粗的记忆。那时候她肚子里怀了他们的第一个孩子，并且记得"他怎样一拳打在我的肚子上，明知道小宝贝就在里面"。她所获得的见解就是意识到"太多不当的嫉妒心让他浑身不舒服"，并且她没有任何办法。她必须要学会自己保护自己。另一个关键的目标是，"要是我们一起出门，他老是让我站到灯光前，检查看我的衣服透不透光"。她总是仔细检查自己的衣着，后来意识到她怎样听凭他控制了自己。她接着处理这些她在自己父母之间看到的控制方面的问题。她爸爸在金钱、汽车、电视节目方面控制她的妈妈，而她妈妈则在怎么穿衣、吃什么食品、孩子和所有情感方面的决定这些方面控制她爸爸。玛丽从心底认识到她必须要放弃这种控制和被人控制的需求。她需要自己去发现和体会自由。

当然他们的孩子对暴力产生的种种后果也未能幸免。需要眼动疗法来帮助他们的女儿，因为她在学校已经表现出违纪违法问题。他们的儿子对姐姐已经表现得有点像他爸爸那样，开始使用身体上的暴力。家庭治疗环节帮助他们阻止了这些行为，建立了新的沟通模式。父母双方都必须要改变他们教育子女的方式，玛丽必须学会怎样干预孩子的行为，而不是等着看雅克的脸色行事。

要理解家庭暴力，重要的是要记住，这是个复杂的情况，可能涉及家庭历史、未解决的创伤或其他文化因素。那种无力和无助的感觉常常都来自早年的创伤历史。在治疗刚开始的时候，玛丽和雅克都表现出同样的消极认知："我一文不值"和"我很蠢"。两个人都害怕离开对方自己无法活下去。两个人都有同样水平的不安全的依恋，因为他们自己成长的家庭存在的心理上和身体上（对他而言）的暴力行为。在治疗结束的时候，两个人都描述了普遍的自由感，好像有什么东西被掀起来让他们所有人都愉快地生活，自由地呼吸。他们又搬回去一起住，而且一起和和气气地生活了很多年。

其他夫妻也许不能维持这种康复所必需的努力和承诺。要想一个家庭安然无恙度过困难，让虐待者全身心投入治疗至关重要。让所有家庭成员看看治疗是不是有必要，这一点也很有用。受害人常常需要处理有关虐待的记忆。同样重要的是必须要仔细评估孩子们，因为他们常常为父母犯下的错误而承担责任。没有治疗，他们可能就要陷入和他们父母一样的境地，因为他们可能要把内疚和不安全的感觉深深埋在心里。

例如，下面是一个女孩子的陈述，她以前常常和自己的哥哥一起躲在隐蔽的地方，听着妈妈被爸爸暴打时的啜泣喊叫。邦妮开始进行眼动脱敏和再处理治疗的时候说，"感觉就像整个世界把我包围起来，然后一个黑洞把我完全吞噬掉。因为爸爸的原因，一切都变成了黑色。"在处理最糟糕的记忆时，她说感觉好像她的心被撕成"一瓣瓣"，每一组眼动都带给她新的理解：

>>>>> 我真的觉得内疚，并认为完全是我的错，是我太调皮，惹他生气，因此这事才会发生。

>>>>> 我只是想我做了实在太坏的事情，而自己真的没有注意到，让我的爸爸实在气得够呛。但是细细想来，我认为这并不是我的错。如果我做错了什么事，他肯定会过来打我，而不是打妈妈。

>>>>> 我觉得妈妈没有做错任何事。我认为爸爸可能只是喝多了酒。

经过更多的记忆处理，邦妮现在从她的痛苦当中解脱了出来，但是她并没有原谅她的父亲做过的一切。这个家庭到底能不能团聚的关键，取决于很多因素。其中最重要的一个因素是邦妮父亲观点和行为的明显改变。

儿童猥亵犯的过去

再没有什么比性侵儿童这样的想法更让人反胃的了。同样，虽然有些加害人是女性，但是大多数人都是男性——而太多的孩子受到了影响。报纸上每天都有故事，告诉我们孩子遭到老师、教练和各种各样青年领袖的猥亵。实际上，研究已经报道过，全世界大约有20%的女孩子和10%的男孩子都遭受过性骚扰。

同样让人感到烦恼的是，对施虐者使用最为广泛的治疗的效果评估令人失望。这就是为什么很多州要求儿童猥亵者需要终身监控，常常让他们戴上卫星定位手镯以监控他们的行踪。大家常见的感受是这些人实在病入膏肓，无可救药。其中一个问题就在于最为广泛使用的治疗程序20年来并没有发生多大的变化。它们主要涉及小组治疗，帮助明确犯罪动机，学习适当的技巧来自我监控，以便避免某些情况下反常的性的感觉可能会被激发出来，然后是一些技巧来设法消除这样的欲望。这些项目常常不起作用的一个原因也许是治疗只处理行为，而不是去处理引发行为的原因。

虽然小组治疗和自我监控可能很有用，问题是施虐者常常并不能真正加入进来。小组治疗本来应该帮助施虐者为自己的所作所为承担起责任，同时把自己的动机说清楚。但是施虐者的一个症状就是"否认"——他们常常只是相信他们自己的行为并不真是他们的过错，并且认为他们实际上并没有伤害任何人。提供治疗的人为此付出了最大努力，试图要打破他们这种否认模式，但加害人常常只是学会"说出"正确的东西，尽管他们可能继续维持根深蒂固的错误信念。这种现象之所以会出现，主要是因为自身的被虐待历史让他们无法触及内心的情感。事实证明，很多猥亵儿童的人自己也是儿童侵害事件的受害者。这丝毫也不意味着曾经遭受过猥亵的人就要去猥亵别人。远远不是这样。但是它意味着当特定的现状开始起作用时，曾经遭受过虐待的历史显然是其中的一个诱因。

正像你在本书中已经看到的那样，一段创伤经历混杂着事件发生时的种种情感、想法和感情，深深埋藏到大脑里。**当孩子遭受侵害时，会有许许多多错误的认知产生，他们会将这些认知随着这段经历一起记住**。例如，孩子可能会这样觉得：人生就是这样；我只有这样违心做事才能得到别人的疼爱和关注；要得到我想要的东西，这是个好办法；我恨这样但是它让我变得更加坚强；等等。从根本上说，有许许多多的反应都有可能会促成这样的情感和无意识的信念，在以后生活中可能促使性侵犯。

可惜的是，很多受到猥亵的孩子却因为遭受侵害而责怪自己，正如邦妮在她爸爸打她妈妈的时候拼命责怪自己。此外，不像强奸案一般都事发突然，展示的是强迫、愤怒和暴力，猥亵犯常常"打扮"他们的受害人。虽然有些人威吓年轻人逼他们就范，其他人则另有一套方法。他们做各种各样事情来让他们精心挑选的猎物感觉舒服，然后才开始伸出肮脏的魔掌。

如果受害的孩子恰恰来自这样的家庭——孩子在家里觉得没人重视、多余无用，突然受到这样的关注对他们而言就是个全新的、令人愉快的经历。因此，无论猥亵者提出什么样的要求，他们都有可能会满足这些人。然后，因为健康的人常常会对身体刺激产生反应，如果他们的身体也会产生反应，猥亵者就会告诉加害对象说他们其实喜欢发生在他们身上的一切，实际上是猥亵者自己诱发了这种反应——而这些孩子往往就相信了猥亵者。这同时还会混淆孩子在成人与孩子交往中的信任感和是非观。

很多次，伴随着当时储存在他们大脑深处记忆里的羞耻感和内疚感，遭到猥亵的孩子可能会"记住"他们"当时想要这个"，以及这是他们的错。所以，愤怒和责备并不是指向那些加害人，受害人反而把这些指向自己。"都是我的错——是我导致了这一切！"然后等他们长大成人后，如果他们开始猥亵其他儿童，责怪他们的加害对象就变成顺理成章的事情。"这是他的错，他其实很想要这个。""我这样做是因为她就是个小娼妇，她享受得很。"

对很多人来说，埋藏在他们脑海里的身体上的快感也在他们看到孩子的时候被诱发出来。新相中的猎物往往和他们开始遭到侵害时的年纪差不多。此外还有一个事实就是，很多这样的猥亵者在自己出生的家庭里往往都遭受忽视和虐待。他们从来没有学会如何去处理自己的情感，最后往往是连自己到底有什么样的感受都不知道。这就是眼动脱敏与再处理治疗进入的良机。

有一项针对儿童猥亵者的研究使用包括小组治疗和自我监控技巧的传统方法，其研究结果发表在《法医精神病学与心理学期刊》(*Journal of Forensic Psychiatry and Psychology*)上。10名猥亵犯在自己的童年时期也遭受过别人的猥亵，他们接受了额外8个疗程的眼动脱敏与再处理治疗，主要针对他们自身遭受侵害的记忆。将得到的结果与其他没有接受眼动疗法的猥亵犯进行比较，10个猥亵犯当中有9个显示出显著疗效。人生中第一次，这些人为自己的所作所为承担完全的责任。他们不再责怪自己的侵害对象，而是意识到自己所造成的伤害。

而且，最重要的是，研究人员使用了一个叫作"阴茎体积描记器"的装置，主要测量阴茎的充血量，以便从身体层面来测量出性冲动的有无。研究人员和心理医生将其作为主要标志，看看某个人是不是还会再犯。这个测试显示出10个猥亵犯当中有9个人对儿童的性冲动急剧下降。这些猥亵犯解释说，他们之所以性冲动下降是因为他们现在把儿童看作"人"，而不是看成"性目标"。一年后对他们进行测试，结果还是这样。更多的研究正在计划当中，但是从那以后，很多猥亵犯都通过眼动脱敏与再处理治疗得到成功救治。

如果我们要解决一个问题，那么理解这个问题的成因就非常重要。第一次，那些经过眼动脱敏与再处理治疗的猥亵犯能够触及自己的内心，体会到他们自己遭受猥亵时的感受。这一点完全改变了他们——现在他们想要鼓励其他人也去获取治疗。

"这是你自找的"

我们就从凯文的例子开始，他猥亵了自己的继女。而他自己在年幼的时候曾经遭受过一群比他年长的男孩的性骚扰。他们让他确信是他自己引发了这件事。在治疗期间，凯文终于能够触及自己内心对这件事的感受。他记得自己在遭受这帮人摧残的时候曾经看到有人走过小棚屋，他能体会到当时自己所感受到的孤独和痛苦。他还认识到他喜欢从那帮大男孩那里所得到的关注，而他们恰恰就利用了他这一点。但是同样，第一次，他意识到他的继女也喜欢这样的关注——但并不喜欢性行为。

下面是他所解释的接受眼动脱敏与再处理治疗他自己遭受猥亵的经历后发生了什么样的转变。

"我还在为从前发生的一切而自责，同时也责怪我的加害对象，好像她才是引发现在这一切的罪魁祸首。直到这时，一想到发生在我自己身上的一切，我就在想：'你并不是一个受害者，因为你有这样的遭遇纯属咎由自取。这是你自找的。'但是我啥都没做，什么也没干。不是我导致的这结果。心理治疗帮我看清楚自己被猥亵的事情，并且明白这根本就不是我的错。就好像我的受害人也没有错一样。

这很困难。往事不堪回首。但是，你看得越多，就越能明白自己所做过的事情，同时也能看清现实。一旦你真把这一切都看清楚了，你就可以回到过去并且说：'哦，到底为什么我会那样做？'或者'他们怎么能对我干出这样的勾当？'和'我怎么能对他们干出这样的事情？'认识到这点令人很痛苦。这个发现来得正是时候，不啻当头棒喝。我以前不理解什么感受，不理解我自己的感觉。要能够理解他们的感受，首先我必须得明白自己的真实感受。一旦我能理解自己的感受，我也就能理解他们的感受，而且能够体会别人受到的伤害。

这就像有一天我们看的一部电影那样，《暴劫梨花》。我气爆了，我真气得够呛，是他们把她活脱脱逼成了凶手。我是说，妈的，她也是个受害人。而他们硬是把她逼成了一个罪犯。在接受治疗以前，我肯定会这样说：'是她自己进了那间酒吧。穿成那样走进了那家酒吧，被人强奸了那是她活该，她要是不进去就什么事也没有了。'但是即使她就是个妓女，而且她和四个男人上过床，如果我走上去而她却对我说，'不行，我不想跟你做'——我霸王硬上弓也是错误的，因为她根本就不想做。但是之前我从来没有这样看问题。"

我被童年的负面情感支配了

路易斯是另一个加害人,因为猥亵继女并且招认了多起强奸案而在监狱服刑。他有个年长20岁的叔叔,从他大概10岁的时候就开始猥亵他。然后,相应地,他开始和跟他年龄差不多大的男孩子一起厮混,这些孩子都是他在学校里认识的。在17岁的时候路易斯离开家、参军入伍,然后被派往海外。在国外的时候,他开始频繁招妓,跟在酒吧搭上的女人上床,只要男人给他钱他也愿意奉陪。等回到美国以后,路易斯犯下了四宗强奸罪。他在聚会上结识女人,然后带她们到秘密的地方,然后再强迫她们和他发生关系。

路易斯后来结了婚,并且当了父亲,他的妻子已经有个女儿,他们又生了两个孩子。路易斯的继女身体快要发育的时候,大概也是在他自己被人猥亵的那个年龄,路易斯开始在玩闹的时候对她动手动脚。正是在那些时候他变得性兴奋起来——心里特别矛盾,一方面对自己的行为感到羞耻,另一方面又对她"浑身散发着性魅力"而恼火不已。最终路易斯开始对她进行性抚触。这种行为持续不断并且逐步升级,大概有好几个月的时间。同时,他对妻子和两个孩子变得越来越恶语相向。他妻子坚持大家都去做心理咨询。在那次治疗期间,他的继女揭露了他对她的性侵犯。路易斯被逮捕、指控并且判刑。

他完成了一次治疗项目,然后被释放出来,在法庭监督下从事社区服务。尽管他接受了针对性犯罪者的随诊治疗,并且好像有点"积极性",但是他几乎没什么进展。他还是相信都是女性"狐媚诱惑别人",惹得他想不动手都不行。然后他参加了眼动脱敏与再处理的治疗项目。

在眼动脱敏与再处理的治疗中,路易斯开始触及他自己遭到侵犯时所感受到的愤慨和羞愧。他觉得既然没人会在乎他,那他也就没必要去在乎什么别人。他同时意识到他那关于"狐媚撩拨别人"的扭曲信念之所以产生,是因为他一直认为这是他自己在某种程度上的咎由自取。相反,现在一切变得很清楚,是他叔叔控制并且利用了他。结果,这让他对自己的所作所为有了一定的责任感,并且真心为自己对继女所做过的一切感到忏悔。他的小组成员注意到他的反应和以前有了多么显著的不同——他表现出那么多的同情和关怀。但是路易斯还是没有想清楚他曾经犯下的强奸罪。

进一步的针对治疗让路易斯触及到自己心里对妈妈那种狂怒的感受。她不仅对他爸爸喝醉酒以后对他拳打脚踢视而不见，而且还让他感到莫大的耻辱。他小时候经常尿床，一直到十几岁的时候才停止（到他被叔叔猥亵的时候），这变成一家人羞愧和冲突的一个根源。他妈妈会对他暴怒不已，把尿湿的床单不停在他脸上和身上揉搓，让他带着一身尿骚味去上学，觉得这样就能阻止他继续尿床。一旦路易斯能够成功处理他对妈妈和一般女性的愤怒，他就同意为自己的强奸负起全责。

在这里我们要认识到，路易斯作为一个猥亵犯的所作所为和他作为强奸犯的所作所为必须要分开加以处理，因为它们和不同类型的记忆连接在一起。这就突出了全面评估所有通往不同类型性侵害的途径的必要性。

尽管路易斯的受害人主要都是成年人，一开始最让他感到困惑的是他作为儿童猥亵者所获得的身体反应。下面是路易斯怎样描述他所经历的治疗。

"从监狱出来以后，我想知道我为什么要猥亵自己的继女，为什么作为成年人我会对孩子产生兴趣，为什么我会对一个孩子产生性冲动？

我认识到的情况是我在被人猥亵的过程里还是个孩子，从情感上被困住了出不来。同时我和自己的父母也没有什么爱的联系。我家里有八个孩子。每个人都各司其职，做好本分工作，以维持这个大家庭的运转，但大家在这个过程里都承受着极大的压力。我跟妈妈或爸爸之间没有一对一的感情联系。所以我不能去找爸妈并且告诉他们我被人猥亵了。

在我做眼动脱敏与再处理治疗的时候，我从拥有这些经历的孩子过渡到成年人的角色中来。然后我认识到我怎样才能通过猥亵和约会强奸来释放自己童年时的愤怒、羞愧和内疚。所有成年生活期间我还是个不成熟的人，带着孩提时的强烈情感，并让这些情感支配了我，而这些情感并没有对我产生什么好处。我最后伤害了很多人，把自己送进了监狱，毁了自己的一生。"

最坏的心灵也可以重建

重要的地方在于,未处理的记忆促使人们通过早年创伤性经历发生时所体会到的情感、看法和身体感受,来对周围的世界做出反应。有时候他们自己是唯一受伤的人——没有危险的时候感受到危险,体会到恐惧、抑郁或急性焦虑症状。而有些人会转而伤害其他人。有些人是因为痛苦、愤慨、痛恨或者绝望而伤害别人,并且不在乎到底伤害谁。另一些人甚至不知道他们的所作所为是错误的。这并不是个借口,但却是个解释。我们作为社会的一员,大家都是整体的一部分。"我们身上最坏的部分"可能会伤害到我们当中最脆弱的人。接下来的十几年,在这些领域我们还有很多研究和调查需要展开。但是到目前为止,所有证据显示出一种可能,我们不需要放弃任何一个人。这对所有人来说都是好消息。

我并不是说所有人在这时都能成功加以治愈。我们还需要学习很多东西。例如,有些研究显示创伤性的脑损伤可能也会促成犯罪行为。但是数以百万犯罪的人展现出的破坏行为都是由于可以治愈的心理健康问题所促成的。其原因可能来自童年时期,或者心理创伤可能会在他们成年以后悄悄接近他们,动摇他们的生活核心。萨姆就是这样的一个例子。

心灵的重建

萨姆是个囚犯,但是他来找监狱心理医生,因为每次在电视上看到飞机坠毁他都会恐慌心理发作。萨姆以前是个警察——是个好警察。根据他的说法,他"全心全意为人民服务"。"不论发生什么情况都要保护人民的安全"是他的工作职责。每天他都要额外走好多路,步行巡逻,早出晚归。后来他在自己的城市看到一起可怕的空难,12个方形的街区都被夷为平地。

如他告诉监狱心理医生那样,他曾经去过上千起发生过事故的悲剧现场,而且见过很多很多的伤亡。但是这次空难把他彻底打垮了——崩溃到最后他不得不辞掉工作,并且后来大概有十年的时间,他堕落得越来越厉害,直到最后开始犯罪,并把自己送进了联邦监狱。

他说,"过去那些是社区的地方好像受过核弹袭击的场景"最让他念念不忘。然后是"本不该到一起"但却强行扭到一起的东西:一把椅子,一张桌子、上面还摆放着一杯水,一截人体残肢;一个洋娃娃,一只手臂、手指上面还戴着一枚戒指,一本儿童书籍。都是这样的东西。

他们制定的眼动脱敏与再处理的目标就是这个"核弹袭击的场面"。第一组眼动带来的结果是这种画面自动转变成一个还是很凄凉但已经"清理干净"的场面,所有残渣碎片都不见了。第二组眼动带来的结果让萨姆大吃一惊,因为他看到那里长出了绿油油的草地和树木。心理医生说:"请继续想这个场面。"在接下来的一组眼动里,他看到一个公园建了起来。他忘记了这事曾经发生过。然后他能够平静地回想起这场事故,其中主要的关注点变成他没有任何办法可以改变这一切,并且为了以后的居民能够快乐生活,这块地区已经修整和重建。

萨姆在电视上再看到飞机坠毁的场面时已经没有了恐慌感。他也回归了那忠诚而又体面的自我。

和本章里描述过的其他人一样,不管他们所犯的罪行是大是小,重要的是我们要记住他们也是社会的一分子。正如最近发表在医学杂志《柳叶刀》(*Lancet*)上的一篇评论文章所说的那样:"心理疾病增加了犯罪活动和重复犯罪行为的风险,而心理疾病在囚犯中是很常见的现象。"治疗引发这么多人犯罪的心理健康问题,可以保护我们,并让我们所有人变得更坚强。通过治疗加害者,我们可以帮助他们建立普遍的人性。而且我们也可以提供帮助,让更多人避免受到伤害。

萨姆说,从一片完全被摧毁的地方重新修建起美好家园的记忆为他自己的生活提供了一个贴切生动的比喻。我觉得这对我们所有人而言都是个贴切生动的比喻。不管那可怕的核打击景象来自成年还是童年——它都能得到改变。我们只需要尽自己最大努力来获取必要的帮助将其改变,同时我们要设法将这些知识提供给没有足够知识而来询问的人。

第10章
从压力重重到拥抱快乐

不管我们是在处理自己的家庭、工作,还是生活的其他层面——那些我们没有检查或处理的记忆都可能把我们推向引起痛苦和不快的方向。直接处理那些事情可以将我们解放出来,让我们享受生活。有些人一直在应付长期存在的问题,而有些人则正面对难以理解的新情况。有些问题局限于我们生活中的一个领域,有些问题则显得无所不包,破坏我们生活的每个方面。不管哪种情况,使用你在本书中学会的一些技巧,逐步理解为什么你会以特定的方式来感受和回应这个世界——以及采取什么措施来应对,你都会从中大获裨益。

本章当中,我们会继续探索无意识的隐蔽风景,并且学习更多的方法来应对我们生活中的压力。我也会解释表演者、管理者和运动员用来战胜别人的一些技巧。从根本上说,生活并不仅仅局限于如何消除苦难,它还和如何在增加我们潜力的同时拥抱快乐健康的感受有关。

当压力让我们喘不过气

我们无法控制自己的遗传基因、童年生活或者生活中出现的很多即时状况。

但是，即使存在先天遗传的易患病体质，多数情况下都是因为这种体质和当前的人生经历相互作用才带来了问题或激化了矛盾。研究实际上已经显示，压力可能会给我们的遗传基因带来消极影响，甚至损坏基因进而缩短我们的寿命。压力还会对大脑本身产生消极的影响。我们最好的处理方式就是找到办法来减轻我们生活中的压力。

在很多情况下，**产生压力的最主要的原因就是控制我们的未经处理的记忆**。但是，好的消息就是：我们并不需要花费几年的时间才能确定和纠正这些问题。我们可以学着更多去控制自己的身体和心理，这样可以对我们看待世界的方式产生重要影响，同时还有助于改变我们的反应，这些反应可能会把我们引进各种类型的给我们带来压力或让情况变得更糟糕的环境。

所以首先让我们从大家都要面对和处理的两个领域来看一看压力。第一个例子主要关注的是家庭，第二个例子关注的是工作场所。然后我们再来讨论更多的个人控制技巧，包括一些运动员和教练推荐的技巧。下面两个故事是我们如何创造出自己生活的世界的例证。

童年记忆让生活和工作压力重重

在前面的章节我提到过，研究已经显示，很多经受恐惧症折磨的人都在他们年轻时曾经和父母分开过一段时间。但是这些症状并不都是千篇一律。很多有恐惧症的人并没有这样的历史，而且很多和父母分开过的人也并没有患上恐惧症。相反，他们可能会出现其他的症状，对生活的方方面面产生不良影响。弗兰克的人生就是这样一个例子，展示出童年那些没有处理的记忆怎样为更大范围的各种问题埋下伏笔。在弗兰克的例子里，这导致他选择不当、成年后感情生活极为糟糕以及其他一系列症状。请你注意一下弗兰克有多少症状，看看其中有没有和你相关的症状。

妈妈为什么要离开我

弗兰克在 55 岁的时候，需要处理他平生经历过的最大的压力。他来做心理治疗的时候，主诉是经常性的头痛、健忘、不停发火、易动怒、躁动不安、悲伤和没有安全感。他发福得相当厉害，而且患上了糖尿病、高血压和慢性背痛。

"我是个控制欲很强的人，"弗兰克对他的医生承认，"我需要在所有的时候都能控制一切。"他不太相信其他人，包括他现在的妻子阿琳，和他的孩子。他特别害怕失败，尤其是在他的个人感情方面。他同时还体会到对关系太亲密和自信心过低的恐惧。受自己内心世界的驱使，弗兰克经常讨好别人。他觉得如果他让周围的人都感到快乐，人们就不会抛弃他。而在现实中，周围的人都抛弃了他。他的两个前妻和他的孩子都设法离他而去。他结过三次婚，拼尽全力想要维持目前的这段婚姻。他害怕阿琳如果真知道他是什么人的话也会跟他离婚，所以他竭力掩藏自己大部分的情感和观点。

可惜的是，当我们设法要按捺下自己的情感时，它们往往从边门侧道里钻出来。他报告说自己总是将满腔的怒火都指向了阿琳，就像他对几位前任妻子所做的一样，形成一个恶性循环。这时候潜在的冲突就会开始，紧张气氛不断升级，通常都是他熬不住要先爆发出来，然后受伤的感觉和更多的怒火接踵而至。弗兰克和阿琳就会彼此疏远。然后过了几天他们又会和解，而原来的问题并没有得到任何解决。弗兰克这样评价说："我根本没办法谈论我们之间出现的问题。当伤害变得太多让我无法承受的时候，我就只会狂轰滥炸一通。我所想到的就是如何保护好自己。"

探究弗兰克的消极认知发现的是"我毫无价值"，"我不讨人喜欢"，"我无足轻重"。为了进一步确认他恐惧和没有安全感的根源在哪里，医生使用"回溯"的技巧带回他童年早期的一段标准记忆。弗兰克五岁的时候，事先没有任何征兆或解释，他妈妈突然就把他丢在外婆家。他一点想不起来，他为什么会在那儿或者他在那儿住了多长时间。所留下的印象就是他和外婆一起站在门廊里，眼看着妈妈的身影越走越远。妈妈径直往前走，没有回头跟他说再见，开车离开的时候也没有再看他一眼。后来的五个月时间里他都没有再见到妈妈。他的消极认知就是"我一点用处也没有"，伴随着这个认知而来的是内心深处愤怒、羞愧和无力的感觉。

在他被丢在外婆家之前，弗兰克的父母已经离婚，他爸爸搬出去住了。对弗兰克来说，眼看着妈妈离开的景象让他无法忍受。第一次，在处理他妈妈把他丢在走廊上的这段记忆时,他自然地看到妈妈关上车门、开车离开时脸上的痛苦和恐惧。他最终意识到那天离开他也不是他妈妈心甘情愿要做的事,这时候他的心里充满了理解和宽慰之情。他妈妈确实也是不得已而为之。

弗兰克对其他人的接受和信任,包括对他自己,在这次治疗以后发生了巨大的改变。他对自己感觉更加自在,并且不再觉得需要经常去讨好他所爱的人了。经过更多处理,弗兰克经常性的头痛、健忘、怒火爆发、急躁不安、悲哀和没有安全感,这些症状都消失了。现在他可以专注于减肥,那都是他长期在食物中寻求安慰和解脱逐渐积累起来的结果。这样有助于逐步控制他的糖尿病、高血压和慢性背痛。

弗兰克的妈妈把他托付给了最可靠的人照料。外婆非常疼爱他。妈妈离开几个月以后便又回来了。而且他也许在妈妈离开的时候太过伤心,以致不记得她曾告诉过他为什么要离开或者什么时候回来。也许他完全忘记了这一切,正像他完全忘记了她脸上的表情。但是当时到底发生了什么事,可能并没有它给我们造成怎样的影响那样重要。在他五岁的时候,当时的情况让弗兰克那样伤心,以致这段经历深锁进他的脑海里,成为一段未处理的记忆。这段记忆保存了妈妈当时离开时他所体会到的情感和身体感受。像孩子往往要做的那样,他为妈妈的离开而拼命责怪自己。他相信这全是他的错。然后他对付害怕被更多人抛弃的办法就是拼命讨好他的外婆外公,这样他们就不会也离他而去了。因为外婆他们并没有离开他,这就进一步强化了他的信念,那就是他需要去讨好大家然后他们才会留下来。等他妈妈回来以后,他继续保持了这种行为模式。因为妈妈从此再也没有离开过他,在他的心里这就意味着他的做法是对的。这就为他日后的人际关系奠定了基础。

从根本上说,他在消极认知里所表现出来的以前的情绪,从儿童时代起就一直储存在他未处理的记忆当中。它们在接下来的50年里一直控制着他,导致了他的两次离婚。他的缺少安全感和老是发火把大家都吓跑了。然后每次失败的个人感情又会存储进他的记忆网络,进一步强化了他对自我的负面认知,认为自己不招人喜欢、没什么用处并且无足轻重。他的很多症状已经存在了许多年，直到头痛不断加重和极度害怕失去他现在的妻子，才最终让他铁下心来做心理治疗。所以，对我们每个人而言，问题就变成：到底我们需要感受怎样的痛苦，然后才会去采取一定的解决措施？如果我们认识到问题原来出在我们内心，那我们就能理解，不管我们走到哪里都会带上自己的印记。这是采取措施的第一步。

记忆处理并不仅仅只是在医生的办公室里才能发生。很多事情其实都可以在我们的日常生活中发生，并引发我们的情绪变化，为我们带来意想不到的见解。

我爸爸总是提出不可能完成的要求

虽然特德需要通过心理治疗来处理他的一组记忆，而另一组记忆联系则是他读过一本书以后自己得出来的。他写信告诉我说，当他决定尝试一下心理治疗的时候，"那时我就仿佛是一台会走路的电脑，身体内几乎没有什么感情留存。我清醒的时间很长，经常延续到一天18小时。我做三份高薪的工作，每个月带回家1.1万美元的工资。我睡觉经常磨牙，正是这个问题带给我的痛苦让我先是去看牙医，然后又去颞下颌关节诊所，最后是去看心理医生。"

特德的童年极度不幸福，他爸爸动辄打人。他和心理医生一起针对关键的标准记忆展开治疗，正如特德所描述的，"我发现最神奇的是，一旦每个疗程做结束，我就越来越容易看清楚，该责怪的人其实并不是我。我那时还是个孩子，而且我完全是无辜的。我知道医生采用其他形式的治疗方法，一次又一次试图把这样的想法灌输到我的头脑里，但就是没办法起作用。这次使用眼动脱敏与再处理治疗以后却起到了作用，并且我看到缠绕我很久的事情终于结束了，有种如释重负的感觉。"

还有更多的眼动脱敏与再处理工作要去做。但是，只是通过理解他怎样给自己制造了烦恼，特德生活里的一个重要领域就发生了改变。在阅读我早期著作里的一个章节时，他认识到，他对工作中一个他认为能力不足的人所做出的反应，恰恰和书中某个人的行为方式如出一辙，书里这个人的名字叫作乔纳斯。那个人乐意把自己的经历拿出来在书里和别人分享，以便帮助更多的人。现在特德想要效仿他的方式。用他的话说，"我发现又有一个问题得到了解决。这就是乔纳斯的故事。现在作为一名区域经理,我和一些员工相处得极不融洽,这个故事说到了点子上。我完全能体会乔纳斯的感受,我甚至觉得他的那些话全都说到了我的心坎上……那种无助和缺乏控制的感觉。"

"我慢慢读下去的时候,脑海里不禁浮现出我的助手佩吉的形象——工作慢慢吞吞,而我则无可奈何地想让她动作更快一点,我的怒火不断升腾起来。然后局面发生了变化。我一边读一边想着佩吉,我发现当时的情况变得栩栩如生起来,事情还原到了它的本来面目。佩吉本来正在专心做一件事,而我却把她指派得团团转。难怪这可怜的女生显得动作那样慢。我要她努力在四个不同的地方同时做五件重要的事情。我让她不停转圈子,同时在几个不同方向使唤她。随着我终于明白自己对她做的都是些什么事,我不禁被这幅荒唐的景象逗得哈哈大笑。"

"我的压力都是被作为经理自己的行为引发的。我让她一次同时做太多的事情。现在我发现了自身的一个大缺点,而且终于能够纠正了。也许我能一次解决四五件事情,因为我只需要坐在桌子前工作就行了,但是我不能让一个人在四五个不同的地方然后做出同样水平的表现。我不再觉得无可奈何,也不再觉得失去控制。我觉得我自己就是这件事的挑起者。"

"佩吉现在工作表现得好多了,因为我不再紧盯着她不放,不再想要把她分成多少块以便她能更快一点,并且出现在更多的地方。我能明白一开始的事情,知道为什么这一切会发生——那是因为我爸爸总是提出不可能完成的要求。我那时候失去控制的感觉恰恰和佩吉的感受相同。现在这个问题也得到了解决。"

和特德一样,我们很多人可能受到不切实际的期待的支配,认为这个世界"应该"是什么样子。我们常常意识不到,**我们的标准和世界观不是受到理性的支配,而是受到控制我们表现的未处理的记忆的支配**。我们自己的控制问题多大程度上导致了我们生活中的压力?当我们在高速路上被一个慢车手堵在后面超不过去,我们该怎么办?如果我们找不到超过去的道,我们是大声咒骂并懊恼不已,还是能不去管它并尽情享受我们的思绪或听听广播?如果我们不能让

自己的失意远离，那么它的存在又有什么目的？是的，人们应该知道怎样开车，要么保持最高限速，要么就靠边停车。我们可能期待他们那样做，但是如果那个开车很慢的人满脑子想的都是心爱的人刚刚去世这件事，那又怎么办呢？如果他们上了年纪并且没有意识到自己的认知水平已经衰退，那又怎样呢？如果他们只是一些自私自利的人并且认为整个世界都该围着他们转，那又怎样呢？

原因到底是什么，我们丝毫不知道。但是很明显我们的压力并没有给我们带来什么好处。所以我们能否花一点儿时间看看自己有怎样的感受？然后我们能否专注于自己的幸福，并且利用自我控制的技巧来把消极感受一一驱散？如果做不到，也许我们回到家后琢磨到底为什么会这样时，"回溯"的技巧值得一试。

保持清醒

特德的经历作为一个例子，显示出为什么我要在本书中包含这么多的例子。我希望你已经认清你自己、你心爱的人或者你觉得难以相处的某个人，并且现在能更好地理解人们为什么会那样。特德计划继续和他的心理医生合作治疗，以便"用眼动脱敏与再处理疗法做武器来抵抗自己的过去"。但是，使用你学过的眼动疗法的技巧，能够让你理解自己所有问题下面隐藏的是什么原因，有时候只要这一点就已经足够了。例如，让我们一起来看看茱琳的例子。

什么都是我的事情

茱琳深爱自己的丈夫。那么为什么上个星期只要他问她一个问题，她就要恶狠狠地将他顶回去？茱琳和艾伦在一起差不多已经30年了。他们两人都觉得他们找到了自己的心灵伴侣，每次只要两个人在一起他们就要大秀恩爱。但即使茱琳在艾伦的怀抱里觉得安全而又满足，她注意到有什么奇怪的事情正在发生。也没有什么明显的理由，每次只要艾伦问她一个问题，她就要不耐烦地对他一通抢白。她当时的感觉就是他太过于依赖自己了，并且随着时间的流逝她觉得越来越不胜其烦。她开始注意到，每次发生这种情况时她心里的想法就是：

"什么都是我的事情！"这一切都毫无道理，因为艾伦明明和她共同分担家务活，其他夫妻间的日常需求他也一样没偷懒。但是尽管她在每次发火以后都设法平静下来，并且常常主动道歉，这种事情还是没有消停。

在第1章里，我曾经提醒你注意那首儿歌：**玫瑰玫瑰花儿红，罗兰花儿蓝盈盈**。茱琳就处在这种"玫瑰玫瑰花儿红"的阶段。玫瑰花儿是红色——有时候是这样。所以，因为她工作上有些重要事件的大限日期就要到来，茱琳把这些气撒在了家里，希望它们能一去不复返。也许艾伦提问题现在确实给她带来了太多的压力，并且她的种种感受都情有可原。也许是这样。但是她接着还注意到，伴随着这种不耐烦的感觉，一种他们的婚姻已经走到了尽头的绝望感也不时浮上心头。毫无疑问，"结束了"的感觉不停出现——但那简直就是发神经。意识到"罗兰花从来都不是紫色的"，她最终采取了一些行动。

她使用"回溯"的技巧来处理"我无法忍受这个，所有东西都压到我头上"这样的话，并且专注于自己被压垮的感觉，终于让自己的思绪回到过去。冒出来的景象让她禁不住一拍自己的脑门，"当然了！"她的思绪马上就回到了去年，她回了一趟老家，把她妈妈的东西全部打包，然后送她到一家养老机构去。她妈妈住进了医院，茱琳之前在出差，但马上迫不及待地来到她身边，以便处理照料一切事情。所有这些东西都需要在她离开以前送到养老院。她兄弟就住在附近，但是生了病，无法提供任何帮助。茱琳被迫一个人完成这一切。她整整花了一个星期的艰难时光，不停驱散她的疲劳感以便完成这项任务。

到茱琳离开的时候一切都已安排妥当，但是她从身体上和情感上都累得筋疲力尽。从她把一切工作都做完然后飞回家和艾伦团聚，到现在恰好整整一年时间。她妈妈再也没有踏出过医院的大门，并且过了几个星期后就去世了。难怪茱琳感觉到"所有事情都落在我头上"和"这一切都完了"。这正是"周年纪念日"才有可能引发与一件伤心事相连的消极情感——有时候年复一年都是这样。

茱琳认识到她的压力来自哪里，这就足以让一切都回归其位。处理记忆所必需的联系当场就得以建立起来。消极的感受都消失不见了，并且茱琳也不再对丈夫撒气。生活又回归正常。有时候这是它所必经的步骤。

探索自己

茱琳每天坚持练习自助的技巧,这样她整体的生活就显得平静和快乐。这也是为什么她能够注意到生活中出现的问题并采取相应措施来解决的原因。这就让我们回到了你可以在自己的日常生活里选择做什么样的事情这一点。

日常的自我心灵锻炼

对我们所有人来说,心灵健康应该像身体健康一样得到细心呵护和密切关注。很多研究已经显示出每天坚持锻炼(例如每周坚持五天,每天步行半小时)和健康饮食(例如冷水鱼和核桃),或者服用一些含有 Ω-3 脂肪酸的营养品给身体带来的种种益处。这些办法对我们的心理健康也大有好处,研究显示锻炼和饮食可以帮我们减轻抑郁情绪,一周 3～5 天、每天 30 分钟的身体锻炼,坚持三个月的时间,就可以和传统意义上服用抗抑郁药物产生同样的效果。每天坚持锻炼和服用 Ω-3 脂肪酸,使之变成你的养生之道,这对身体和心灵健康都很重要。

你已经学会的那些自控技巧也应该变成每天的锻炼项目。它们将会帮助你和自己的种种反应步调一致。这种情况下你就能更快认识到自己的消极情感状态,并且能决定它们是不是变得失去控制——以及你应该采取什么措施来应对。使用安全/平静地带、螺旋、颜料罐、卡通角色、自来水管、蝴蝶拥抱(或者交替拍大腿)、光流和改变呼吸方式的方法,能够帮助我们在心理障碍出现时及时消除它们。但重要的是每天坚持练习和强化你的安全/平静地带这个技巧的资源库,以确保它们一直强盛、足以帮助到你。我已经在附录 1 里包括了个人表格,你可以复制然后用作清单,来保证自己不脱轨。

同样重要的还有每天坚持自我意识的锻炼,以便确保一切事情不会随着时间的发展而发生变化。坚持记录 TICES 日志能帮助你实现这一点。很可能有些个人特征让你在人生的某一个阶段获得成功,但在以后却给你带来问题。例如,你在 20 岁、30 岁、40 岁时做起来易如反掌的事情,到了你 60 岁或者 70 岁的时候再做可能就要花费太多的精力和体力。重要的是我们要认识到自己的身体局限，而不会感觉自己像个失败者。但是如果你受到未处理的记忆的控制，那么以前帮助你获得成功的这些无意识的过程现在就有可能削弱你的力量。如果你的记忆当中包含着这样的情感状态："这远远不够，我要不惜一切代价取得成功"，促使你超出身体的能力极限，那么它就无法为你带来好处。如果你仔细查看，也许会发现，一个未处理的"需要成功"的记忆在人生的任何时刻都在榨取你的最大能量。

为什么需要内心的混乱来取得成功呢？为什么不处理内心的恐惧，以便让自己心情平和地取得成功？其他时候新的情况可能会以种种方式令我们烦恼，而这些方式好像根本没有任何道理，这也是为什么一个"再评估阶段"被包含在眼动脱敏与再处理治疗当中的原因，以便检查一个重新处理过记忆的人怎样适应周围的环境。

如果我太成功，就会被人抛弃

希瑟有来自童年时期的消极看法，"我毫无价值"和"我无法成功"。在工作上她表现得差强人意，但是她从来也不能处理对峙局面或主张自己的权利。她和自己的心理医生一起处理了相关的消极记忆，她现在能够感觉"我很好"和"我确实有别的选择"。她工作上的行为发生了改变，结果她的表现比以前好得多，并且她也更加自信了。

随着她的工作表现得到改善，人们也开始相应地注意到她并给予回应。有那么一阵这种感觉非常好。但是突然之间希瑟发现她自己感到特别心烦，因为她的职位得到了晋升。为什么？这个新的工作上的积极反馈触发了另一个未处理的记忆，伴随的情感和消极信念是"如果我太过成功，我就会被人抛弃"。这个相关的恐惧以前从来没有被触发过，因为希瑟以前的表现不怎么太出色。这些恐惧来源于学校里的一次经历，那时候她在一次读书报告中获得了最高分，她的一些同班同学就开始取笑她。一旦潜在的这段记忆得到处理，她就能全身心享受自己新的成功了。

巧合的是，很多女性都承受着这个消极信念的负担，这是童年时的警告"不要太聪明，否则男孩子就不喜欢你"带给她们的误导。这在很多文化中都司空见惯。

找到带给你最大压力的记忆

我们要记住，压力会以很多种不同形式出现，也会从很多我们从不疑心的地方出现。我们任何一个人都有可能遭受压力带来的负面影响——太多截止日期和不充足的睡眠就会给我们带来压力。有时候突发的危机会出现，而我们觉得自己暂时被压垮掉。我们的工作就是时刻保持清醒，知道我们日常生活中怎样对周围的事情产生反应，并且利用我们的资源来防止自己陷入负面的情绪状态或因为"这根本就说不通"而痛打自己。实际上这还是可以解释的。不过就是因果关系而已。有时候不过是太多的事情发生而我们被折磨得疲惫不堪。

当这种情况发生时，我们就得对自己的时间和精力重新做出选择。但是，**当我们做出不太明智的选择时，我们要记住随时内省：到底是什么阻止我们分辨出真正的轻重缓急？这是不是我们长期的模式？**如果这样的话，某些东西必须要进行改变。在决定到底什么东西需要改变时，请记住我们对外部世界的认知和我们的记忆网络相关联，同时被我们的记忆网络抹上色彩。我们从此刻到下一刻的感受受到那些记忆网络中内容的影响。不管是我们对周围人和事的看法还是对自己的看法，都有可能是未经处理的记忆在控制我们的表现。

制作一张时间表

如果你一直在保持你的 TICES 记录，并且和消极认知这个表格一起使用"回溯"的技巧，那么你应该有一份关于当前触发记忆的事件和伴随这些事件而来的记忆的有用记录。如果你愿意，那么你现在可以开始将这些记忆制成一张时间表，这样你就能进一步理解自己的过去。

在你的笔记本上找个新的部分，按照事情发生时你的年龄大小写下这些记忆。先记年龄，然后是记忆，消极认知和 SUD 水平。每个条目下面留几行空白。如果随着时间流逝，你遭遇新的有挑战性的经历或者调查你生活的其他方面而导致新的记忆出现，这就可以让你把任何新的标准记忆加进来。一旦你在时间表上添加一个新的记忆后，每逢你受到这个记忆影响一次，就请在旁边画上一个星号。**这会告诉你真正紧迫并且总是控制你表现的记忆。**

花一会儿工夫，按时间顺序仔细检查一下你的记忆。在这个时间表上，写下任何童年时期的其他你认为最让你烦恼的记忆。例如，有没有特别困扰你的有关父母打架或者你遭到忽视、羞辱或拒绝的记忆？好好回想一下这件事。如果你能在身体层面感受到它，并且其 SUD 水平超过 4，那就把它的数字记在时间表上面。记住每次回顾这个记忆以后都要使用一个你自己的自控技巧来释放消极情感。

现在你可以仔细看一下这张时间表，了解一下你在什么时候会发展出不同的消极反应、情感和信念。同时它还能为你提供清楚的认识，让你知道自己生活中的哪些人加重了你的这些问题。你也许想要看看你现在相处比较困难的人当中，有没有人和他们的情况比较相似。这应该也能帮助你认识到你在当前什么情况下会受到触发，并提醒你采取相应措施来应对。使用每天练习的技巧来自我监控，增强你的自我控制的资源能够增加你对自己幸福感的关注。这不仅对你自身而言有重要意义，而且对周围的人也意义重大。

减轻日常压力的四大元素

对我们所有人来说，压力可能会日积月累。当我们控制自己的种种反应，我们就可以更好地应对生活，而不是让过度反应来控制我们。所以当压力威胁到足以压垮我们时，我们需要监控自己，并采取适当步骤来回到平静状态。因为我们很多人都感觉出门上班就像是上前线打仗，我就列举了一系列的技巧，这些技巧一开始是为那些生活在遭受恐怖袭击影响的地区的人们设计的。因为由危险环境引发的长时间的焦虑和高度警觉，这些建议里包括了日常使用的提示。我觉得这些程序和每一位生活在高水平压力下的人都密切相关。

四大元素技巧

尽管我们知道，当我们发现自己深受困扰时自我监控和使用各种技巧很重要，但当我们真正困在压力重重的环境里就会忘记它们。如果你因被严格要求而陷入困境，你可以戴上一个彩色的手镯，或者在你的手机或电脑上贴一张贴纸，或是在你的桌子上放一张图片，以此来帮助你记住它们。每当你发现它的时候，检查一下看看你自己的感受。如果你觉得很烦恼，那就列出它的 SUD 水平。然后使用下面的四个技巧，直到 SUD 水平下降为止。

四大元素的排列顺序：土——气——水——火，是按照你身体从脚到头的顺序设计的。

★ 土：目前/现实中的基础、安全。现在请花一两分钟"降落"到此时此地。两只脚都要接触地面，双手触摸支撑你的椅子。环顾四周注意三件新东西。你看到了什么？你听到了什么？

★ 气：通过呼吸来集中精神。这里你可以使用自己最喜欢的呼吸练习。另一个选择是用鼻孔长呼吸大概自己数到四秒的时间，然后憋气两秒，再呼气四秒。像这样慢慢的深呼吸，做大概12次。

★ 水：镇定和克制，启动自己的放松反应。检查看自己口中是不是有唾液。通过不断搅动舌头、想象柠檬（或巧克力）的味道来制造更多的唾液。当你感到急躁或者紧张的时候，你的嘴巴常常发干，因为涉及"是战是逃"的部分压力紧急反应关闭了我们的消化系统。所以当你开始制造唾液的时候，你就重新打开了消化系统和相关的放松反应。这个理论被用来解释为什么人们在一段艰难的经历之后往往要喝水喝茶或者嚼口香糖。如果你在制造唾液方面有困难，那就开始喝杯水吧。

★ 火：点亮你的想象之路。想象一下你的安全地带的景象，或者其他积极的资源。你在身体的什么地方感受到这个？

当你把四大元素都结合起来时，要提醒自己你双脚立在地面就能继续感受到"安全的现在"；呼吸吐纳时就能感觉到集中精神；嘴里制造越来越多唾液时就能感觉镇定和克制；你能让火光照亮通往想象力的道路，这样就能想到某个地方的景象，你在这个地方感觉到安全，或者是一段记忆，在这段记忆中你能对自我的感觉良好。

记住现在你已经知道很多不同的技巧，可以用来帮助你控制自己的压力水平。我们很多人太专心于自己手头的工作任务或家里的角色，以致自己认识不到我们怎样耗尽了自己的精力。我们觉得，"嗯，我以后再好好照顾自己。"但是压力对我们的免疫、心脏和其他身体系统带来的既是即时的又是累积的影响。我们要记住人生是一场马拉松长跑，而不是一场百米冲刺赛。想到这一点就可以将人生过得充满乐趣。

从失败到自由

很多类型的未处理的经历在生活中都会阻挡我们走向成功。很多问题都来自不当的家庭教育，虽然表面看来它们好像千差万别。

关注太多和关注太少

达琳来做心理治疗是因为对她的老板有着难以忍受的焦虑。每当她成为老板的关注对象时（不管是好是坏），她都会难以控制的脸红，皮肤变得黏糊糊的，心跳急剧加速。她的这些反应会极大干扰她的工作表现，让她的工作存在较大风险。此外，她还经常发现她的老板是个恶魔。有时候他会对员工大吼大叫，当众羞辱他们。而他对自己的所作所为从来不负责任。最让达琳觉得烦恼的是她没有能力控制自己的身体反应，尽管在理智层面她明知道"这人是个混蛋"。

在"回溯"期间问题的根源被找了出来。结果原来是达琳的妈妈过去经常盘问她各种各样的事情。好像她对达琳白天里都做了哪些事一定要打破砂锅问到底。她妈妈想要知道其他人都说了些什么，做了些什么，并且达琳脑子里想的一切，以及她所感受到的一切，妈妈都要知道。那种永远被人盘问的经历压得她透不过气来，让她感到受侵犯、失去控制和恼怒不已。达琳当时觉得无力停止这一切。哪怕她哀求她妈妈不要这样，她妈妈也坚持非这样做不可。

在记忆处理期间达琳开始啜泣，说最糟糕的部分就是她所感受到的屈辱。常常她们处在公共场所的时候，她妈妈就会提醒她过去说过什么话，然后用她说过的话来堵她的嘴，在很多不同场合让她感到难堪和羞辱。这一刻，达琳冲口而出："哦，难怪当别人开始关注到我的时候我就要这样害怕！我一直都搞不懂为什么人们好好关注我却会让我感到这样心烦意乱。但现在我意识到我心里总是有这种'提心吊胆等结果'的感觉在。他们什么时候又要耍什么花招来让我难堪？我不相信那一切竟然来自这里！"

达琳的焦虑来自她妈妈，她有点太过干涉私人生活，而瑞安的问题恰恰相反。在他还是个孩子的时候，他的父母就基本上不管他。他来接受眼动脱敏与再处理治疗，是因为他在做职业选择的时候觉得束手无策。他特别害怕老板对他的评价。瑞安老是认为老板要来挑他工作上的毛病。抗抑郁药物也无济于事，而他的感觉越来越糟。这个例子很好地说明娇生惯养也并不能保证长大以后就心理健康。瑞安的父母非常有钱，他是由佣人带大的。这让他觉得自己被家人抛弃——他不值得父母加以关注。即使他偶然间能和父亲待上一阵，他们也不过是一起玩游戏，并且他从来都不被允许赢得游戏。

不能够获得父母积极的关注让他感觉他得不到自己想要的东西。作为成年人，瑞安描述自己情感状态的消极认知是"我确实是不够好，我工作上难以取得成功"。在记忆处理期间，他描述了自己的身体感受，胃里面感觉一阵收紧，"好像里面有块石头"。进一步处理后，这块石头变成一种光滑和温暖的状态，"好像一块粉底"。瑞安把这称为"一股力量和一种灵魂的宣示"。他的积极认知变成了，"我能够实现自己的人生抱负，我一切都会好起来的。"

这些来自童年早期的经历可能会变成当前阻止你前进步伐的根本原因。但是，**在获得一定的帮助之后，它们能够被转变成新的健康源泉**。"表现焦虑"的起因可能有很多，从夏令营活动中遭受的一些屈辱，到从来不能讨好父母，到完全出乎意料的事情。

例如，肖恩是个销售员，他有"我不够好"这样的消极认知，同时交织着极度的完美主义。他在不得不"表现"之前有着焦虑的感受——不管是做销售推广还是参加高尔夫比赛。他也知道自己的反应有点不合逻辑。他有着"怎样表现好"的知识和技能，但是高度的紧张一直伴随他，深深影响到他取得成功的能力。

专注于他最近工作中感到紧张的一个场景以及伴随"我不够好"的消极认知，他的治疗师引导肖恩练习"回溯"的技巧。然后他回想起自己在一堂戏剧课上的表现——同时想起了表演前的紧张和表演结束后感到的宽慰。在处理期间他记得自己受到全场观众起立欢呼。很显然，肖恩的大脑储存了他那段表演的未经处理的记忆，而没有存储他做得非常棒这样的信息。记忆处理让肖恩认识到他能够处理未来的任何事件。现在一想到要表现，带给他的是激动，而不再是紧张和恐惧。

心灵的锻炼

如果你对当众表现感到紧张的话，你也许可以自己实现从紧张到激动的转变。很多人认为有必要觉得紧张，因为在我们面对一定挑战时身体会怎样回应存在很多错觉。大脑会让我们保持一定程度的觉醒状态，以准备好应对挑战。针对表现的研究显示，不同类型的任务都有最为理想程度的觉醒状态。但是，我们看待和处理那种觉醒感受的方式对于事情的成败起到重要作用。实际上，有些运动心理学家现在使用"强度"这个词，而不再用"觉醒"、"焦虑"或者"紧张"，以便消除人们经常对这些词所持的消极含义。请记住有很多方法来体会适当水平的强度，比如想到为社会做出积极贡献时所感到的兴奋。

一定要专注于你将要做的事情的积极方面。你还可以利用呼吸技巧来掌握你觉醒的强度。有时候，**你还可以在嘴角挤出一丝微笑或者改变自己的姿势，来帮助自己从焦虑状态转变到兴奋状态**。想象一下超级英雄怎样表现，然后让自己进入超级英雄的形象并采取同样的姿态。人们感觉一败涂地的时候往往是一副耷拉着肩膀、垂头丧气的样子，那就有目的地把肩膀端正起来、站直身子、扬起下巴、面露微笑，这样可以帮助你从焦虑状态中摆脱出来。

另外，请看看你记录在标准记忆列表上的最近的事件、记忆和消极认知。注意什么样的消极认知被触发出来。当涉及工作表现的时候，是"我是个失败者""我不够好""我无法处理它"还是"我不能犯错误"？再看一看消极认知列表，看看哪一个和你在工作上体会到的感受最为相关。一旦你确认这些涌上来的消极认知，使用你学会的技巧来让自己用另一种方法感觉和体会。记住一定要充实和巩固你的安全/平静地带资料库，把你需要用来抵抗它们的那些积极情感状态包括进去。

如果你经常性地感觉到"我不够好"，那就保证让自己每天都接触一些让你感觉自己很有价值的记忆。如果你经常感觉"我会失败"，那就保证每天回忆那些你取得成功的记忆。品尝这些积极的记忆，体会当时的感受，并让自己享受这些记忆。再一次，请关注你的身体感受。注意当你想到那些积极记忆时你怎样呼吸，站立的姿势，抬头的样子。如果你感觉自己的消极认知受到触发，尽量改变你的呼吸方式和站立姿势，转变到你在积极感受状态下的方式。每天坚持练习可以帮助你在需要的时候将积极的情感、信念和身体感受随时调动起来。

超越压力

多数人都喜欢自己能漂亮地完成交付的任务的那种感觉，但是满怀信心、内心平静地做一件事和受人驱使去做一件事，两者之间有很大的区别。例如，斯宾塞是个中年人，离了婚，有两个儿子，他是个理疗师。他听了女朋友的建议来做眼动脱敏与再处理治疗，主要是要治疗他的工作狂。他知道，他时刻担心没有钱，并且超负荷的工作让他经常发无名火。他也认识到因为这个原因他的婚姻失败了，而他不想让目前这段感情再度破裂。斯宾塞认识到他的消极认知，"我一定要做到完美"，来自他的父亲和爷爷。他们传递给他的信息就是，"努力工作并把一切做到完美。"处理过程包括针对他六年级时的一段记忆，那时斯宾塞跟他妈妈一起做数学题，因为他老是无法理解一些题目，他突然间大发雷霆。他通过一个疗程就成功处理了这段记忆，油然而生的积极看法是，"我能做的就是尽自己最大努力，然后正确看待其他的一切。"

集中精神的技巧

正确看待事物包括，认识到我们并不需要负面的焦虑和恐惧情绪来推动我们做出最佳表现。我们可以单纯地享受自己所做的事情。比起压力来，放松心情是个更好的跳板。除了安全/平静地带资源库和改变呼吸方式技巧以外，你还可以使用通过呼吸来集中精神的技巧，这是很多运动员、演员和管理人员所掌握的技巧。

通过呼吸集中精神的技巧

有各种各样的方法可以用来集中精神。其中最好的一种方法就是致力于自己的呼吸。请先读一读下面这个段落，然后尝试去做一次：

沉下心来专注于你的呼吸。保证自己慢——慢——通过鼻孔来吸入空气。在空气进入鼻孔并碰到你的喉咙后部时请注意它的清凉感。把你的气管想象成一段直通你腹部的玻璃管。注意看在你慢慢吸入空气的时候腹部怎样膨胀起来。注意在你呼气时热气怎样在玻璃管上凝结。放松下巴，然后通过嘴巴呼出气体，注意热气通过你的舌头上方沿着上颚流出时的干燥感。重复做几次，让积极的感受逐渐增强。

为了成功而预演

研究显示，在执行任务之前先在心里预演一下能起到极大作用。例如，和只使用真实的体能训练来提高比赛成绩相比，在棒球比赛之前先想象一下怎样成功地罚中投球被证明可以提高赛场表现。哪怕是奥运会运动员也使用想象的练习来调整他们的临场反应。事实上，在美国奥运会运动员集训中心开展的一项调查显示，90%的运动员使用想象来为比赛做好准备。此外，94%接受调查的奥运会教练报告说他们在训练项目中使用想象模拟。很多不同职业里的个人教练都引导他们的队员使用想象技巧。通过专心致意地使用你的想象力，你可

以巩固自己在工作或游戏中的表现。

研究显示,当人们被要求去回忆过去做过的某件事或想象自己在将来做这件事时,大脑同样的区域就会被调动起来。如我们所见,如果你有来自过去的未处理的记忆,它们就会歪曲你看待现在的方式以及你想象未来表现的方式。所以,全面的眼动脱敏与再处理治疗就包含了三个步骤:处理过去为这些问题奠定基础的记忆,处理当前的触发因素,和通过想象未来的良好表现来输入关于成功的新记忆。在处理期间,烦恼的记忆转变成学习的经历,为心理健康打下基础。处理以后,人们自然而然发现他们用全新的积极方式来应对周围的世界。但是,我们在这里使用第三步,被称为"未来模板"(Future Template),来帮助大家学习额外的技巧,并进一步在记忆系统里输入一个模式,以便在未来取得成功。

我们通常都以这种顺序(过去,现在,未来)来执行这三个步骤,因为未处理的记忆会干扰到我们输入全新的积极记忆。例如,运动员可能需要处理以前受伤和失败的记忆以便解决缺乏自信、动力不足或表现焦虑方面的问题。我在这里已经包含了一些"未来模式"的程序,以便你能在家里加以利用。如果这方面并没有什么未处理的记忆在阻碍你,你也可以使用这个练习来为未来的社交场合或工作面试中可能面临的挑战做好准备,或者调整你在生意上或运动项目上的表现。

未来模板

如果有什么未来的情况你希望能获得帮助,在这个练习中你就需要想象自己快乐并成功地完成它。即使你在想象成功的解决方案中遇到一定的困难,这个练习也可以给你提供重要的信息。如果你遇到任何阻碍,请睁开眼睛,使用你的某个呼吸技巧来回到平静状态。然后设法确定任何可能存在的消极认知。考虑一下使用"情绪扫描"(Affect Scan)或者"回溯"的技巧,来确定任何可能产生干扰的未处理的记忆。看看有没有什么记忆可以被添加到你的标准记忆表上面。如果你正在抵制未处理的记忆,看看你能否巩固自己的安全/平静地带资源库来帮助自己处理它们。如果这种方法不管用,考虑一下在一位接受过眼动脱敏与再处理训练的心理医生的帮助下将这些记忆加以处理。

　　首先，确定未来你想要致力的具体情况。现实地看待它。你有没有掌握必要的信息以获得成功？如果你要去参加考试，你有没有提前学习准备？如果你必须要当众做个展示，你有没有准备好材料？如果你要登台表演，你有没有记住自己的台词？如果没有的话，那么你的首要任务就是要判断是什么阻止你这样做。想象你连最基本的东西也没有准备就获得成功是个现实的问题。如果你一直喜欢拖延，那就使用"回溯"或"情绪扫描"的技巧来确定任何未处理的记忆。也许找到根源将有助于松开它对你的控制。尽量使用一些自控技巧来处理任何的焦虑。不管用哪种方式，在真正的表现之前完成所有的准备工作都非常重要。你还可以使用"未来模板"的方式想象自己成功完成了准备工作。开始时将所有让你分心的事情都放到一边，决定你在做完这个练习后会处理它们，然后注意下面这些步骤。

　　1. 放松身体，并慢慢做几次深呼吸。如果你发现自己的思想开小差，就再做一次深呼吸，将自己的精神集中到这个练习上来。

　　2. 集中精力关注未来你想要处理的情况。

　　3. 判断你在那种情况下想要怎样观察、感受、行动和相信一切。

　　4. 使用你的安全/平静地带练习，通过确定过去你取得成功的某个经历来激发你想要的感受。

　　5. 然后想到"我能成功"这个积极认知。专注于积极的感受，例如力量、清晰、信心或平静。

　　6. 专心去想未来情况中你表现良好的景象。体会随之而来的积极情感和身体感受。如果你让自己全身心投入其中，你可以提高这种效果。摆出让自己感觉成功和自信的姿势。

　　7. 在大脑里演一部电影，从头到尾展示你成功处理情况的过程。确保电影有开头、中间和结尾。注意你身体里所看到、想到、感觉到和经历到一切。至少把这部电影放映三遍，享受其中积极的情绪和感受。

　　8. 想象出现的一些挑战，比如放映设备出了点差错，想象你自己满怀信心和平静地处理这些情况。将整部电影从头放到尾，直至大团圆结局。

> 确保结束这些部分后能够回到成功的积极景象中来。如果在实际表现之前有任何新的挑战产生,你可以重新想象一部电影,在其中你对这个情况的处理得心应手。这有助于设定一个关于成功的记忆模式。如果你发现自己在真实情况当中受到困扰,记住要使用你的自我控制技巧。任何人都有可能暂时受到困扰。知道怎样处理它,对所有成功的管理人员、运动员和演员都非常重要。

开始掌控自己的人生

心理治疗有时会给人带来不好的名声,好像这是软弱的表现。个人来说,我认为这是个勇敢的标志。数以百万的人受到过伤害,但是他们还是奋勇向前——在自己痛恨的感情和工作中挣扎,一步步地艰难前行。他们这样做常常有着最好的理由:我不想伤害任何人;我有种神圣的责任感,我不能让别人失望。心理治疗为那些勇敢面对自身恐惧的人所带来的好处是,为他们的人生提供新的机会。在这样的人生当中他们和其他人同样重要。在那里,"爱人如己"意味着他们同样也能爱自己。但首先你必须要乐于尝试。如果你害怕失败,这是来源于那些记忆网络,它们带给你不想要的恐惧感,而且当这些恐惧深植于你的内心时你没有力量来阻止。但是你却有机会将其抛开。

我还想强调一点,**是你自己的大脑在运行康复过程**。如果大脑的信息处理系统困住了,你不过是获得帮助来给它一个助推启动。

"我不重要"的感觉一直都在

珍妮来做心理治疗是因为即将升职带给她的焦虑感。她将要监督并经常对250人的一个团体发表讲话。在第一个病史采集阶段,她告诉自己的医生:"其实以前根本没有发生什么大事情。"所以治疗师教会她安全/平静地带的技巧,并且在接下来的治疗阶段主要针对珍妮的焦虑和"我无足轻重"的感觉。他们设法确定一个标准记忆,但是珍妮坚持说:"这种感觉一直都在那儿。"所以他们集中注意她升职以后不得不做的第一场报告。其消极认知是"我不重要",同时伴随着恐惧和羞愧的情感。情况相当糟糕，SUD 水平都到了 9 级，喉咙和胸部都出现不适的感觉。

在心理医生引导记忆处理的时候，珍妮的心里现在可以建立适当的联想了。她看到自己三岁时的样子，坐在妈妈的大腿上，叽里咕噜地讲话。然后她的继父走进来，从妈妈的膝盖上一把把她拎起来，再把她放到地板上，然后开始和妻子说起话来。珍妮是对的，"我不重要"的感觉一直在那里，持续了很久的时间。然后另一段记忆冒出来，那时候她七岁。珍妮刚刚转学到新镇上的一所学校，操场的孩子说她又肥又丑。

随着她适应性记忆网络里的信息产生关联，她意识到她的继父对教育子女的问题完全无知，而那些孩子不过是典型的小孩欺生的例子罢了。她能够想象自己七岁时的样子，并且意识到那时她有多宝贵。在她拥抱一个全新的自我时，她能感受到来自父母的爱。等这一切都完成以后，她和心理医生再针对即将到来的演说，在"未来模式"期间她的"我掌控一切"的积极认知已经感觉非常真实了。

他们本来约定下周再见一次面，但是珍妮打电话来取消了约会。她说："演说做得非常棒！我根本就没有任何问题。真是太神奇了！谢谢，我不需要去做下一次治疗了，但是如果我将来需要你的帮忙的话，我会给你打电话。"

心理医生能够像教练那样。他们知道怎样来帮助引导你，让你自身的力量能够顺利发挥作用。一旦自身力量发挥出来，你就可以开始启动并自己运行。如果未处理的记忆阻止你发挥超越别人的能力，那就考虑一下找心理医生帮助。它所花费的时间主要取决于处理记忆需要的准备时间，所牵涉的记忆的数量和有多少"新的学习"需要发生。如果你对探索这些可能性有兴趣的话，你将会在附录 2 当中找到如何选择心理医生的资源和指导。

记住生活当中的成功并不仅仅是如何减轻压力和痛苦。它还和关注自己生活中所有领域的健康相关。消极的未处理的记忆可能会伸出它们的触角困住你的生活，按捺住你所有的潜力。确认你被困住的那些领域，并使用你学会的技巧，能有助于人生按自己想要去的方向前行。我们都知道当生活诸事平衡相对

不受焦虑和抑郁的困扰，我们很容易就能表现好。包括本章介绍的强化表现的工具都是迈出有逻辑的一步。

和顶尖运动员合作的经历清楚地显示，要持续有突出表现，天赋和能力只是其中的一部分。要保持动力十足并控制自己的压力和焦虑，最常用的心理训练技巧就包括集中精神和你刚学过的想象技巧。它们的效果并不局限于成功这一个领域。例如，凯尔是个顶尖的国家级高中运动员，他来做心理治疗主要是解决他缺乏信心和动力的问题。他处理了关于受伤和精力分散的记忆，例如父母的评价和教练脸上失望的表情。很多的技巧，包括你所学过的技巧和"未来模板"，都被用来帮助他专心于自己的比赛。高中快毕业时，凯尔拿到了奖学金，可以上一所著名的大学，成为全国大学生体育协会某分会高级别队伍的一员。正如他所说："这不仅仅是帮助了我的体育生涯，是不是？我生平第一次当了优等生！"

你要开始掌控自己的生活，你永远不会太年轻，也不会年纪太大。

第11章

拥抱更广阔的世界

"有一次我在斯波坎开车爬雪山时变速器滑到了空挡位置。跟在我后面的那辆车急忙转向让到一旁,因为我马上急刹车停在了当地。等那位驾驶员开上来与我并行时,他朝我挥了挥拳头,一脸的怒容。在他加速开到我前面后,我看到他的保险杠车贴上写着"世界和平,触目可见"。这是从哪儿说起,或者难道这是他妻子的车?"

上面这段引文节选自大约一年前一位同事写给我的电子邮件。它较好地总结了人类的生存状况。我们努力想要成为一号人物,而我们的情绪常常并不买我们的账。光明或黑暗在我们所有人内心奋力挣扎。我们常常就是无法变成自己想做的人,而世界就是不会按照我们想要看到的样子乖乖就范。所以我们怎样天天与之周旋,最终决定我们在生活中能拥有多少快乐以及有多大压力。这就是自我意识和对身体和心理健康的承诺开始发挥作用的时候。

本书从头到尾贯彻的内容已经让我们看到,我们怎样才能更好地理解我们自己到底是什么人,以及我们能做什么来加以改变。在本章中,我们将会探索我们怎样受到文化和社会的影响。另外,我们将会关注每个人将不得不在某个时刻面对的一些重要挑战。它们提供了一些自我探索的机会,并且能帮助我们解释一些自己和生活中的其他人现在可能正在应对的问题。我将会提供更多心灵保健的建议，以便为我们的个人幸福开启全新的机会。我们在生活当中选择做的事情不仅给我们自己带来重要后果，而且给我们周围的人带来影响。总而言之，我们每个人可能都比自己所想的要重要得多。

向前追溯人性的脉络

在本书第 1 章当中我曾经说过，在寻找问题的答案时，我们要的并不是责备，而是理解。我们不能因为自己年少时深锁在大脑中的行为模式而怪罪自己。虽然我们的父母帮助塑造了我们今天的自己，他们自身也是由自己的人生经历塑造出来的。所以虽然人们得为自己的所作所为负责，**我们常常不得不追溯几代人的光阴才能完全理解问题的根源**。此外，我们可能也存在"遗传的"看人待物的特定方式，让我们和普遍人性的感觉格格不入。如果我们想要为自己和我们的人生做出最佳的选择，那么仔细调查所有潜在的黑暗角落，看看有什么可能隐藏起来我们看不见的东西，就会大有好处。

追溯家族历史

我们所有人都能设法克服自身的、家庭的甚至社会的历史。我们能超脱这些痛苦的问题，全面拥抱生活，不让这些过去的记忆把我们拖下水。这就是海伦的经历。

她的人生由两段经历纠缠在一起——多年狂热地要超越障碍，同时夹杂着一阵阵的自我毁灭。她收到全额奖学金去读大学，毕业时拿到社会学学位，同时还有刚刚萌芽的物质滥用问题。她继续成为一名心理咨询师，白天为身患多重残疾的儿童提供咨询，晚上做酒吧招待和毒贩子。27 岁的时候，她报名住进一家寄宿制的戒毒中心。她的两个朋友最近刚刚惨死，一个是自杀，另一个是与毒品有关的谋杀。她看到自己面临的危险。早晚这些涉毒活动会让她丢掉工作、住宅、自由甚至生命，只不过是时间问题。

从戒毒中心回来以后她能够不再涉毒,但还是有一阵阵的抑郁和焦虑。她熬过多年的错误诊断、治疗失败和绝望无助,直到最后她诊断出自己患上创伤后应激障碍。经过一段时间的调查以后,她选择了眼动脱敏与再处理治疗。此时此刻她开始理解她毒瘾的根源在哪里了。

在成长的过程里,海伦经常和父母相隔两地,她被送去和一些酗酒的亲戚一起居住。正是在那段时期,她的姨妈珍妮特隔三差五在身体上虐待她和她的兄弟姐妹,并且对他们实施性侵。大家都知道珍妮特在威胁自己的家人,但是没有人采取任何措施。整个大家庭裹上一层厚厚的否认和沉默的遮羞布。虽然回想这段经历极其困难,海伦还是从这些经历中治疗她的痛苦,然后经过三年的时间,她的所有问题终于得以解决。但是,三年以后,她又回去接受治疗,这次治疗有着不同的目标。

虽然海伦是个多产和效率高的人,但她却一直在某个特定领域里存在很多问题。自从她完成了心理治疗以后,她就感觉自己和家人的关系疏远了很多,因为她是家中唯一健康的、不沾毒品或酒精的人。为什么她的家人好像注定要自生自灭?她眼睁睁看着年轻一点的孩子沿着她曾经走过的路一步步走向沉沦,她该怎么办?她同时还想知道家里有些人怎么能变得这样冷酷无情。

随着她逐步研究他们的人生经历,海伦带他们来见自己的心理医生,把自己当成一个传声筒。他们一起处理激发出来的各种感受。海伦感觉自己被拉到两个方向:一方面觉得无力停止家人的绝望,另一方面又觉得有一种"幸存者的内疚"——一个人独善其身。她想要获得一种安宁和平衡,她希望在理解她的家庭历史和目前在家中的角色以后,她能够得到这些。

她先从姨妈珍妮特开始,这个女人对她造成了最大的伤害,并且海伦大部分的童年时光都是和她一起度过的。在研究珍妮特的历史的时候,她发现了这是一个在错误的时间、出生在错误的文化背景里的女人。她姨妈就是个局外人。她是个绝顶聪明、万众瞩目的女同性恋,但她所生活的世界却不允许她离经叛道、我行我素。所有通往她所心仪的职业和生活方式的大门好像都对她永远封闭上锁。珍妮特生活在来自家人和文化的长期压力下,而她则永远无法成为他们希望的人。觉得自己遭到低估和忽视的她,胸中的怒火在悄悄酝酿。

很显然，被迫虚伪地生活会带来巨大的损失。但是将痛苦转化成暴力的却更多牵涉其他因素。对珍妮特来说，这些因素就是她自己童年时期遭受的虐待和忽视。她爸爸常年不在家，一周工作六天，一天工作14小时。她妈妈一个人照顾不来这么多孩子，常常把自己的怒气都撒在珍妮特身上。她妈妈，也就是海伦的外婆，是个来自德国的移民，非常卖力地想要融入美国文化，可她到处不受欢迎。她是个有着坚定方向和决心的女人，她觉得社会赋予她的角色就是要实现丈夫的抱负，而把自己的梦想抛在一边。她用酒精来麻痹自己的痛苦，当酒精不足以解决问题时就把痛苦发泄在自己的儿女身上。所有这一切发生的时候，社会上泼给女酒鬼的脏水实在太多，以致她们几乎就没有什么像样的治疗选择。海伦的姨妈珍妮特眼看着自己的妈妈慢慢死于酗酒，而她周围是一群束手无策的家人，自己满怀秘密和耻辱。从根本上说，珍妮特是由一个借酒浇愁的女人养大的，那时的文化根本不重视倾听女性的心声，那时的差异得不到容忍，那时的美国根本不能为她提供任何帮助。

海伦在他爸爸的家庭里发现了同样的酗酒和绝望的倾向。她了解到她的奶奶是土著美国人。经历过很多种族偏见和种族歧视以后，她绝望地隐藏起自己的文化传统。这个家庭秘密被深深掩盖起来，海伦从来不能完全解开其中的所有细节。

调查家族史能帮助海伦更全面地理解了在家中流传了几代的毒素——这种毒素就叫作羞耻。她同时还发现自己直接看穿了种种压迫的丑陋面孔：种族歧视、同性恋歧视和性别歧视。自己的经历和家人的经历现在对她都有了意义，而这种了解也帮助她继续前行。结束这一轮心理治疗后她明白自己该怎么做了。她要保证自己的人身安全和神志清醒，这样可以为自己兄弟姐妹家的孩子树立一个好榜样，而且在他们需要的时候为他们提供系统指导和庇护。她同时还能在自己的职业领域内为受迫害者呼吁。

正如她所说：

这仅仅是因为出生环境、肤色和其他优势的缘故，我有机会处理和克服自己的过去。我清楚看到我的痛苦把我带往什么样的方向。我犯了法，伤害自己和他人，而且内心经历了实施更大伤害的潜在可能。没经过治疗的痛苦只会带来更多的痛苦。我的过去有着这么多不堪回首的经历，当然会给我带来种种问题，但是我能跨越这道坎。我觉得我已经深化了自己对姨妈珍妮特所受的痛苦的理解，但是我永远都不会完全弄清楚它，因为这是她的故事，而我永远也不会知道所有的细节。

我原谅我的姨妈和其他的家庭成员，它已经和我没有干系了，但是原谅并不是意味着我欢迎那些生活中对我实施虐待的人。如何应对自己的痛苦，我们大家都有各种选择，而他们也可以更好地掌控自己的痛苦。

现在我知道自己所受的创伤原来是几代人的憎恨、痛苦和误解带来的结果，而这远远不止是我和我的家庭这样小范围内的事情。我有机会能变得更好，这让我心存感激，但是其他人可能还没有恢复，我就不能懈怠。全世界范围内这种类型的痛苦继续横行肆虐，当然让人寝食难安，而我计划为解决这个问题贡献自己的微薄力量。

在我们每个人回头看看自己家庭的历史时，我不知道有多少人将会发现有人曾经遭受侵害、流离失所或者受到压迫、战争或其他难以控制的力量的影响。理解这些并不只是抽象的概念，将会很有帮助。它们是实实在在的人生经历，一起锻造了我们的祖先以及今天的我们。直到今天，还有很多人因为自己的性别、国籍、宗教信仰或者性取向问题继续沦为社会的弃儿或者暴力压迫的对象。这就给我们提出了一个问题，我们在自己的生活中可以做些什么来克服自身这些破坏性的行为方式。这样做不仅仅是为我们自己，也是为了我们的下一代。

变化从我们内心开始

那些因为和其他人不一样——太矮、太高、太瘦、太胖、戴眼镜、身体残疾、学习尖子、学习垫底——而在学校里受人欺负或被人排斥的人，都能理解我们觉得多么困惑和孤独。这些伤害和羞辱会破坏我们的自信心，引发多年无止无尽的悲伤。想象一下如果当权的成年人因为允许这些把我们分割成块块的东西存在——不管是肤色、宗教、性别还是文化，而觉得说起坏话来理直气壮，这种感觉有多糟糕。尽管科技让全世界人之间的距离变得越来越近，每天的新闻和好像没完没了的战争还是继续给我们带来害怕"非我族类"的感觉。不管我们是施予的一方还是接受的一方，重要的是我们要帮助他人让世界变成一个不一样的地方，而变化只能从我们内心开始。

凯特是被迫接受心理治疗的。她并不想去，尤其不愿意从那个走进门去的矮个子金发女人那里得到治疗。她算哪号人物，以为自己能治得好谁？可是凯特别无选择。20年来她一直都是部门经理，并且得到过极好的评价。她是被提升到这个职位的第一位非洲裔女性。可是现在这家跨国公司的总部要求每个处在她这个职位的人都要通过一门测试，而她已经两次没通过了。公司指派了这位心理医生给她，她没有任何办法推辞。她自己无法独立应付这样的表现焦虑，如果她拒绝这位女士的帮助，那她的老板一定会气得发飙。所以她满目仇恨地看着特丽——可是又没有办法摆脱她。凯特忍不住明说，和她在一起她觉得自己被困在了屋子里，她不喜欢这种感觉。

特丽说她理解并且同情这种感受。然后她解释说，因为时间很紧张，她们就只能专注于到底是什么能够阻止凯特通过这场考试这个问题。所以在简单做了一点准备工作，练习了一下安全/平静地带技巧以后，特丽让凯特专心思考"困在房间里"的这种感受。

等她们选定了"我被困住了"这个消极认知和伴随而来的愤怒和憎恨的感受以后，她们马上开始着手处理。主题很快转到"我不相信你"上。特丽说，"注意这一点"。在接下来的一组眼动里，她们迅速展开工作。随之而来的是凯特承受的所有受人歧视的景象和场面。她们持续不断地回到过去，而凯特也迫不及待地说出她的愤恨。她对自己不得不克服所有这些侮辱和障碍并达到她今天的位置感到惊讶不已。她记得有个长得就像特丽的教师曾狠狠奚落她。她告诉特丽："你就像她一样，我恨你。"现在这种行为可以解释了。特丽只是说："注意这一点。"

凯特记得自己被人骂作蠢蛋，并且人家说她永远也成不了什么大事——她最多也就能去扫扫屋子罢了。接下来的五个小时里，治疗一直在持续，到最后，她的SUD水平降为0，并且"我拥有很多选择"这个积极认知感觉无比真实。

她觉得自己可以周末去参加考试，尽管她从没有去认真学习准备考试或是掌握必需的考试内容。她还是去考试了并且知道自己肯定过不了。但是这次有点不一样。她心里一点都不焦虑，而且信心满满地开始准备下一次考试，而最终她也通过了考试。她迫不及待地把公司的其他员工送到特丽那里求助。凯特觉得她们两个现在是共同携手来帮助其他人。

探索自己内心偏见的来源

　　从歧视里生发出来的痛苦和憎恨常常是相互的。当我们把别人推到一边或者把他们边缘化的时候，作为一个社会我们就失去他们可能会做出的积极贡献。随着我们对别人表现出恐惧和憎恨，我们也在他们心里埋下了恐惧和憎恨的种子。根本的问题在于，我们是想成为解决方法的一部分还是想变成问题的一部分。

　　这就意味着自己要确认出自己受伤害的地方或者伤害别人的地方。可以考虑寻找一下你可能携带的憎恨、恐惧、羞愧和痛苦，并且使用"回溯"的技巧来辨认它们到底来自哪里。使用你已经学过的自我控制的技巧来看看能不能改变自己的反应。**遭到忽视的痛苦可能会让你变得残忍、爱挑剔和喜欢骂人，不仅是对你自己，也可能是对其他人。**那些处变不惊的人一般都不受恐惧心理左右。他们绝不会因为一个团体中的一员曾经伤害过他们，就一棍子把整个团体全部打死，或者因为别人说他们应该有这样的感觉就去照做。

　　记住我们所有人都容易受"喇叭效应"的影响。也就是说我们看到自己不喜欢的某个特征就认为这个人有很多其他类型的消极特征。这恰恰和"光环效应"相反，即我们因为喜欢一个人身上的某个特征就认为这个人有各种各样积极的特征。偏见会给我们蒙上眼罩，这样我们就看不到别人身上的任何优点。为了看清楚其他人，我们就需要乐于见到自己身上的缺点，这样我们才能采取一定方法来纠正。

　　我们多数人都听说过"爱你的邻居"这句名言。可是作为家庭成员和独立个体，我们在自己的社区里可能正变得越来越孤立。也许最好的开始地点恰恰是开始去了解别人。这样有助于理解我们都是人类大家庭中的一员——这个大家庭里的人体型、肤色、信仰和生活方式都各个不同。注意隐藏在你心里的对差异的任何恐惧或厌恶，然后温柔地提一些问题。你是从哪里学到种态度的？它是不是真对你有用？你可以采取什么措施来减轻这种感受？你的不信任是来源于其他人的故事，还是你本人受到过伤害？如果确认出你那种孤立或不同的感受来自哪里并不能起作用，那么继续保持这种方式是不是对你有害？如果有害，那就考虑处理一下这段记忆。

说到最后，我们还是拥有选择的自由。我们都像凯特那样，很可能是在借他人之酒浇心中块垒。她人生里所经历的偏见将她分隔开来，让她对来自另一个民族的人同样妄下断语，恰恰和别人给她的断语一样伤人。通过处理那些记忆，她放下自己对别人的愤怒和憎恨，将毒素从她自己的系统排了出来。这让她获得自由，可以走得比以往任何时候都更远。

走出无法停止的哀悼

不管有多少问题把我们人类分成不同团体，总是有更多的事情指向我们的相似点。而我们所有人同样都要面对的两个挑战便是疾病和死亡。我们每个人在某一时刻都要面对失去心爱的人的痛苦。我们如何处理它，一部分取决于我们的记忆联系。对有些人来说，哀悼的感觉并没有随着时间的流逝而减轻，悲痛的感觉会错综复杂并且一直是那样强烈，因为它和未处理的记忆联结在了一起。

当世界是灰色的——驱散悲伤后前行

我永远不能再继续前行

简今年50多岁，她的丈夫迈克刚刚去世不久。大概是迈克去世六个月她来做心理治疗。她还在正常生活——工作并处理丈夫生意上的事情——但内心深处她感觉自己深陷悲痛不能自拔。她心情抑郁，好像生活中所有的彩色都彻底消失了。虽然时光流逝，情况并没有任何好转。每个人都跟她说一切会变得越来越容易，但是他们已经反复这样说了好几个月，却没有发生任何的改变。她欲哭无泪，而所有事情感觉都像是强压在了心底。她的消极认知是"我毫无力量，我永远都不能再继续前行。"

迈克的死被当成眼动脱敏与再处理治疗的重点，在记忆再处理阶段，简自动想起儿童时期妈妈因为癌症而离开她的经历。她记得妈妈临死之前曾经对她说："孩子，你一定要坚强。"那时简和妈妈都知道她已经不久于人世。这对简来说确实是个真正的关键时刻。她认识到她自己是真把妈妈的吩咐牢记在心头了。虽然她不过是个小孩子——只有九岁——但是她觉得自己必须要坚强生活，为爸爸考虑。即使她妈妈去世以后，她还是不让自己悲伤。她把心头涌起的任何悲哀和痛失亲人的感受都强行压下去，认为这些都是软弱的表现。

处理这些记忆释放了简，让她去体会自己需要感受的一切。她认识到妈妈的本意并不是不让她悲伤难过。她只是想女儿在她走后一切都好。简突然之间仿佛得到允许让自己体会心中万般情感，并且把隐藏在心中的悲伤都释放出来。正如她告诉自己的医生："我现在能尽情悲伤，然后再继续前行。"她理解了这是很正常的事情——感受自己的情感并没有什么不妥。她为迈克的离世而大放悲声，最后又为她妈妈哭得泪眼迷离。哭完后感到一身轻松浑身舒坦，她就可以继续慢慢度过这丧偶的悲伤过程，心里留下的是关于妈妈和丈夫的积极的回忆，这些回忆安慰着她的寂寞心情。

很多处在悼念中的人都有一种自己陷入悲伤中难以自拔的感觉，同时伴随着可怕的景象持续不断地戳中他们的心。特别是当有人突然离世，相爱的人当然可能会魂牵梦系，满心内疚，因为他们想到所有那些本该说的话、本该做的事都没来得及去做——并且本来他们有机会去做却没有付诸实施。这些责任感常常会因为想起他们心爱的人饱受痛苦的景象而不断增加。这些记忆往往得不到处理，并且能引发持续多年的悲伤。而对另一些人来说，即使他们心里没有内疚感，心中还是只有消极的记忆不断引发悲伤。幸运的是，眼动脱敏与再处理疗法不仅消除了那些侵入性的消极联想，而且能让积极的感受回归心田。例如，我治疗过的两个年轻兄弟对他们的父亲只有负面的记忆。他去世之前是个酒鬼，每次他们想到他，出现的景象就是他坐在一件破烂的睡袍上，周围堆满了啤酒罐。处理这些记忆让这幅图片渐渐褪去，现在当他们想到父亲时，出现的记忆是他们一起出去钓鱼和露营的旅程。

针对眼动脱敏与再处理疗法的一项研究显示，与另一种治疗方法相比，眼动疗法能带来对心爱之人更多的正面回忆，同时伴随着一种宽慰感。有些人被困住是因为他们害怕一旦抛开失去亲人的痛苦，他们就是对死者的大不敬或者和死者不再有什么联系。这只是错误的想法而已。没有痛苦也一样可以存在情感上的联系。正像任何一个心爱的人所希望你做的那样。

当世界是黑色的——将愤怒转化为爱

虽然持续不断的悲伤会毒害我们的生活，但是对有些人来说痛失亲人会带来愤怒的感觉和报仇的欲望。当我们的亲人死于暴力时这种感觉尤其强烈——而这在不同的国家里曾引发了持续几百年的战争。痛苦从一代人传递到另一代人，引发越来越多的暴力。随着我们看到世界上这么多的地方动荡不安，我们就能支持人道主义援助的心理医生，他们试图成为解决方法的一部分。

例如，巴基斯坦的一名治疗师已经治愈了很多恐怖活动中的幸存者，同时也治愈了很多战士和飞行员，他们也是反恐战争的一部分。他治疗了一个官职非常高的政府官员的孩子，现在把这次治疗经历和我们分享：

他们的父亲在一次自杀爆炸中壮烈捐躯。因为这件事，他的儿子和女儿遭受极大的心理创伤，同时还有爸爸和他的司机的尸体碎片和鲜血散落在路上到处都是的惨烈景象。儿子马上想要离开就读的医学院并加入一个军事组织为父亲报仇雪恨。而女儿则拒绝离开家里一步并且变得沉默寡言。

经过四周时间的宣泄悲哀和眼动脱敏治疗帮助他们恢复正常，他们两人都回到各自就读的学校机构。女儿去年嫁人了，现在已经怀孕。儿子完成学业，现在是名正在手术见习期的医生。他想成为一名整形医生。两人帮助自己的家庭设立了一个顶尖水平的继发保健医院，在他们父亲的原籍村庄里选址建设。这所医院主要用来照料反恐战争的烈士亲属和幸存者及其家人。眼动疗法不仅帮他们减轻了伤害、痛苦和悲伤，而且给他们的个人生活带来积极的结果。它帮助他们将满腔仇恨的感觉转化成有意义的和人道主义的追求。

将痛苦转化成帮助他人的欲望常常是康复过程的一个自然部分。它是我们所有人心里所包含的巨大潜力的见证。我们的信息处理系统被调动起来，让我们学会什么是有用的东西，同时抛弃其他无用的东西。在我们抛弃痛苦的时候，我们就能被引导进入一个快乐丰产的未来。比起帮这个世界变成一个人人都能生活得更好的地方，还有什么更有用的东西呢？

探索自己与已故之人的记忆

评估一下你可能被困住的和某个已经去世的人相关的记忆。我们有些人不能痛痛快快地悼念或者恢复平静，因为早年记忆中的痛苦让那种憎恨的感觉一直保持鲜活，即便这个人已经去世很久。

例如，米歇尔因为焦虑来做心理治疗。处理最近的一个让她感觉"困在其中绝望无助"的情况，带出了一段有关她父亲的记忆。在她四岁的时候，父亲把她悬在一条湍急的河流上。因为她特别害怕水，她父亲设法要通过把她抱在河水上面让她变得不再那样敏感。但是这招根本不管用。埋藏在她记忆网络里的是深深的恐惧，担心如果她扭动身体来挣脱束缚，他就会把她丢到水里。记忆处理不仅消除了她"困在那里绝望无助"的感觉——它还自然通向米歇尔和她过世父亲之间一段感情康复的和解。

任何时候和解都不算晚。所以请考虑使用"回溯"的技巧来帮助你找到可能困住自己的愤怒和憎恨的感情。有什么是你需要紧紧抓住的，又有什么是你可以放手的？

扫清精神道路上的阻碍

随着我们讲解一个个故事，告诉大家未处理的记忆可能会影响到我们的身体、心理和情感，我们已经能明白恐惧和无能为力的感觉常常怎样让我们沦为俘虏。阻止我们在个人发展方面取得进步的同样一件事情，也可能会在所谓的"精神发展"方面阻止我们前进。也就是说，理解的增加和超出我们个人范围之外的联系的感觉，限制了我们这些生活在地球上的凡人。在很多文化传统和宗

教信仰中，这会转变成一种更伟大的爱和对人类这个整体的关心。

有时候这些更伟大的精神联系的感觉是处理记忆带来的自然结果。例如，多年前遭到自己父亲强奸的一位女性，一直困在自己毫无用处的这种感觉当中。在和她的心理医生一起做记忆处理的过程中，她的感受发生了转变。在某一刻，做过一组眼动处理以后，她说："我想到的只有爱，'上帝爱我'实际上正是我所想到的话！"她脸上绽放出美丽的笑容，继续自己的记忆处理之旅。直到她不再困在那种自我嫌弃的感觉中，她才能体会到一种"上帝之爱"。这是一个自发的改变。对其他人来说，通向这种更大的内心安宁的障碍可能需要特别加以处理才行。

精神追求的障碍

有些努力要建立精神连接的人可能会发现自己被未处理的记忆阻挡，引发抑郁的感受，阻止他们实现自己的目标。

为什么我在冥想时感受不到安宁

克雷格是个中年人，他来做心理治疗时主诉的是疲惫、愤怒、睡眠质量差、和妻子感情疏远以及和之前一个生意伙伴发生冲突带来的压力。但是，他说得最多的是一次精神之旅带给他的失望和他过去30年来的冥想实践。

他选择他的愤怒和对冥想的幻灭作为自己的最初目标。为什么他这么多朋友都能在冥想时和冥想后感受到安宁和平静，而他就是感受不到？对他而言，持续不断出现的感受就是，"这世界不安全，为什么要在这世间瞎忙活呢？"

克雷格和他的心理医生利用"回溯"的技巧引出了一个标准事件。那时他只有三岁，被邻居家的一头奶牛撞倒在地上。克雷格在复述这件事的时候放声大笑并不断摇头，说："这是个很蠢的故事，但它到现在还困扰着我。那头牛用鼻子把我翻过来，并且开始用舌头舔我的肚子，但是我当时觉得它要吃了我。我大声喊妈妈。好像过了很长很长时间以后她才过来，但实际上可能只有五分钟。最让三岁的我感到不舒服的是我妈妈把我拎起来的时候笑得合不拢嘴。"

这种"不合拍"锁进他记忆里的是缺乏安全和信任的感觉，一直持续了40

多年。克雷格开始的积极认知是"我可以处理它",但是处理过程他将其转变成"这是建立我的力量的基础"。这是一个重要的情感认识。和其他将我们困住的记忆一样,信息处理让一个学习过程得以发生,这样让它变成我们心理健康的一个基础。

接下来的疗程里克雷格说他的睡眠质量好了很多,重新集中精力关注他的心灵,而且增加了自己锻炼的次数。他还说他的愤怒情绪极大减少,而且他和妻子开始重新交流。

然后他处理了另一段记忆,和他"这个世界不安全,我无法处理好它"这个消极认知有关。克雷格的车被人强行抢走的时候他还是个少年,而且他的哥们还被打伤。因为他没有和偷车贼搏斗一番,他觉得自己窝囊透顶。

这次的积极认知是"我很坚强"。在接下来的疗程里克雷格报告说他的精力又回来了,而且睡得特别香。他的冥想现在能将他同安全、安宁和平静的感觉联系在一起。还让他高兴的是他自然地感受到自己坚强到可以处理和解决现在他和他之前的生意伙伴之间的一点冲突。

总而言之,身体、心理、情感和精神之间并没有绝对的区分。如果未处理的记忆在一个领域内阻碍了你,它们很可能就会在其他领域同样影响你的表现。

灵魂的七宗罪

假设宗教信仰的一个目标是和我们的内心世界以及那些我们周围的人建立更多有意义的联系,那么它的教义也能帮助解释我们到底在哪里遇到了阻碍。我们在哪儿努力奋斗并认为我们遇到了失败?

为什么我犯了懒惰和愤怒的罪

西蒙是个牧师,他想利用眼动脱敏与再处理疗法来帮助他致力于他自己的精神发展。通过阅读这种疗法的介绍以及自我检查,他渐渐相信"七宗罪当中的每一种都是我们灵魂的一种创伤",并起源于我们人生早年的事件。他感觉他努力与之争斗的一些原罪（如懒惰和愤怒）让他变成不太称职的丈夫、父亲和牧师。而且他相信治愈这些心中的罪恶非常重要。

西蒙觉得他很懒惰，不想做家务活，也不想做教堂里的重要事情。所以，他选择专注于"懒惰"进行治疗。西蒙的消极认知是，"我说一套做一套。我无法相信自己"。利用"回溯"显示的这件标准事件发生在他三岁时在地板上小憩的时候。他妈妈和他玩了个天真的游戏，说："现在你该从小憩中醒过来了。"但是当他努力起身的时候，她就会笑呵呵地抱着他躺倒在地板上。一旦这段妈妈出尔反尔的记忆得到处理，西蒙报告说他对自己的行为更加自觉，在选择自己要做的事情时有了更加现实的期待。他能够在家里和教堂承担更大的任务，并且处理起来更加有效率，更少情绪化。

西蒙的另一个目标是"愤怒"。他说他有一段很长的发火历史，在家生气的时候破口大骂并捶墙捶门。这把他妻子和女儿都吓坏了，而他也为自己感到羞愧。针对这种反应的标准事件是他看到妈妈生气的时候就对着厨房的钟乱扔东西。他觉得这就给了他许可，让他觉得无论什么时候生气都可以爆发。伴随这个而来的想法是，"如果我愤怒的时候怒火爆发，它就给我带来力量和控制感"。而他想要的积极认知是，"我很有爱心。我是个和谐的人"。

等这个目标得到处理以后，西蒙流下眼泪说："我想要勇气让自己变得真诚并脆弱，有着耶稣钉在十字架上时那样的谦逊。"通过他所说的话西蒙变得更灵活，更体贴更有爱心，不仅是对家人，并且对他自己也是这样。他相信通过治愈自己，他作为一个人才变得更健全，也成为了更称职的牧师。

如果你在实现自己的精神信仰或宗教信仰方面有什么困难，可能存在未处理的记忆阻止它实现。你可以采取适当措施来应对。

最后的关口——死前的新生

虽然我们很多人在人生中通过精神信仰来获得安慰，但最大的挑战往往在面对死亡的时候来临。我们怎样应对这最后对勇气和力量的考验，常常建立在有多少恐惧攫取了我们的心灵之上。

在诊断两年后，医生告诉唐娜再没有什么办法可以挽救她，她应该安排自己的后事了。癌细胞已经扩散到她的五脏六腑，但是它还是没能阻止她求生的欲望。现在她转向内心，让自己为将要到来的一切做好准备。她告诉自己的心理医生，她想要清除自己心中任何进一步的挂碍，这样她就能"解放自己的灵魂自由前行"。尽管这么多年来她一直不断地做自己的内心工作，但是现在她说她想要找找看那里还有没有什么残留的东西。

唐娜和她的医生通过建立一个安全/平静地带开始，这样只要她觉得要崩溃或者觉得痛苦太大——身体上或精神上的痛苦——就能使用这个技巧。伴随着她长期的天主教背景，她选择想象自己站在耶稣旁边，并且圣母玛利亚的手臂搂着她。一开始，她哭泣、颤抖。随着她的治疗师轻拍她的大腿，她开始慢慢做深呼吸，然后说道："这真是太令人欣慰了。我感觉整个身体都放松下来。这样心灵深处的安慰我以前从来没有经历过。"她的身体轻轻地窝进了沙发里，即使双脚也放松下来。脸上一直绷着的紧张神情也明显松弛下来。

治疗师问她之前提及的"残留的东西"，并且问她有没有觉察到什么给她带来不适的东西。唐娜抬头说道："我爸爸——我害怕死后去见他。"从这儿他们开始处理她的恐惧。她说："我害怕他会为我感到伤心。我能在心里感受到这一点。这种感觉很沉重，而且很伤人。"他们一直往下查找她害怕不被人认同的想法和记忆时，她最后这样说："他一直以来都陪伴在我的左右，而且为我感到自豪。我可以看到他微笑的面容，我的心感觉就像是开了一道口子。"

另一个"残留的东西"和她对这场疾病的感受以及她为生病所背负的责任有关。她想知道："是我自己引发的这场疾病吗？这是我的错吗？有没有人责怪我？"她心里百般纠结，有对癌症的愤怒，有对她的身体不能恢复到健康状态的背叛感，有对自己有没有尽全力与病魔作斗争的怀疑。结束的时候她终于对自己有了深深的宽恕，说："我已经做了自己能做的一切，那时知道的一切手段我都用过了。"同时她如释重负地松了一口气，说道："家里每个人都和我一样觉得绝望无助，没有一个人责怪我。"

日子一天天过去，唐娜变得越来越疲累，需要休息的时间也越来越长。每

一天心理医生都来看她,并和她一起继续做心理治疗。她的家人说她从开始时的高度焦虑不安渐渐变得越来越平静,所服用的药物也越来越少。她的痛苦越来越能控制,当她清醒的时候,她变得更加机敏。

唐娜关注在她走后会发生些什么,她想象那扇"天堂之门"。她的医生问:"你希望自己身后是什么样子?谁会在那儿等你?"她微笑着说道:"我的身体是这样轻,毫不费力地就能移动,嗯,他就在那儿,我的爸爸,妈妈,还有那么多我爱的人。我满脸微笑,他们也笑容可掬。没有悲伤,没有痛苦。一派光明,我觉得自己过了幸福的一辈子,现在正在继续前进。"沉默了一会儿之后她又说:"比起儿童时期我来到这个国家的那次迁徙,这次搬家要容易得多,那一次我得把自己的故乡和熟悉的一切都抛到身后。那时我害怕得要命。可是现在我一点都不怕了。"在这段记忆处理期间她笑逐颜开。仿佛这是发自她内心深处由衷的笑容。就在那一刻,她浑然忘记自己饱受疾病摧残的身体。当医生问她有没有注意到自己身体上的什么变化时,她说:"我觉得很轻松。我觉得很自由!真是太神奇了!"

当唐娜最后停止呼吸的时候,她的脸上浮现出温柔的笑容。正如她的心理医生所说:"生命之光总是照耀在她的身上,现在让她完全自由。"

探索自己精神道路上的障碍

数以百万的人觉得信仰是他们生活的重要组成部分,并且在祈祷中得到安慰。有些人虽然相信有更高级的力量存在,但是觉得自己被隔绝起来,感到孤独,无法祈祷。上百万的人通过冥想来寻求内心的宁静,而很多人却觉得自己被困住了,无法从冥想中获得安宁。不论哪种情况,眼动脱敏与再处理治疗都可以解决这些障碍,它们往往都是由未处理的痛苦、悲伤或失望的记忆所引发的。一旦这些障碍得以清除,我们就可以自由自在地探索各种精神道路,通过最能引发共鸣的实践活动来强化我们的精神联系。这样就可以让我们选择利用祈祷或是冥想,要么单独使用、要么二者结合,来提高我们日常生活的质量。

很明显,一个人需要信仰或者精神信念才能认真祈祷。但是人们只要仔细看看其中的科学就有理由加入到冥想实践中去。尽管在西方国家多数人把冥想和佛教传统联系在一起，但冥想有很多不同的形式，来自很多不同的文化。最近有些冥想实践被人从具体的信仰体系当中抽离出来，并在无数研究中加以评估。研究已经记录，练习这些"集中注意力"的技巧，可以让人们更容易地处理压力，增强免疫系统的功能。这是对日常自我保健实践的一个绝佳补充。

这些冥想实践中就包括"正念"——没有迷恋，不做评判，只是全身心关注。这就是眼动脱敏与再处理程序的一个组成部分，如同处理期间的指令所说的**"只要注意就行"**。不是设法做什么，只是细心观察而已。当治疗师引导患者穿过记忆网络来让处理过程得以发生，"只注意"你的思想怎样转移，能够帮助你确定何时在一个环节中被困住，让你哪儿也去不了。有时候仅仅是这种意识本身就可以帮助你放松这段记忆对你的控制。练习冥想的人强化了他们的情绪稳定力，并且强化了日常生活中保持觉察的能力，让他们能为自己为他人做出更好的选择。

试一试冥想

附录1当中为大家提供了形象化的指导和冥想的资源。但是，简单的开始办法就是安安静静地打坐，注意你呼吸时的腹部起伏。只要默默注意就行。如果你发现自己的思绪飘移到其他事情上，那就轻轻将你的注意力拉回来，再次关注你的腹部。看看你一次能不能做足五分钟。然后逐渐增加你每天的冥想时间，直到你能舒舒服服地打坐20～30分钟为止。

如果你还想把宗教信仰的实践包含到这个练习当中来，那就考虑增加一句根据你自己的取向所选择的短语："上帝很悲悯"、"上帝很伟大"或"上帝是唯一"。你也可以根据印度教的传统使用"唵"这个词，或者一个像"和平"或"爱心"这样的词。每次在吸气和呼气的时候重复这个句子或词语。

同样，专注于一种感激之情的冥想练习也会很有帮助。静坐并思考生活中让你心怀感激的那些事情。将注意力集中到你的心里，并且在吸气和呼气的时候简单重复"谢谢你给我带来的这一切"这句话。这个"你"可以是上帝或神灵或生活或你自己的好性子。

这些冥想练习可以让你的心理和身体都安静下来，可以带来非常有价值的长期的身体和心理健康。同样，重要的是，**它们可以提醒你，比起现在生活中任何给你带来困扰的事情，你的心胸远远要大过它们。**

如果你以前感受到精神上的联系但是现在觉得被困住了，这可能是另一个未处理的记忆的例子。有时候原因看起来也许微不足道，就像克雷格的例子那样，他的标准记忆只是三岁的时候被一头奶牛舔了一下。对其他人来说，原因可能是重大的心理创伤，严重动摇了自己的人生观。那些突然间痛失爱人的人可能感觉从此阴阳殊途、自己形单影只，因此悲伤难以自禁。但是，处理这些记忆的过程可以释放心中的痛苦，恢复希望和联系的感觉。哪怕是"9·11"袭击事件，整个中东地区的暴力事件，或者在地震、飓风和海啸这样的自然灾难中失去生命的那些孩子的父母，都被证明重新发现安宁和和解的感觉。我们所有人在痛苦中都很相似，也拥有相似的恢复能力。

如果你感到自己被困住但是却想不出一个原因，那么请你在做祷告或者冥想练习的时候全神贯注身体上的感受，然后使用"回溯"的技巧来看看自己能否找到一个原因。如果意识本身不足以解放你，考虑将这件事加以处理，得到的结果可能会让你大吃一惊。治疗师们谈论一个被称作**"创伤后成长"**的现象。那些遭受过心理创伤人常常说恢复过程并不仅仅只是消除痛苦，他们可以给以下这些问题提供肯定的回答：我学到了什么？我怎样变得更坚强？我应该感激什么？因为我现在所知道的一切我可以去帮助哪些人？如果有什么困住了你，也许是时候让它得到治疗了。

拥抱我们生活的世界

正如我们通读本书所看到的那样，我们可能视作"疯狂"或不可控制的种种反应背后都自有其原因。无意识的记忆连接乃是各种问题的基础——也是我们在生活当中找到健康和满足的能力的基础。

我希望本书提供的所有故事和练习可以让你看清楚，不论在痛苦之路上还是追求快乐和幸福的路上，你都不是一个人踽踽独行。继续使用这些自我探索的步骤，将会增加你对到底是什么控制了你的表现的深层理解。每天坚持练习和使用这些自我控制技巧，你就能帮助自己增强力量感。如果你觉得自己在任何领域被困住，你现在也知道，有着各种选择让你从这种困住的感觉转向充满新的可能与潜力的生活，现在你已经有了选择的力量。

这本书的另一个目标就是让你对自己和周围的人感到更多的同情。我希望你能对童年时期自己的人生道路已经不可逆转感到同情——同时也为你自己现在长大成人，有责任和能力来做出需要的改变感到同情。同样，我希望你能看看周围其他人，对他们的奋斗挣扎感到同样程度的理解。他们需要做出自己的决定，但是正如海伦决定做的事那样，也许你可以通过自己的健康选择为他们提供一点"引导的光明"。我们每个人都通过自己的行动制造出一种涟漪效果，就能带来深远的影响和后果。

过去 20 年来，全世界有超过 7 万名治疗师受到过眼动脱敏与再处理的培训。在这期间，眼动脱敏与再处理的联系已经将世界各个角落的人们带到一起，分享他们的经历和他们学习到的经验。持续让我心里感到温暖的是这么多的经历最终都是胜利的故事。它们提供了极好的例子，证明了人类精神快速恢复的能力——人类有能力从痛苦和逆境当中恢复。它们一遍又一遍地展示人们在最可怕的情况下表达爱意的能力。这些故事显示出人们怎么能克服人生道路上出现的任何障碍。

不管是住在豪华公寓里还是住在泥巴土屋里，我们都因共同点而产生联系而非由不同点截然分开。我们可能会相信自己的宗教或传统或文化要高人一等。但是重要的是我们的大脑、心理、身体和精神迈向共同的节奏。让一个人感到痛苦的事也会让所有人感到痛苦。这就是我为什么在把这些故事与你分享时感到无比荣幸的原因。毕竟，当我们说到"家园"的时候，它所指的是地球上这一小块地方，我们发现自己出生在这里，并且帮助塑造了我们的命运。即使我们背井离乡，我们都会携带家庭和出生地所刻上的烙印。最美好的事情就是，我们发现不管走到哪里，所有人都有着同样的身体系统——以及以同样方式运行的身体、大脑和无意识。当我们被割破一道口子时，我们的身体会自动康复，除非有什么障碍阻止它。我们一遍又一遍通过眼动疗法所看到的就是大脑的信息处理系统被发动起来做同样一件事情。我们的痛苦可以转变成有用的东西。我们可以选择自己想要走的道路。并且，世间所有道路都有交汇的时候。

最美的蝴蝶拥抱

几年前，宝琳娜飓风吞噬了墨西哥的一个小镇。一个眼动脱敏与再处理人道主义救援项目小组的医生抵达那里去帮助有需要的人。你知道，蝴蝶拥抱一开始是用来帮助那些经历过心理创伤的儿童做眼动治疗的。这个小组治疗方案迅速传遍世界各地，成功治愈各种遭遇自然灾害和人为灾难的儿童和成人，包括那些以色列和巴勒斯坦冲突双方的受害人。现在是时候去帮助另一群心理遭受痛苦的年轻人了。这些孩子围成一个圆圈，帮他们处理夺走这么多人生命的狂风暴雨和湍急的河水时，治疗师让他们做蝴蝶拥抱。

有一对弟兄，一个18岁，一个16岁，没有加入到这个练习中来。但是，他们聚精会神地站在不远处观看。等到这个练习做完以后，名叫卡洛斯的弟弟走到治疗师面前，把他们的故事告诉了她，然后问他没有胳膊的哥哥赫克托怎么做这样的蝴蝶拥抱。

卡洛斯说，飓风爆发的一天夜里，湍急的河水把他所有其他的家庭成员都卷走了。肆虐的洪水冲毁了他们的房子，把他们的父母全部冲走。赫克托是家中的长子，他尽自己的最大努力来救自己的三个弟妹，紧紧抓住他们死活不放手。可是他还是只能救下卡洛斯一个人，因为洪水把两个年幼的孩子从他紧握的双手中拉走。这种努力给赫克托的双臂留下了巨大的痛苦，两兄弟孤苦无助地搂在一起，等待有人来帮助他们。等到两天以后才有人来把两个男孩救出去。但是等他们最终来到医院的时候，赫克托的双臂已经腐烂坏疽，不得不做截肢手术。

治疗师让卡洛斯带她去看看他的哥哥，这样她就能示范给他们怎样来做蝴蝶拥抱。治疗师问卡洛斯，他相不相信他的哥哥已经尽了最大的爱心来拯救他。他立刻激动地大声回答："相信！"然后她让卡洛斯站到他哥哥的身后，而赫克托继续坐在轮椅上。她指导卡洛斯俯身前倾,这样在他从后面拥抱他的哥哥时,他的半边脸颊就可以接触到赫克托的脸颊。然后他帮助卡洛斯用双臂紧绕住赫克托的胸口。

在卡洛斯用自己的双臂交叉拥抱在赫克托的胸口做蝴蝶拥抱的时候,两个男孩都深深呼吸。治疗师和两个孩子一起处理那段创伤经历。根据治疗师的话:"两个孩子脸上的表情变化简直无法用言语形容,从绝望到深深的爱。这是我看到过的最美的场面。"

伸出双手

愿意伸出双手去安慰和照顾其他人,是我们所有人共有的一个品质。当泥石流冲走一个村庄时,有50个孩子因此变成了孤儿。眼动治疗人道主义救援项目小组的治疗师前来提供帮助,并且使用了小组治疗方法。这次他们没有用蝴蝶拥抱,而是教会这些孩子通过交替轻拍大腿来做双侧刺激。第二天,当他们抵达那里再次和这些孩子一起工作时,他们发现这些孩子已经在等他们了,孩子们正在相互轻拍。

我们这些大人,比孩子拥有更多的力量和资源,自然也能伸出手去。我们可以伸手去帮助他人——也可以伸手去向别人求助。对我们每个人而言,也许大家关心的事情各有不同。例如,家对你而言意味着什么?是意味着你自己、你的家人、社区、国家——还是全球性的大集体?每个地方都需要我们的关注,并且真正的改变必须从我们当中那些拥有足够知识去关心的人心底发生。

一段让我深受感动的经历发生在大约十年前的一次训练工作坊中。来自不同地方的治疗师飞到一个海滨小镇。在他们即将离开的头天晚上,每个人都觉得妙不可言,在那种美丽的氛围中他们觉得那样幸福、那样开心,他们一起走到沙滩上。那是夜间时分,但是满天星光,他们想到小海湾里面游泳,之前他们已经在里面游过好多次了。但是他们不知道的是海潮已经涨回来,一股激流在下面涌动。

有人微笑,有人开怀。他们当中很多人走进大海,开始游泳;但是很快被卷进激流,瞬间被海浪冲走。其中有些人设法爬到了海岸,和其他那些没有下水的人站在一起，怔怔地看着他们结识不久的朋友，那些其他的人，被海浪拖进大海深处。他们觉得完全措手不及、无力回天，采取不了任何措施去拯救他们。而那些被卷进大海深处的人，在海浪里、在海水中，再也无法回到岸边。他们觉得无比的孤独，并且相信他们肯定要淹死在海里。我们不知道是谁，但是一个在岸上的人大声说："让我们手拉手，形成一个人环。"然后他们一起慢慢走进大海，一个人紧拉住另一个人的手。他们能够到每个人身旁，并且把他们全部拉到岸上。

这就是很多人设法要在全世界范围内通过人道主义援助项目实现的目标。加入那些乐意相互牵起手来的人当中，帮助将每个人拉回到圈子里来，这样就不会有人孤独地在黑暗里沉进大海。所以如果你有意要在这方面有所作为，请考虑一下组织所有愿意的人来支持这项工作——因为还有这么多的事情需要我们去做。而我们可以心怀快乐和感激地去完成这项任务，为生活赋予我们的一切而快乐，而感激。正像一个10岁的小姑娘在处理过心理创伤以后所说的那样，"难道你不觉得，你想要拥抱一下这个世界吗？"

附录 A
自我帮助技巧及工具

自我帮助技巧名词解释和索引

情绪扫描（Affect Scan）——利用当前的情况和身体感受来确认一段标准记忆。（第 4 章第 68 页）

腹部呼吸（Belly Breath）——为了帮助自己减轻困扰，慢慢深吸一口气，同时感受自己的腹部慢慢胀起来。然后再慢慢呼出一口气，同时感受腹部慢慢瘪下去。（第 5 章第 100 页）

身体变化（Body Changes）——改变自己的姿势或者面部表情，让自己从焦虑转变到激动或者其他积极的情感状态。（第 10 章第 225 页）

改变呼吸方式（Breathing Shift）——让自己通过改变呼吸模式，采取一段积极情感中相关联的呼吸方式，以此来减轻自己的痛苦程度。（第 3 章第 48 页）

蝴蝶拥抱（Butterfly Hug）——通过交替轻拍肩膀达到两侧刺激，可以用来增加安全 / 平静地带，降低压力水平。（第 3 章第 50 页、第 6 章第 126 页）

卡通角色（Cartoon Character）——让内心批评自己的声音听起来显得滑稽可笑，以此来处理消极的自言自语。（第 3 章第 51 页）

集中精神（Centering）——使用慢慢的深呼吸来放松自己，这种方法曾传

授给很多运动员、表演者和管理者。(第 10 章第 227 页)

回溯(Floatback)——使用当前的情况、消极认知和身体感受来确认一段标准记忆。(第 4 章第 75 页)

四大元素(Four Elements)——一组四种减轻压力的技巧(土、气、水、火),主要用来帮助大家应对长期压力,同时作为一道程序在定期的自我监控中提供帮助。(第 10 章第 222 页)

未来模板(Future Template)——使用想象技巧来锻炼技能获得最高水平的表现。(第 10 章第 228 页)

光流(Lightstream)——集中注意自己的身体感受和困扰亮起的"指示灯",通过这样就可以应对不愉快的情感。和安全/平静地带的技巧一起使用,对处理失眠也能提供一定的帮助。(第 7 章第 153 页)

冥想(Meditation)——保持觉察的技巧,主要用于增强注意力、集中精神并提升积极的情感状态。(第 11 章第 249 页)

消极认知(Negative Cognitions)——消极看法,是用言语表述与未处理记忆相连的烦恼情感和想法。(第 4 章第 69 页)

颜料罐(Paint Can)——通过"搅拌画面"来处理一段不愉快的心理图像。(第 4 章第 69 页)

人际关系技巧(Relationship Suggestions)——帮助大家改善感情中的交流,包括"我原谅你"的技巧。(第 8 章第 167 页、第 181 页)

安全/平静地带资源库(Safe/Calm Arsenal)——通过不同的景象和提示词让你想起各种各样的积极情感。例如,和临绝顶伴大海的景象相联系的平静的感觉。(第 3 章第 46 页、第 5 章第 90 页、第 6 章第 125 页)

螺旋(Spiral)——通过改变身体感受的方向来处理不愉快的感受。(第 5 章第 91 页)

主观痛苦指数单位量表(SUD)——用来记录与目前某种情况或者过去一段记忆相联系的痛苦强度。从 0(没有烦恼)到 10(能想到的最糟糕的痛苦)。(第 4 章第 66 页)

TICES 记录——一种每天烦恼事的自我监控记录。列出触发因素、景象、

消极认知、情感、身体感受和主观痛苦指数（SUD）水平。（第 4 章第 77 页）

时间表（Timeline）——一个标准记忆、消极认知、SUD 水平和记忆发生时的年龄顺序的列表，主要为了更好地理解自己的历史。（第 10 章第 220 页）

标准记录表（Touchstone List）——现在烦恼和奠定现在各种反应基础的早期记忆的列表，同时还有年龄、SUD 水平和消极认知。（第 4 章第 67 页）

标准记忆（Touchstone Memories）——可能引发当前各种症状和问题的能记住的最早的事件。（第 4 章第 65 页）

水管或雨刮器（Water Hose or Wet Eraser）——把各种烦恼的心理图像用水冲走借以完全消除烦恼。（第 3 章第 52 页）

引导的形象化和冥想录音带

可以在眼动脱敏与再处理—人道主义援助项目网站找到：www.emdrhap.org/store/gv

抛开压力——作者 Emmett Miller，医学博士

有四个引导的放松技巧，包括和安全 / 平静地带练习相同的一个练习。

光流技巧——作者 Francine Shapiro，博士

引导的形象化。

软肚子冥想——作者 Stephen Levine

引导的冥想。

个人表格

星期 / 日期

用过的冥想 / 放松磁带（20 分钟）							
锻炼（30 分钟）							
强化的安全 / 平静地带资料库（10 分钟）							
TICES 记录，使用技巧来重建平衡（+/y, -/n, 0/ 不需要）							

（续）

进行积极的接触（家人/朋友）							
R&R（欢乐/放松——时间量）							
清醒饮食							
整夜充足睡眠							
我有没有幸福感？							
评估上一个24小时（-10到+10）							

坚持每天使用这张个人表格，帮助记录自己的点滴。随着你逐日评估，问一问自己：怎么做才能让结果更好？我需要多做些什么或者少做些什么才能过上更有成效的生活？我需不需要更多的休闲时光？有了自我帮助的技巧是不是更加的舒服？我有没有一种幸福感？或者我需不需要专业性的帮助？

虽然个人的问题和情感上的痛苦感受有时候好像显得难以克服，但你却拥有很多选择。记住练习自控技巧并使用TICES记录来建立你自己的标准列表和时间表。这会让你更容易地看清楚日常生活当中的反应模式。它们同时还能让你更好地理解你需要添加到自己的安全/平静地带资料库里的各种积极情感和感受。此外，如果你选择找一个治疗师来做眼动脱敏与再处理治疗，这些练习通常都能让你更快地通过治疗初期的病史采集阶段和准备阶段。个人治疗是和一位负责任的治疗师一起进行的一次合作。正如一位患者所说："我的治疗师就是我爬楼梯的栏杆扶手。"

附 录 B
眼动脱敏与再处理疗法相关资源

选择一位治疗师

眼动脱敏与再处理疗法是一种心理疗法，已经在全世界范围内被公认为可以有效治疗心理创伤和其他困扰的人生大事。这项治疗的八个阶段被设计来保证患者的情感、思想和身体反应逐渐进入健康状态（参看 www.emdria.org/8phases）。每个阶段都有无数的程序和专业性的治疗方案来治疗不同的问题。你在本书中所读到的案例都是由受过良好训练的心理医生提供的，他们运用的再处理程序是经过研究实验并证实效果的。重要的是你所选择的心理医生必须也会这样做才行。

一定要保证你的心理医生学习过经过眼动脱敏与再处理在本地区专业机构认证过的课程。下文为大家提供的各种机构中就包含了治疗师的名单，你可以用其在你所在的地区找到合适的医生。重要的是一定坚持看他们的证明材料，因为有些医生可能在不知情的情况下参加了不合格的培训。例如，在美国有些非正规机构提供的培训只有正规课程的三分之一长度。

眼动脱敏和再处理治疗只能由一位受过这种类型治疗特别培训过的有执照（或者在执业医生指导下）医生施行。花点时间来好好访问一下你可能要在那里接受治疗的这位医生，保证他们经过了适当的眼动脱敏与再处理培训（最低限度的培训包括六整天的时间外加一次指导下的治疗实践），并且一直跟踪这一领域最新的发展。和其他任何类型的治疗一样，虽然培训是强制性的，但是评估其他因素同样重要。请选择一位在眼动治疗领域富有经验并且成功率非常高的医生。确保这位医生在治疗你的特别问题时没有什么不适。此外，你对医生有一种信任感并且关系融洽也很重要。尽量访问你需要在那里接受治疗的足够多的医生，然后找到一位知识面广并且感觉很合适的医生。每次治疗成功都是医生、患者和治疗方法之间的相互作用。

问：
1. 你有没有完成由眼动治疗专业机构认证的培训？
2. 你没有了解这方面最新的治疗方案和研究进展？
3. 你是不是使用专业培训中传授的全部八个阶段？
4. 你治疗过多少和我有同样问题或障碍的病人？
5. 治疗这方面的问题和其他医生相比你的治愈率是多少？

眼动脱敏与再处理治疗和培训资源

眼动脱敏与再处理机构

自从我 20 世纪 90 年代创立眼动脱敏与再处理机构以来，它在眼动治疗领域已经培训过超过 6 万名医生。它一直保留世界范围内经过机构培训的医生名录供患者参考，而且只依据最严格的专业标准培训合格的心理健康专业人士。由本机构授权的培训都带有眼动治疗机构的标识。现在它是眼动治疗国际协会认可的众多培训机构中的一个。

要想获得更多的培训信息或者参考，可以打电话咨询（831）761-1041；或者发传真（831）761-1204；发电子邮件inst@emdr.com；或者写信到PO Box 750，Watsonville，CA 95077；或者访问网站www.emdr.com。

眼动脱敏与再处理治疗国际协会

眼动脱敏与再处理治疗国际协会是一家专业性的机构，由经过眼动脱敏与再处理治疗培训的治疗师和研究人员组成，它致力于在全美范围内为眼动疗法治疗实践、研究和教育大众方面提供最高标准的优越质量和健全服务。要确定你附近接受过经眼动脱敏与再处理治疗国际协会认证的基本培训的治疗师名录，请访问它们的网站，然后点击"找一位眼动脱敏与再处理治疗医生"。如果你寻找一个不在名单上面的特定的医生，请打电话或发邮件直接联系这个机构。记住很多医生可能并不知道他们接受的是不合格的眼动治疗培训。

要了解眼动脱敏与再处理治疗国际协会更多的信息，请按照下面的方式联系这个机构：

地址：5806 Mesa Drive，Suite 360，Austin，TX 78731-3785

电话：(866)451-5200/ 传真：(512)451-5256

网站：www.emdria.org 或电子邮件：info@emdria.org

眼动治疗加拿大（EMDA CANADA）是北美地区的姊妹机构，它也保存了一份加拿大地区受过培训的医生名册。请访问：www.emdrcanada.org 或发邮件 infor@emdrcanada.org。

下面所有这些跨国机构都对眼动脱敏与再处理治疗国际协会履行相似的职能，作为国外各个地区的专业性机构。它们致力于在眼动治疗实践、研究和教育方面提供最高标准的优越质量和完善服务。

眼动治疗亚洲分会（EMDR Asia Association）

眼动治疗亚洲分会是整个亚洲地区所有国家的眼动治疗协会领导机构，包括澳大利亚和新西兰。可以在下面这个网址 www.emdrasia.org 或者发邮件到 emdrasia@gmail.com 来找到每个单独国家的协会机构。

眼动治疗欧洲分会（EMDR Europe Association）

眼动治疗欧洲分会是所有欧洲国家的眼动治疗协会的领导机构，包括以色列和土耳其。可以在其网址找到每个独立国家的协会机构链接。每个国家的协会都有一份接受过合格培训的成员的名册。请访问 www.emdr-europe.org 或者发邮件到 info@emdr-europe.org。

眼动治疗伊比利亚美洲分会（EMDR Iberoamerica Association）

眼动治疗伊比利亚美洲分会是所有拉丁美洲地区每个国家的眼动治疗协会的领导机构。每个国家的协会都有一份接受过合格培训的成员的名册。可以在下面的网址找到每个单独国家的协会机构。请访问 www.emdriberoamerica.org 或者写邮件到 info@emdriberoamerica.org。

拉美眼动脱敏与再处理治疗国际协会（EMDRIA Latinamerica）

追加的治疗师都列举在汤姆的网站上：www.emdr.org.ar。

眼动脱敏与再处理—人道主义援助项目（EMDR-Humanitarian Assistance Programs, HAP）

人道主义援助项目这个非营利性的公益组织是全球性的心理医生网络，哪里有需求，他们就会走到哪里，帮人们摆脱情感痛苦并防止心理创伤和暴力留下的后遗症。这个组织在 2011 年荣获由国际创伤压力研究学会（International Society for Traumatic Stress Studies）颁发的临床优秀表现莎拉·海利纪念奖。HAP 的目标就是帮助打破毁坏人们生活破坏人们家庭的创伤的恶性循环。

HAP 模式重视培训，并为当地的医师提供专业支持以继续其康复过程。这种专注于培训的模式拥有很多优势。通过为当地的心理医生讲授眼动脱敏与再处理疗法，我们用迅捷有效的工具把这些医生武装起来，让他们去治疗创伤带来的情感后果。已经成为相关团体一部分的专业人员不会被外来人员取代，相反，我们为他们提供重要资源，在他们认为最合适的时间和地点加以使用。因为对创伤性事件的反应有时候会延后，因为个人往往在寻求专业人士帮助之前想要自己解决这些问题，培训当地医生有助于保证当人们真来寻求帮助时，他们的需求能得到满足。通过这种方式，对创伤的有效的心理治疗就得以延伸到孤立事件的范围之外。

HAP 在他们自己的社区里，为公共机构或者非营利机构服务的治疗师提供费用非常低廉的眼动脱敏与再处理培训。愿意赞助这类培训的美国或国际机构可以直接和 HAP 联系。

除了培训以外，**HAP 的创伤恢复网络**协调医生在（诸如俄克拉荷马城市爆炸事故和"9·11"恐怖袭击）事件发生后治疗受害者和急救服务人员。

自从 1995 年俄克拉荷马城市爆炸案以后，一个日渐庞大的眼动脱敏与再处理——人道主义援助项目志愿者组成的网络，对全世界范围内治愈心灵创伤需求做出积极回应，不管是凯特琳娜飓风，北达科他州的大洪水，土耳其、印度、中国和海地的地震，整个拉丁美洲的飓风或洪水，还是亚洲的火山爆发和海啸。我们的帮助抵达巴勒斯坦和以色列，克罗地亚和波斯尼亚，北爱尔兰和肯尼亚，为深受战争和恐怖活动伤害的各个团体提供服务，而且为埃塞俄比亚地区深受传染病困扰的人提供帮助。我们从纽约布鲁克林的贝福·斯图文森区贫民社区到奥克兰市的贫民区，帮助这些地区填补心理健康服务的空白，并且深入农村和郊区、原住民保留地、匈牙利、波兰、中国、南非、乌克兰、墨西哥、尼加拉瓜、埃尔萨尔瓦多等地区或国家为贫困人口提供援助。我们还治疗、培训并播撒康复的种子，以治愈环球航空公司 800 号班机空难、科伦拜校园枪击事件、都柏林校园枪击、苏格兰校园枪击以及发生在纽约和华盛顿的"9·11"恐怖袭击给人们留下的后遗症。

眼动脱敏与再处理——人道主义援助项目志愿者一般每年至少拿出一周的时间提供治疗和培训，为那些受心理创伤折磨但是付不起心理治疗费用的人提供康复治疗。但是，他们也需要一定的基金支持，以便帮助这些治疗师抵达最需要他们的地方。虽然在亚洲、巴尔干地区和非洲的独立培训由国际救援队和天主教救援服务这样的机构共同资助，但大部分资助则来自个人捐献。

要了解更多关于 HAP 的信息和我们已经取得的成绩，请访问 www.emdrhap.org。

致 谢

本书是我10年旅程的一个结晶，由于有我堪称模范的丈夫鲍勃·韦尔奇（Bob Welch）的体贴支持，有我亲爱的朋友兼同事罗比·邓顿（Robbie Dunton）的悉心关照，这个旅程充满了欢乐。至于说到本书的面世，容我先特别感谢一下苏珊·格兰特（Susan Golant），正是她驾轻就熟的编辑、精湛独到的帮助，我们才能完成很多必要的工作，让本书最终瓜熟蒂落。我还要对罗德书社的编辑香农·韦尔奇（Shannon Welch）表达感激之情，谢谢她的敏锐建议，并一路仔细呵护本书度过所有的创作过程，其中当然也少不了她那才华横溢的员工，玛丽·克罗斯莱特（Marie Crousillat）和艾米·金（Amy King）的帮助。多谢我的代理人，苏珊妮·格鲁克（Suzanne Gluck），感谢她宝贵的指导和支持。同时我还要感谢德尔·波特（Del Potter），是他在我电脑出问题时及时救急，并为本书提供技术支持。

本书的写作，牵涉大范围的研究人员和心理医生，他们过去多年来的许多贡献值得我在这里大书特书。首先要感谢罗伯特·史蒂克戈德（Robert Stickgold），感谢他那些关于阐述眼动脱敏与再处理疗法与记忆和快速眼动睡眠之间关系的严肃缜密的著作，以及为本书当中涉及神经生物学描述所提供的宝贵建议。我还要感谢丹尼尔·西格尔（Daniel Siegel）在人际神经生物学领域提供的宝贵建议和开创性工作。感谢霍普·佩森（Hope Payson）、蒂尼·莱利提斯（Deany Laliotis）、珍妮弗·伦德尔（Jennifer Lendl），苏珊·布朗（Susan

Brown），托尼·马德里（Tony Madrid）和罗纳德·里奇（Ronald Ricci），他们提供了具体的案例，而且在他们自己的专业领域里构思描述并提供建议，这些都显得弥足珍贵。谢谢艾德·荣（Ad de Jongh），斯蒂文·西尔弗（Steven Silver），德布·威斯尔曼（Deb Wesselman），勒诺·沃克（Lenore Walker）和朱莉·斯托瓦瑟（Julie Stowasser），谢谢你们分享的专业知识，并且在阅读具体章节时提供的建议。

另外还要特别感谢蒂尼·拉里奥提斯（Deany Laliotis）和帕蒂·勒文（Patti Levin），感谢他们在本书写作的不同阶段阅读全部的初稿，并提供详细周到的临床贡献。我还要感谢查理·希特（Charlie Hitt），罗宾·罗宾（Robin Robbin），简·舒乐-瑞普（Jane Schuler-Repp），约翰·林德曼（John Linderman），布莱恩·提朋（Brian Tippen）和克里斯蒂娜·皮特森（Christina Peterson），他们以非专业人士的视角阅读了很多章节，以保证本书做到"用户界面友好"。此外，我还想感谢下面这些革新者，感谢他们各自的专业性的贡献：辛西娅·布朗宁（Cynthia Browning）提供的"回溯"的技巧，爱拉·夏皮罗（Elan Shapiro）提供的四大要素步骤，以及露西（Lucy Artigas）和 伊格纳西奥（Ignacio Jarero），他们进一步发展了蝴蝶拥抱。 我个人还要特别感谢一下斯蒂芬（Stephen）和昂德里亚·莱文（Ondrea Levine），是他们30多年前教会我光流的技巧。

过去25年来越来越多的治疗师和研究人员贡献他们毕生的精力来减轻人类承受的痛苦，我很荣幸地成为这个群体当中的一分子。我也邀请了其中一些人来帮助我向普通大众解释我们对大脑的信息处理机制和"心理结构"有了怎样的了解。他们以及他们的患者给予热情的回应，从全球各地为我提供生动案例。阅读他们的故事带给我莫大的欣慰，因为我不仅看到人类生存状况存在普遍性，而且看到人类精神怎样一次又一次在克服哪怕最糟糕的障碍时取得的胜利。对那些贡献自己人生经历的人，我在这里表达由衷的感谢。他们最后有没有出现在书里，只是写作过程本身的一个反映——在写作当中一个例子自然引向另一个例子。但是所有这些人生经历都给我带来了极妙的灵感和感人的启示，告诉我人们为什么会做这些事情。对于这一点，我永远心存感激。请原谅由于篇幅限制我不能在此一一列举，但你们的名字永远铭记在我的心里。

埃利斯·理性情绪

《我的情绪为何总被他人左右》

作者：[美]阿尔伯特·埃利斯 阿瑟·兰格 译者：张蕾芳

心理学大师埃利斯百年诞辰纪念版，超越弗洛伊德的著名心理学家，理性情绪行为疗法之父，认知行为疗法的鼻祖埃利斯经典作品。
本书提供了一套非常具体的技巧，教你在他人或某件事操纵你的情绪时，如何避免情绪爆发，成为自己情绪的主人，成功赢得生活的主导权。

《控制焦虑》

作者：[美]阿尔伯特·埃利斯 译者：李卫娟

如果你承认，并非事情本身使你感到焦虑，而是你对事情的想法导致了焦虑，那么你就可以阻止焦虑感的发展，因为控制自己不切实际的想法，远比控制其他任何事情要简单得多。
如果你想与焦虑和平共处，把焦虑控制在健康而有益的水平，而非让焦虑控制自己，阻碍通往幸福之路，请翻开这本书吧。

《控制愤怒》

作者：[美]阿尔伯特·埃利斯 雷蒙德·奇普·塔夫瑞特 译者：林旭文

本书从案例入手（平均一节有两个案例），让我们重新认识愤怒对我们的人生造成的伤害，消除这种不必要的负面情绪所带来的伤害，并且手把手教读者通过改变信念，改造我们的情绪。

《理性情绪》

作者：[美]阿尔伯特·埃利斯 译者：李巍 张丽

传统的认知疗法强调三种哲学，那就是：感觉更好，变得更好，保持得更好。但是埃利斯强调自己的哲学基础是：无条件接受自己，无条件接受他人，无条件接受生活。他认为改变如果不建立在哲学的基础上，而仅仅是效果上，则无法撼动人痛苦的根本。而承认人的局限，并接受这些局限，伤害就不存在了。

《拆除你的情绪地雷》

作者：[美]阿尔伯特·埃利斯 译者：赵菁

这本操作性极强的手册为你提供了简单、直接的方法和实用的智慧，让你的生活更快乐，负面情绪更少。
在这本著作中，埃利斯博士分享了大量真实案例，详细介绍了如何进行心理自助治疗。本书睿智、明快的写作风格让你的阅读既充满乐趣，也不乏启迪。
打开这本书，让负面情绪一扫而光！

更多>>>　《无条件接纳自己》 作者：[美]阿尔伯特·埃利斯
　　　　　《理性生活指南（原书第3版）》 作者：[美]阿尔伯特·埃利斯 罗伯特·A.哈珀

创 伤 治 疗

《危机和创伤中成长：10位心理专家危机干预之道》

作者：方新 主编 高隽 副主编

曾奇峰、徐凯文、童俊、方新、樊富珉、杨凤池、张海音、赵旭东等10位心理专家亲述危机干预和创伤疗愈的故事。10份危机和创伤中成长的智慧

《创伤与复原》

作者：[美]朱迪思·赫尔曼 译者：施宏达 陈文琪

自弗洛伊德以来，重要的精神医学著作之一。自1992年出版后，畅销30余年。美国创伤治疗师人手一册。著名心理创伤专家童慧琦、施琪嘉、徐凯文撰文推荐

《心理创伤疗愈之道：倾听你身体的信号》

作者：[美]彼得·莱文 译者：庄晓丹 常邵辰

美国躯体性心理治疗协会终身成就奖得主、身体体验疗法创始人莱文集大成之作。他在本书中整合了看似迥异的进化、动物本能、哺乳动物生理学和脑科学以及自己多年积累的治疗经验，全面介绍了身体体验疗法理论和实践，为心理咨询师、社会工作者、精神科医生等提供了新的治疗工具，也适用于受伤的人自我探索和疗愈

《创伤与记忆：身体体验疗法如何重塑创伤记忆》

作者：[美]彼得·莱文 译者：曾旻

美国躯体性心理治疗协会终身成就奖得主莱文博士最新力作。记忆是创伤疗愈的核心问题。作者莱文博士创立的身体体验疗法现已成为西方心理创伤治疗的主流疗法。本书详尽阐述了如何将身体体验疗法的原则付诸实践，不仅可以运用在创伤受害者身上，例如车祸幸存者，还可以运用在新生儿、幼儿、学龄儿童和战争军人身上

《情绪心智化：连通科学与人文的心理治疗视角》

作者：[美]埃利奥特·尤里斯特 译者：张红燕

荣获美国精神分析理事会和学会图书奖；重点探讨如何帮助来访者理解和反思自己的情绪体验；呼吁心理治疗领域中科学与文学的跨学科对话

更多>>>
《创伤与依恋：在依恋创伤治疗中发展心智化》 作者：[美]乔恩·G.艾伦 译者：欧阳艾莅 何满西 陈勇 等
《让时间治愈一切：津巴多时间观疗法》 作者：[美]菲利普·津巴多 等 译者：赵宗金

正念冥想

《正念：此刻是一枝花》
作者：[美] 乔恩·卡巴金 译者：王俊兰

本书是乔恩·卡巴金博士在科学研究多年后，对一般大众介绍如何在日常生活中运用正念，作为自我疗愈的方法和原则，深入浅出，真挚感人。本书对所有想重拾生命瞬息的人士、欲解除生活高压紧张的读者，皆深具参考价值。

《多舛的生命：正念疗愈帮你抚平压力、疼痛和创伤》（原书第2版）
作者：[美] 乔恩·卡巴金 译者：童慧琦 高旭滨

本书是正念减压疗法创始人乔恩·卡巴金的经典著作。它详细阐述了八周正念减压课程的方方面面及其在健森、医学、心理学、神经科学等领域中的应用。正念既可以作为一种正式的心身练习，也可以作为一种觉醒的生活之道，让我们可以持续一生地学习、成长、疗愈和转化。

《穿越抑郁的正念之道》
作者：[美] 马克·威廉姆斯 等 译者：童慧琦 张娜

正念认知疗法，融合了东方禅修冥想传统和现代认知疗法的精髓，不但简单易行，适合自助，而且其改善抑郁情绪的有效性也获得了科学证明。它不但是一种有效应对负面事件和情绪的全新方法，也会改变你看待眼前世界的方式，彻底焕新你的精神状态和生活面貌。

《十分钟冥想》
作者：[英] 安迪·普迪科姆 译者：王俊兰 王彦又

比尔·盖茨的冥想入门书；《原则》作者瑞·达利欧推崇冥想；远读重洋孙思远、正念老师清流共同推荐；苹果、谷歌、英特尔均为员工提供冥想课程。

《五音静心：音乐正念帮你摆脱心理困扰》
作者：武麟

本书的音乐正念静心练习都是基于碎片化时间的练习，你可以随时随地进行。另外，本书特别附赠作者新近创作的"静心系列"专辑，以辅助读者进行静心练习。

更多>>> 《正念癌症康复》 作者：[美] 琳达·卡尔森 迈克尔·斯佩卡